*Jan Blokker · Jan Blokker jr. · Bas Blokker*

# Es war einmal ein Gott

Die Bibel neu erzählt
für Gläubige und Ungläubige

W0194423

PATTLOCH

Titel der niederländischen Originalausgabe:
*Er was eens een God. De Bijbelse geschiedenis*
Originally published by Uitgeverij Contact, Amsterdam

Übersetzung aus dem Niederländischen von
Annegret Klinzmann und Berthold Tacke

Bibliografische Information: Deutsche Nationalbibliothek
Die Deutsche Nationalbibliothek verzeichnet diese Publikation
in der Deutschen Nationalbibliografie; detaillierte bibliografische Daten
sind im Internet über http://dnb.d-nb.de abrufbar.

© 2006 Jan Blokker, Jan Blokker jr., Bas Blokker
Deutsche Erstausgabe © 2008 Pattloch Verlag GmbH & Co. KG,
München
Umschlaggestaltung: ZERO Werbeagentur, München
Umschlagabbildung: FinePic, München
Lektorat: Dr. Angela M. T. Reinders
Satz und Gestaltung: Hartmut Czauderna
Druck und Bindung: GGP Media GmbH, Pößneck
Printed in Germany

ISBN 978-3-629-02181-6

Bitte besuchen Sie uns im Internet:
www.pattloch.de

2 4 5 3 1

# Inhalt

# Es war einmal ein Gott

*Eine Gebrauchsanweisung*

Dieses Buch haben drei ungläubige Seelen verfasst. Das klingt schlimmer, als es ist. Dabei handelt es sich um kein Bekenntnis oder eine Warnung, es ist lediglich ein Ausgangspunkt. Vielleicht ist es sogar ein Vorteil, denn wir haben mit der Bibel keine Rechnung offen.

Uns geht es nicht um den Glauben, der auf der Bibel gründet, sondern um die Geschichten, die in ihr stehen, um die Welt und die Figuren, die in ihr beschrieben werden. »Man kann nicht die Bibel lesen und unberührt bleiben«, schreibt der kanadische Historiker Donald Akenson. Das haben wir auch gemerkt. Die Schönheit und Vitalität der biblischen Geschichte berühren den Ungläubigen ebenso treffsicher wie den denjenigen, der sie für wahr hält. Die Bibel verlangt von ihren Lesern die volle Aufmerksamkeit – von der bündig verfassten Urgeschichte aus der Genesis bis zu den ausführlichen Briefen des Paulus und von den kleinsten Vorschriften des Moses *(an die Zipfel eurer Gewänder sollt ihr Quasten nähen)* bis hin zu den völlig überdrehten Visionen des Johannes.

Zugleich macht es die Bibel ihren Lesern bestimmt nicht leicht, selbst nicht in den zeitgenössischen Übersetzungen. Die Bücher der Bibel wimmeln nur so von Volkszählungen, Namenslisten *(Usi, der Sohn von Bukki)* und Vorschriften, dort gibt es endlose Wiederholungen und Passagen, die einander regelrecht widersprechen. Ein zeitgenössischer Redakteur würde seinen Autor dafür abkanzeln. Doch für denjenigen, der den Glanz des Bibeltextes entdecken möchte, spielt das keine Rolle – im Gegenteil.

Darum geht es auch uns. Die Bibel ist zwar bereits seit Jahrhunderten das bestverkaufte Buch, aber man findet sie auch immer wieder auf den Ranglisten der am wenigsten gelesenen Bücher. Das ist eine Sünde, um einmal einen biblischen Terminus zu verwenden.

Die Bibel in ihrer heutigen Form ist in einem Minikönigreich im Mittelmeerraum, grob zwischen dem siebten Jahrhundert vor und dem zweiten Jahrhundert nach Christus entstanden. Im Laufe der Jahrhunderte hat sie eine entscheidende Bedeutung in der Weltgeschichte, insbesondere für Europa, erlangt. Sogar in der stark säkularisierten modernen Zeit gründen noch immer ungefähr zwei Drittel der Bevölkerung ihre Weltanschauung auf die Texte aus dem Alten und dem Neuen Testament. Die Bibelgeschichten sind ein kulturelles Erbe. Unsere Sprache ist reich an biblischen Redewendungen, und das ist nur der sichtbarste Beweis ihres Einflusses.

Es wäre schade, wenn der Respekt, den die Bibel einflößt, die Menschen davon abhielte, die Abenteuer eines Volkes zur Kenntnis zu nehmen, das sich einen anspruchsvollen Gott zum Führer erkor und sich selbst mit dessen Unzufriedenheit geißelte. Es handelt sich bei der Bibel um eine beispiellose Erzählung, wie es die *Ilias* und die *Odyssee* oder die Artuslegenden sind. Der Vergleich mit Literatur ist an dieser Stelle mit voller Absicht gewählt. Homers *Ilias* und *Odyssee* und die verschiedenen Artusromane sind Produkte der Phantasie, jedoch suggerieren sie durch ihre Form und Genauigkeit, mit der sie erzählt werden, dass sie historische

Ereignisse wiedergeben – und teilweise ist das auch so. Sie wurden von Menschen verfasst, die sich der Geschichten, Legenden und Ereignisse aus ihrer eigenen Kultur mit dem Ziel bedienten, eine mehr oder weniger zusammenhängende Geschichte zu erzählen. Wie phantastisch die Abenteuer von Achill und Hektor und von Lancelot und Gawein auch sein mögen, sie spielen vor einem Hintergrund, den man im (historischen) Atlas wiederfindet.

Für die Bibel gilt dasselbe. In der Bibel haben verschiedene Autoren älteres Material – Gedichte, Sagen, Chroniken, Weissagungen, Sprüche – verwendet, um eine Geschichte zu erzählen, die durch verifizierbare Details ab und zu wie eine wahre Geschichte aussieht. Es gibt gute Gründe für die Annahme, dass es einen König David gegeben hat, auch wenn er vielleicht niemals einen Riesen namens Goliath tötete. Es gibt kaum einen Grund, an der historischen Existenz Jesu zu zweifeln, auch wenn man nicht an seine Fähigkeit glaubt, Wunder zu tun. Es hat tatsächlich ein Volk gegeben, das in der Gegend zwischen Ägypten und Assyrien das Bild eines Gottes entwarf, der – anders als die Fruchtbarkeitsgötter und die Idole in Rindsgestalt seiner Nachbarn – über die Jahrhunderte hinweg lebendig geblieben ist und in der ganzen Welt immer mehr Menschen an Gesetze gebunden hat, die vor ca. zweieinhalbtausend Jahren von jüdischen Autoren festgelegt wurden.

Die Bibel wurde von Menschen aus Fleisch und Blut geschrieben, die in einem ganz bestimmten Zeitraum der Geschichte und an einem erkennbaren Ort der Welt lebten. Aus dieser Position heraus ist ein Text entstanden, der manchmal die Form von Geschichtsschreibung, häufiger aber die

Form von Weissagung und Moralpredigt annimmt. Die Bibel ist mehr Bekenntnis denn Geschichte.

In unserem Buch kombinieren wir zwei Dinge, die in einem Spannungsverhältnis zueinander stehen. Wir wollen die Geschichten der Bibel nacherzählen. Und wir wollen etwas von dem historischen Hintergrund zeigen, vor dem sich diese Geschichten abgespielt haben könnten. Das sind zwei unterschiedliche Größen. Die eine befindet sich in der Grauzone zwischen Phantasie und Geschichte. Die andere ist das Ergebnis historischer Forschung – womit sie nicht automatisch wahr wird, wohl aber plausibel.

Die Erzählung steht bei uns im Vordergrund. Dass wir den Bibeltext als Ausgangspunkt für dieses Buch verwenden, bedeutet nicht, dass wir die Sintflut, den Untergang Sodoms und Gomorrhas und die Auferstehung Jesu für wahr halten. Mit dem Bibelgelehrten Harry Kuitert meinen wir, dass die Geschichten in der Bibel »Phantasieprodukte« sind. Wir wollen sie erzählen, weil wir der Meinung sind, dass, wie schon Nabokov schrieb, »profit and pleasure in the telling« liegen.

In den anschließenden Kapiteln erzählen wir also die Geschichte des kleinen Streifen Landes am Mittelmeer und seiner wenigen tausend Bewohner, wie die Bibel sie beschreibt. Manchmal bauen wir den biblischen Text, den wir dann kursivieren, wörtlich in unsere Schilderung ein. Ab und zu erlauben wir uns einen Abstecher in andere Bücher und Themengebiete, um zu zeigen, wie die Welt, in der die Bibel entstanden ist, ausgesehen haben kann.

Die Israeliten lebten mitten unter anderen Völkern, die damals ebenso Anspruch auf einen Platz in der Weltgeschichte erhoben, die genau wie die Israeliten dachten, dass ihre Götter den Verlauf der Geschehnisse auf Erden lenken und die vielleicht, wenn sie auf denselben Altären aus groben Steinen ihre Opfer brachten, meinten, dass gerade sie von ihren Göttern auserwählt seien. Die Überlieferung hat den einen Gott und seine Vorschriften bewahrt und von den anderen lediglich die Erinnerung hinterlassen, die uns bisweilen in Form von Ruinen oder aber auch nur durch eine Nennung in den Quellen begegnet. Es ist auch eine Form von Gerechtigkeit, dass die Nachbarn (der Israeliten) und ihre Götter in diesem Buch ab und zu hinsichtlich ihrer eigenen Verdienste beurteilt werden und dass an sie nicht die gleiche Messlatte wie an Moses und Jesus angelegt wird – so wie es der jüdische Geschichtsschreiber Flavius Josephus im ersten Jahrhundert nach Christus tat, als er die anderen Götter herabwürdigte als »bloße Namen, Ausgeburten der Phantasie eines minderwertigen, törichten Wahns«.

Dass dieses Buch *Es war einmal ein Gott* heißt, bedeutet nicht, dass wir den biblischen Gott als Märchenfigur bloßstellen möchten. Er ist die Hauptperson dieses Buches. Je mehr wir in der Bibel lasen, desto stärker waren wir vom Charakter des Gottes der Israeliten beeindruckt, wenn man das so sagen darf. Auf den ersten Blick sehen wir im Alten Testament einen simplen Kraftmeier, dem es mit viel Gewalt (Feuer, Wasser, Krankheiten) gelingt, sein Volk zu befreien. Da ist der Wüstengott, der um seine Stellung fürchtet, sobald die Israeliten sich im gelobten Land angesiedelt haben und dort auch schon mal die Hilfe eines anderen Gottes wie zum Beispiel eines Gottes der Kanaaniter oder der Moabiter erflehen.

Die Beziehung zwischen Gott und seinem auserwählten Volk ist vor allem im Alten Testament ein subtiles Spiel des Gebens und Nehmens. Das Volk kann nicht ungestraft fremdgehen – die Ehebruchsmetapher stammt aus der Bibel –, denn dann verliert es den Schutz Gottes. Aber Gott kann andererseits auch nicht allzu streng sein, denn sonst bleibt kein Volk mehr übrig, das ihn verehren könnte. Das überirdische Balancieren, das Ringen, das Donnerwetter und Flehen gibt dem unsichtbaren Gott der Israeliten mehr Kontur als die schönsten Abbildungen der Götter Baal und Astarte.

Ein Gott, der die moralische Messlatte so hoch legt, dass jeder Mensch sie reißt und danach immer wieder für Vernunft zugänglich und reumütig ist, ein Gott, der die Menschen braucht und den Moment fürchtet, da sie ihn nicht mehr brauchen, das ist ein armer Tropf, ein allmächtiger armer Tropf. Er kann sich zwar niemals irren und empfindet selten Reue, doch die Glaubensschwäche seines auserwählten Volkes macht ihn verletzlich wie den erstbesten Vater gegenüber seinen Kindern. Wie oft droht er nicht damit, die abtrünnigen Israeliten wie Schmutz wegzufegen? Wie oft droht er nicht damit, in ihrer Hauptstadt das Unterste zuoberst zu kehren? Und genauso oft findet er einen Grund, es dann doch nicht zu tun.

Sollte es jemals in der Geschichte einen Gott gegeben haben, mit dem die Gläubigen so viel verhandelt haben wie die Israeliten mit ihrem Gott? Als Gott das sündige Sodom vernichten will, fragt Abraham ihn, ob er bereit wäre, die Stadt zu verschonen, wenn dort fünfzig Unschuldige wohnten. »Natürlich«, sagt Gott. »Und fünfundvierzig«, fragt Abraham. »Auch dann«, sagt Gott. »Und vierzig? Und dreißig? Und zwanzig? Und zehn?« – »Selbst um zehn Unschuldiger willen wird die Stadt verschont werden«, sagt Gott. Dass Sodom dennoch zerstört wurde, lässt das Schlimmste vermuten.

Weil es keine Bibel über Baal gibt, werden wir niemals wissen, wie der gehörnte Rivale Gottes seinen Gläubigen gegenüber auftrat. In Ermangelung solcher Quellen und durch das reiche Zeugnis aus der Bibel bleibt der Gott der Israeliten einzigartig im Altertum. Unsichtbar, allmächtig, jähzornig und gnädig ist er. Auch wenn er im Neuen Testament von Jesus quasi auf Distanz zu den Menschen gehalten und fortan stärker als gnädiger Geist denn als Alleskönner vorgeführt wird, schwebt sein Schatten weiterhin über der Bibel.

Wir sind keine Theologen oder Pfarrer. Wer Exegese oder Theologie erwartet, wird dieses Buch vergeblich lesen und sollte es daher vielleicht auch gar nicht erst lesen wollen. Wenn aber jemand nach der Lektüre dennoch erfreut ist, umso besser.

Wir haben die Erkenntnisse und manchmal die Formulierungen von echten Gelehrten verwendet wie auch von Amateuren, die genau wie wir ihren eigenen Weg durch die Bibel gefunden haben. Gerne haben wir auf das Fachwissen des emeritierten Universitätsprofessors Harry Kuitert zurückgegriffen, der uns den Weg durch den Berg der Bibelliteratur wies, und sind Professor Henk Jan de Jonge dankbar, der uns auf die Beschränkungen und Gefahren unseres Ansatzes aufmerksam machte.

Die biblischen Zitate in der deutschen Ausgabe stammen aus der Bibel »Hoffnung für alle«, die im Brunnen Verlag erscheint. Bei allen Übertragungen der Bibel aus ihren ursprünglichen Sprachen – für das Alte Testament die hebräische, für das Neue Testament die griechische Sprache – steht die Entscheidung an, nach welchem Prinzip die Übersetzung gestaltet wird. »Hoffnung für alle« hat den Anspruch, dass der übersetzte Text den biblischen Text vollgültig vertreten kann. Die Bearbeitung geschah nach dem Prinzip der »kommunikativen Übersetzung«, die in Hinblick auf Grammatik, Satzbau und Redewendungen der Zielsprache folgt. Die Übersetzerinnen und Übersetzer mussten also den Sinn des hebräischen bzw. griechischen Textes sehr genau erfassen und dann seine Botschaft zuverlässig wiedergeben – aber so, dass die Übertragung verständlich ist und so natürlich und lebendig klingt, wie wir uns in unserer Sprache ausdrücken. Dabei suchten sie drei Regeln zu beachten: erstens nicht die Grenzen zur Auslegung zu überschreiten, zweitens dem Text dabei nicht das Geheimnis, manchmal seine Fremdartigkeit zu nehmen und drittens den Texten ihren eigenen Charakter zu belassen. Auf die Lesenden soll die Übersetzung die gleiche Wirkung erzielen wie das Original.

Wir sind mit der Reihenfolge der biblischen Bücher – und in einem Kapitel auch mit deren kanonischem Status – frei umgegangen. So wurde beispielsweise eine kurze Passage über das Buch Ruth in das Kapitel über König David aufgenommen. Und so haben wir von den im evangelischen Sprachgebrauch apokryphen Büchern die Makkabäerbücher verwendet, da sie eine Brücke vom Alten zum Neuen Testament schlagen.

Das ist anmaßend, aber der wichtigste Beweis für die Vitalität der Bibel ist vielleicht, dass sie derlei Anmaßungen aushält. Was in den verschiedenen Konfessionen und Kulturen als »die Bibel« präsentiert wird, war immer eine Konstruktion von Texten, die von Generation zu Generation überliefert und verändert wurden. Die Bibel (vom griechischen βιβλια = Bücher, Schriften) ist ein Bündel von hebräischen, griechischen und aramäischen Texten.

Die Bücher, die die Christen schließlich das »Alte Testament« nannten, wurden nach der jüdischen Tradition in drei »Abteilungen« eingeteilt: das Gesetz, das heißt die ersten fünf Bücher, die uns auch als Pentateuch bekannt sind, dann die Bücher der Propheten, die die Geschichte des Volkes vom Einzug ins Gelobte Land bis zu den kleinen Propheten wiedergeben, und schließlich die Schriften, in die die übrigen Bücher aufgenommen wurden: Psalmen, Hiob, Sprüche, Ruth, Prediger, das Hohelied, Klagelieder, Esther, Daniel, Esra, Nehemia und Chroniken.

Der Kanon wurde über viele Jahre hinweg hauptsächlich von pharisäischen Rabbinern entwickelt und um 100 v. Chr. für die Juden definitiv festgelegt. Die jüdischen heiligen Bücher stellten für die frühesten Christen – selbst immerhin zum größten Teil Juden – die einzige Heilige Schrift dar. Als im Laufe des ersten Jahrhunderts aufeinanderfolgend die Paulusbriefe, die Evangelien von Markus, Matthäus, Lukas und Johannes (und verschiedene andere parallele Zeugnisse über Jesus) erschienen, war das Entstehen einer »eigenen« christlichen Sammlung absehbar.

Das Auftreten des kleinasiatischen Kirchengründers Markion, der in der Mitte des zweiten Jahrhunderts auf einer von jüdischen Einflüssen »gesäuberten«, kompakten, christlichen Bibel beharrte, hat den Konsens über ein endgültiges Neues Testament erheblich verzögert. Nach Durchlaufen verschiedener Zwischenphasen, in denen man zwischen »allgemein anerkannten« und »angezweifelten« Büchern unterschied, akzeptierten die Christen schließlich erst 367 n. Chr. den Vorschlag des alexandrinischen Bischofs

Athanasius, der den Kanon für alle alt- und neutestamentlichen Bücher, die wir bis auf den heutigen Tag in der Bibel vorfinden, festlegte.

Dennoch gibt es noch immer verschiedene Bibeln. Für die eine religiöse Gruppierung besteht die Bibel aus 66 Büchern, für die andere aus 77. Die evangelische Bibel, deren Text wir in diesem Buch folgen, erhielt ihre Form in Kirchenversammlungen und theologischen Debatten von der späten Römerzeit über das frühe Mittelalter bis hin zur Reformation. Für unser Buch bedeutet das, dass wir die Textpassagen aus den Makkabäerbüchern – und nur die – einer katholischen Bibelausgabe entnommen haben, der Übersetzung von Hamp, Stenzel und Kürzinger.

Zum rechten Inhalt, zur Reihenfolge und Auslegung der Bibel wurden Konzilien veranstaltet und Kriege geführt. Die Gläubigen haben sich in der Tat dem Willen Gottes entsprechend verhalten, der, als er sah, dass die Menschen einen himmelhohen Turm bauten und sich seiner Allmacht näherten, ankündigte: »*Wir werden hinuntersteigen und ihre Sprache verwirren, damit keiner mehr den anderen versteht!*« (Gen 11,7).

# Am Anfang …

## *Eva und das Wissen*

Am Sonntag, dem 23. Oktober des Jahres 4004 v. Chr., schuf Gott Himmel und Erde. Es war der Erzbischof von Armagh, James Ussher, der dieses Datum berechnete.

Ussher verstand die Schöpfungsgeschichte wörtlich, was auch nahelag. Er war Theologe und beschloss sein Leben im Irland des 17. Jahrhunderts als ein für sein Wissen international respektierter Bischof der anglikanischen Kirche. Er hatte niemals Grund zum Zweifel an dem, was geschrieben stand.

Die Art, in der man Gott im ersten Buch der Bibel zu Werk gehen sieht, lud vernünftige Menschen in jenen Tagen eben nicht dazu ein, dem Tamtam Glauben zu schenken, mit dem die Geburt der Welt meistens in mythologischen Geschichten einherging. Gott hatte es nicht nötig, ein überirdisches Gefecht zu führen oder den Körper eines Gegners entzweizuteilen, um daraus das Himmelszelt zu schaffen. Er konnte das ohne Feuerwerk, ohne Donner und Blitz, ohne Knalleffekte und Simsalabim. Die Schöpfung, folgt man der Bibel, ist ein rein intellektueller Akt. Gott genügte das *Wort*:

*Am Anfang schuf Gott Himmel und Erde. Noch war die Erde leer und ohne Leben, von Wassermassen bedeckt. Finsternis herrschte, aber über dem Wasser schwebte der Geist Gottes. Da sprach Gott: »Licht soll entstehen!«, und es wurde hell.*

Genesis 1,1–3

Der liebe Herrgott der Juden und Christen schuf sechs Tage lang ebenso bedächtig wie systematisch vor sich hin. Am ersten Tage schuf er nicht nur den Himmel und die Erde, sondern auch zugleich Licht und Finsternis wie auch den Unterschied zwischen Tag und Nacht. Danach schuf er das Land und die Meere. Woraufhin er Pflanzen und Bäume schuf, um die Erde grün und fruchtbar zu machen. Dann kamen die Himmelskörper, um in der Nacht zu leuchten, und es gab ein Meer von Licht für den Tag. Dann schuf er auch noch *die großen Seetiere und alle anderen Lebewesen im Wasser* sowie auch alle Lebewesen, die auf der Erde herumlaufen konnten, beim Vieh angefangen über das Gewürm bis hin zu den wilden Tieren.

Alles ganz methodisch, jeden Tag wieder ein Stückchen mehr – und es wurde Abend; als der nächste Tag anbrach, guckte Gott auf sein Werk und war zufrieden. Er sah, dass es gut war.

Und als fünf Tage vorüber waren – als es also nach der Berechnung des Bischofs Ussher Freitag, der 28. Oktober, geworden war –, sagte Gott zu sich selbst: *»Jetzt wollen wir den Menschen machen, unser Ebenbild, das uns ähnlich ist. Er soll über die ganze Erde verfügen: über die Tiere im Meer, am Himmel und auf der Erde.«*

Menschen als Krone der Schöpfung. Und wenn es nach Gott gegangen wäre, hätten sie in paradiesischen Zuständen ein märchenhaftes, ewiges Leben führen können. Aber sie wollten offenbar mehr oder zumindest etwas Abwechslungsreicheres. Für den Anfang wollten sie außer zu glauben auch wissen. Und so berechnete der gläubige James Ussher mit wissenschaftlicher Präzision den 23. Oktober. Damals fing es an. Er war in der Lage dazu, es auf seine Weise auszurechnen, da es in der Bibel nur so von genealogischen Aufzählungen wimmelt.

Am Beginn des ersten Schöpfungstages muss die Erde, folgt man dem Text in Genesis 1, ein äußerst unerfreulicher Ort gewesen sein. Sie war wüst, leer, dunkel, windig und sumpfig. So ungefähr wird auch das Morastland zwischen Euphrat und Tigris ausgesehen haben, zwei der großen Flüsse, die im Text bei den Paradiesströmen genannt werden. Gottes Schöpfungswerk kann also auch als die Strukturierung des Deltas von Euphrat und Tigris und des Landes zwischen diesen beiden Flüssen aufgefasst werden. Östlich davon muss sich der Garten befunden haben. Die Geschichte der Menschheit beginnt also im heutigen Irak.

Der Text spricht von einem Garten in Eden *im Osten*. Dort entspringt ein Fluss, *dort teilte er sich in vier Arme*. Der Archäologe Heinrich Schliemann lokalisierte kurz vor 1880 das homerische Troja anhand von kaum mehr Angaben. Aber das Geheimnis von Eden ließ sich nicht so einfach lüften. Verschiedene Kartographen des Mittelalters haben den Garten noch jahrhundertelang treu auf ihren Karten irgendwo im Osten – also in noch nicht bereisten Gebieten – eingezeichnet. Als jedoch das geographische Wissen durch die Entdeckungsreisen stets weiterwuchs und die weißen Flecken auf der Landkarte zu schwinden begannen, wurde klar, dass das Paradies auf Erden nicht wiedergefunden werden würde.

In den ersten beiden Kapiteln der Genesis werden zwei Schöpfungsgeschichten erzählt, die einander überschneiden und in Details widersprechen. Im ersten Kapitel ist die Schöpfung das Werk eines rationalen und distanzierten Gottes. *Am Anfang war das Wort. Das Wort war bei Gott, und das Wort war Gott selbst,* das schrieb der Evangelist Johannes viele Jahrhunderte später. Johannes verwendete das griechische Wort »Logos«, was *Wort,* aber auch *Verstand* oder *Vernunft* bedeuten kann. Gott selbst bleibt auf Distanz. Er ist der große Architekt des Universums. Er ist der Gestalter.

Am Ende des ersten Kapitels erhalten die Menschen einen ganz klaren Auftrag, wobei es bereits beide, nämlich Mann und Frau, gibt: *Vermehrt euch, bevölkert die Erde und nehmt sie in Besitz! Ihr sollt Macht haben über alle Tiere: über die Fische, die Vögel und alle anderen Tiere auf der Erde!*

Die Menschen müssen nun aktiv werden. Und das ist genau der Auftrag, den sie in späteren Jahrhunderten erledigt haben. Nach getaner Arbeit segnet Gott den siebten Tag und heiligt ihn, weil er sich an jenem Tag von seinem Schöpfungswerk erholt hat.

Und dann scheint im zweiten Kapitel alles wieder von vorn zu beginnen. Wiederum ist die Erde wüst, öde, sumpfig und neblig. Und ein weiteres Mal schafft Gott den Menschen, wobei der Mensch diesmal nicht den Abschluss bildet, da die Schöpfung noch nicht beendet ist. Zusammen mit dem Mann wird er das Werk fertigstellen. In dieser Erzählung ist Gott auch nicht der distanzierte Gott. Er ordnet nicht nur, sondern er verrichtet auch die einfache Handarbeit. Eigenhändig modelliert er den Menschen aus dem Staub der Erde. Wir haben es hier mit einem ganz anderen Gott zu tun. Er ist ein Handwerker und nicht mehr der intellektuelle Wortkünstler.

Der jüdische Geschichtsschreiber Flavius Josephus (37 bis 100 n. Chr.), der die Geschichte des jüdischen Volkes schrieb, wobei er sich als wichtigster Quelle der Bibel bediente, erzählt über die Schöpfung des Menschen dieses: »Gott bildete den Menschen, indem er Staub von der Erde nahm und diesem Geist und Seele einhauchte. Und dieser Mensch hieß Adam, das heißt in hebräischer Sprache ›rot‹, weil er aus roter weicher Erde gemacht ist, die die jungfräuliche und wahre Erde darstellt.«

Anders als im ersten Kapitel der Genesis gibt es im zweiten anfangs nur den Mann allein. Im Garten Eden ist er der Gutsverwalter im Auftrage Gottes. Zusammen arbeiten sie an der Vollendung der Schöpfung. Aus der rohen Erde schuf Gott *die Landtiere und die Vögel und brachte sie zu dem Menschen, um zu sehen, wie er sie nennen würde. Genauso sollten sie dann heißen.* Adam tut hier das, was Gott im Kapitel 1 tat. Er gibt den Lebewesen ihre Namen. So herrscht er über das Leben auf der Erde.

Die Unterschiede zwischen den beiden Schöpfungsberichten lassen erkennen, dass verschiedene Autoren, die sich möglicherweise auf jeweils andere Quellen gestützt haben, am Werk gewesen sein müssen. Die Texte, die schließlich die Bibel bilden sollten, sind in einem Zeitraum von vielen hundert Jahren entstanden. Und es darf sicher angenommen werden, dass sich die aufgezeichneten Berichte auf eine mündliche Überlieferung stützen, die bis auf den Anfang des dritten vorchristlichen Jahrtausends zurückgeht.

Das zweite Kapitel des Buches Genesis endet mit der Erschaffung der Frau: *Da ließ Gott, der Herr, einen tiefen Schlaf über ihn kommen, entnahm ihm eine Rippe und verschloss die Stelle wieder mit Fleisch.* Die Ankunft der Frau, einer Rippe aus seinem Körper, verleitet Adam zu einem kleinen Freudenausbruch: »*Endlich gibt es jemanden wie mich! Sie wurde aus einem Teil von mir gemacht – wir gehören zusammen!*« Alle Zeichen deuten auf ein himmlisches Leben in Ewigkeit hin: *Der Mann und die Frau waren nackt, sie schämten sich aber nicht.* Es ist beinahe zu schön, um wahr zu sein. Das erste Menschenpaar lebt in den ersten beiden Wochen nach der Schöpfung nichts Böses ahnend und sich keiner Schuld bewusst im Garten, den Gott für die beiden geplant hat. Aber die Sache hat einen Haken. Gott hat ihnen nämlich verboten, die Früchte vom Baum der Erkenntnis des Guten und Bösen zu berühren, geschweige denn zu essen. Die Strafe, die darauf steht, ist fürchterlich, nämlich der Tod. Aber die Verlockung ist zu groß für die Frau. Der Mann seinerseits ist ihrer Verführung nicht gewachsen. Nach der Berechnung des Erzbischofs Ussher lief es bereits am 10. November 4004 v. Chr. so richtig schief.

*Die Schlange war listiger als alle anderen Tiere, die Gott, der Herr, gemacht hatte. »Hat Gott wirklich gesagt, dass ihr von keinem Baum die Früchte essen dürft?«, fragte sie die Frau. »Natürlich dürfen wir«, antwortete die Frau, »nur von dem Baum in der Mitte des Gartens nicht. Gott hat gesagt: ›Esst nicht von seinen Früchten, ja – berührt sie nicht einmal, sonst müsst ihr sterben!‹« »Unsinn! Ihr werdet nicht sterben«, widersprach die Schlange, »aber Gott weiß: Wenn ihr davon esst, werden eure Augen geöffnet – ihr werdet sein wie Gott und wissen, was Gut und Böse ist.« Die Frau schaute den Baum an. Er sah schön aus! Seine Früchte wirkten verlockend, und klug würde sie davon werden! Sie pflückte eine Frucht, biss hinein und reichte sie ihrem Mann, und auch er aß davon.*

Genesis 3,1–6

Es handelt sich dabei um die erste große Krise in der Geschichte der Menschheit. Diese hat das ausdrückliche Verbot ihres Schöpfers missachtet und wird dafür bestraft. Die katholische Kirche hat diesen Vertrauensbruch – den *Sündenfall* – zu einem zentralen Punkt ihrer Lehre gemacht.

Als Erstes fällt auf, dass es in dieser Geschichte – freilich von der Schlange dazu verleitet, aber trotzdem –, die Frau ist, die die Sünde in die Welt bringt. Die Frau trägt eine schwere Schuld, was ihr bis auf den heutigen Tag in religiösen Kreisen – und nicht nur dort – nachgetragen wird. In Vondels Drama *Adam in der Verbannung* heißt es:

EVA: Das schwache Frauengeschlecht wird von der Lust überrascht.

ADAM: Und eure verfluchte Lust ist mir bitter aufgestoßen.

Die Frau hat sich als die weniger gelungene Schöpfung Gottes erwiesen, als ein fürchterlicher Risikofaktor. Gegenüber der emotionalen und energischen Eva wirkt Adam ganz schön blass. Sie gibt ihm von den Früchten, er isst. Das ist alles, was dort steht. Kein Wort des Protestes. Erst später, als er von Gott zur Verantwortung gerufen wird, beklagt er sich: *Die Frau, die du mir gegeben hast, reichte mir eine Frucht – deswegen habe ich davon gegessen!* In Vondels Drama wirft Eva ihm seine Schwäche vor:

EVA: Es schickt sich für ein Mannsbild, sich nicht überreden zu lassen und standzuhalten, wenn das Weibsbild schwach wird.

Die Rolle Gottes, der dritten Hauptperson in diesem Drama, ist beachtenswert. Er scheint von den Ereignissen regelrecht überrascht zu werden. Unmittelbar nachdem das

Übel geschehen ist, kommt er wie zufällig gemächlich in der Kühle des Abends durch den Garten heranspaziert und ruft: »Adam, wo bist du?« Adam hat sich im Gebüsch versteckt, weil er sich seiner Nacktheit schämt. Und dann dringt die schreckliche Wahrheit zu Gott vor: Er wurde von seinen eigenen Geschöpfen betrogen. Ein ohnmächtiger Gott ist das!

Bereits nach achtzehn Tagen ist das Paradies um der menschlichen bzw. weiblichen Neugier willen verspielt. Von nun an weiß der Mensch, dass Wissen, erst recht, wenn es um den Unterschied zwischen Gut und Böse geht, größtes Unglück zur Folge haben kann. Das Wissen war die Verführung. Und damit ist auch Evas Schuld definiert. Sie wollte wie Gott sein. Sie hat wissen wollen, und das ist nicht erlaubt. Gut und Böse, Normen und Werte sind Gottes Angelegenheiten. Solange der Mensch im Stand der Unkenntnis ist, darf er mit seiner Frau in nächster Nähe Gottes leben. Aber wenn er sich Wissen aneignet, ist für ihn kein Platz mehr im Garten.

Die Strafe ist gleich der Straftat: Die Buße, die Gott den Menschen auferlegt, ist ebenfalls Wissen. Adam und Eva, vertrieben aus dem Garten Eden, wissen genau, dass sie das Paradies aus eigener Schuld verloren haben. Das macht diese Geschichte so traurig. Was ich nicht weiß, macht mich nicht heiß. Und was man doch weiß, das nagt weiterhin an einem bis zum Tod.

Verführung, Schuld und Sühne, das ist alles dasselbe.

Nach der Vertreibung aus dem Garten Eden ziehen der Mann und die Frau in die unkultivierte Welt. Wir dürfen annehmen, dass diese Entdeckungsreise östlich des Zweistromlandes ihren Anfang nahm. Aus der Wüstenoase heraus, die vielleicht der Garten Eden gewesen ist, dringt der

Mensch in Mesopotamien ein. Ihre ältesten Kinder sind zwei Brüder, Kain, der Ackerbauer wird, und Abel, der sein Vieh hütet.

Eines schönen Tages beschließen die Brüder, Gott gemeinsam ein Opfer darzubringen. Kain bringt das Beste dar, das er selbst geerntet hat. Sein Bruder bringt seinerseits eines von den Erstgeborenen seiner Herde dar. Gott nimmt Abels Opfer an und schenkt dem Kains keinerlei Beachtung.

Selbstverständlich hat Gott das Recht, nach eigenem Gutdünken ein Opfer zurückzuweisen oder anzunehmen. Aber Kain kann die Zurückweisung nicht verschmerzen. Er begreift nicht, was an seinem Opfer falsch sein soll (wahrscheinlich ist das auch nicht zu begreifen), und gerät in Wut, die sich gegen seinen Bruder richtet. Als sie zusammen auf dem Feld sind, erschlägt er Abel. *»Wo ist dein Bruder Abel«*, fragt Gott. Und Kain antwortet (nach der Übersetzung »Hoffnung für alle«): *»Ist es etwa meine Aufgabe, ständig auf ihn aufzupassen?«* Aus diesem kurzen Dialog spricht gegenseitiger Vorwurf und Groll. Aber Gott braucht sich nicht zu verantworten, Kain hingegen wohl.

Genau wie seine Eltern vor ihm nach ihrer ersten Sünde wird Kain schwer bestraft. Rast- und ruhelos soll er bis ans Ende seiner Tage auf der Erde sein. Er ficht das Urteil an: *Meine Strafe ist zu hart*, sagt er, *jeder, der mich sieht, kann mich ungestraft töten!*

Und dann zeigt Gott doch wieder Mitleid. Er beruhigt Kain: Wer dir etwas tut, wird siebenfacher Rache verfallen, sagt er. Und er macht dem Kain ein Zeichen, damit niemand, der ihm begegnet, ihn unvermittelt töten wird. Schließlich lässt sich der Brudermörder im Osten von Eden nieder. Er findet eine Frau und baut eine Stadt, die er nach seinem Sohn Henoch benennt.

Ganz weit am Horizont glimmt bereits das Feuer der Geschichte. Einige unter den Menschen werden, in der Nachfolge des Kain, in Städten wie dem sumerischen Ur oder später Babel wohnen. Andere ziehen an den Grenzen des Zweistromlandes mit ihren Herden umher. Die Zahl der Menschen nimmt schnell zu. Im fünften Kapitel der Genesis begegnen wir einer ersten genealogischen Aufzählung:

> *Adam war 130 Jahre alt, als er einen Sohn zeugte, der ihm in jeder Hinsicht ähnlich war. Er nannte ihn Set. Danach lebte er noch 800 Jahre; ihm wurden noch weitere Söhne und Töchter geboren, bis er im Alter von 930 Jahren starb. Set war 105 Jahre alt, als er Enosch zeugte. Danach lebte er noch 807 Jahre; ihm wurden noch weitere Söhne und Töchter geboren, bis er im Alter von 912 Jahren starb.*
>
> Genesis 5,3–8

Je mehr Menschen es gibt, desto größer ist die Chance, dass sie Fehler machen. Mit dem Wachsen der Menschheit breitet sich die Sünde über die Erde aus. Das muss schließlich zu Problemen führen. Und es soll, gerechnet vom ersten Tag an, noch 4037 Jahre dauern, bevor Gottes Sohn durch seinen Kreuzestod eine Aussicht auf Rettung bietet. Aber wann seine zweite Ankunft stattfinden wird, bleibt noch ungewiss.

# Und Gott sah, dass es nicht gut war

## *Noah rettet die Schöpfung*

Nach der Vertreibung aus dem Paradies zerstreut sich die Menschheit über die Erde. In einer genealogischen Aufzählung in zehn Schritten hören wir die Namen von Männern, von denen uns nichts weiter als deren Namen und Alter mitgeteilt werden. Schließlich stoßen wir auf einen gewissen Lamech, den Sohn des sprichwörtlich gewordenen Greises Metuschaël [Methusalem], der 969 Jahre alt wurde:

> *Lamech war 182 Jahre alt, als er einen Sohn zeugte. »Der wird uns Trost bringen bei all der harten Arbeit auf dem Acker, den Gott verflucht hat!«, sagte er. Darum nannte er ihn Noah (»Trost«). Danach lebte er noch 595 Jahre; ihm wurden noch weitere Söhne und Töchter geboren, bis er im Alter von 777 Jahren starb. Noah war 500 Jahre alt, als er Sem, Ham und Jafet zeugte.*
>
> Genesis 5,28–32

Gott hat den Menschen nach seinem Ebenbild geschaffen: Die Krone seiner Schöpfung. Dieser Krone aber fehlt es an Glanz: Der Mensch wendet sich beharrlich immer wieder dem Bösen zu. Es bleibt weder bei Evas erstem Frevel noch beim Mord an Abel. Der Mensch will einfach nicht verstehen, dass er sich an einige fundamentale moralische Gesetze und Regeln halten muss, die nebenbei bemerkt erst im zweiten Buch der Bibel festgelegt werden. Der Mensch geht seinen eigenen Weg und folgt seinen eigenen Plänen. Gott verzweifelt daran – genau wie ein Lehrer vor einer undisziplinierten Klasse verzweifelt.

Diese Entfremdung wird so groß, dass er endlich zu dem Schluss gelangt, seine Schöpfung sei misslungen. Er beschließt, ihr ein Ende zu setzen: *Ich werde die Menschen und mit ihnen die Tiere wieder vernichten, sagte er. Es wäre besser, ich hätte sie gar nicht erst erschaffen.*

Das sind menschliche Emotionen, die Gott hier zugeschrieben werden. Enttäuscht beschließt er, ein fehlgeschlagenes Experiment abzubrechen. Er hadert mit seinem eigenen Werk und erkennt, dass es seine Erwartungen nicht erfüllt hat. Aber bei genauer Betrachtung sieht er dann doch einen, mit dem er es noch einmal probieren möchte: *Nur Noah fand Gnade beim Herrn.*

Vielleicht kann man ja doch noch etwas daraus machen.

Noah soll die ursprüngliche Schöpfung retten. In gewisser Hinsicht wird Noah auf diese Weise zum zweiten Adam: Mit ihm unternimmt Gott einen Neuanfang. Er, Noah, bekommt den Auftrag, ein Schiff aus Zypressenholz zu bauen. Die Anweisungen, die Gott ihm erteilt, sind peinlich genau. Es soll ein rechteckiger Kasten werden von einem Ausmaß, wie es die Menschheit noch nie gesehen hat. Der Kasten soll eine Länge von 120 Metern, eine Breite von 20 Metern und eine Höhe von 12 Metern haben. Die ganze Familie des Noah schifft sich auf der Arche ein: Mann, Frau, Söhne und Schwiegertöchter. Mit ihnen je zwei Exemplare aller auf Erden lebender Wesen, jeweils ein Männchen und ein Weibchen. Von den reinen Tieren, die als Nahrungsmittel und Opfertiere taugen und deren Vorrat deshalb nicht zu schnell verbraucht sein sollte, werden zur Sicherheit je sieben Paare mitgenommen.

Forscher späterer Zeiten haben sich den Kopf über die Anzahl der Passagiere auf der Arche zerbrochen: Es müssen viele tausend Vögel, Reptilien und Säugetiere gewesen sein. Zoologen haben sich der Frage gewidmet, wie viele Tonnen Mist all die Tiere wohl produziert haben dürften.

Noah ist 600 Jahre alt, als Gott die Tür der Arche hinter ihm schließt und die Schleusen und Quellen öffnet. Sämtliches Leben auf der Erde vergeht. Ungefähr ein halbes Jahr dümpelt die Arche so auf dem Wasser. Dann läuft sie auf dem Berg Ararat auf Grund. Bischof Ussher – dieser Mann berechnete aber auch wirklich alles – ermittelte, dass dies an einem Mittwoch im Jahre 2348 v. Chr. geschehen sein müsse.

Der Berg Ararat ist die erste geografisch nachvollziehbare Ortsangabe in der Bibel. Auch heute noch findet man ihn unter diesem Namen im Atlas. Mit seiner Höhe von gut fünftausend Metern dominiert er das ostanatolische Hochland an der Grenze zu Aserbaidschan und zum Iran. Viele haben dort nach Überresten der Arche und Beweisen für die Sintflut gesucht und suchen dort bis auf den heutigen Tag. Im Verlauf des 20. Jahrhunderts wurden verschiedene Expeditionen für eine Suche im anatolischen Bergland ausgerüstet. Eine russische Expedition, die 1916 mitten im Krieg des zaristischen Russlands gegen das Osmanische Reich ausgesandt wurde, entdeckte dort die Überreste eines jahrhundertealten Schiffs, welches sich auf wundersame Weise hoch im Bergland wiederfand. Kein Zweifel, das mussten die Überbleibsel der Arche sein! Man schickte Fotos an den Zaren Nikolaus II. Jedoch hörte man nach der Russischen Revolution nichts mehr davon. Das kommunistische Utopia hatte bekanntermaßen kein Interesse am kulturellen Erbe der Christenheit. Es folgten noch viele Expeditionen, aber bis auf den heutigen Tag wurde die Arche nicht gefunden.

Gibt es eine rationale Erklärung für die unvorstellbare Überschwemmung, die sich über die gesamte Welt ergoss? Solch eine Erklärung kann man in der natürlichen Beschaffenheit des Gebietes zwischen den Flüssen Euphrat und Tigris finden. Beide entspringen dem Bergland der heutigen Osttürkei. Der Euphrat fließt durch Syrien und der Tigris durch Kurdistan in den Irak. 150 Kilometer vor der Mündung in den Persischen Golf vereinigen sich beide zum Schatt al-Arab. Das Land zwischen den Flüssen inklusive des Schatt-al-Arab-Deltas ist unter der griechischen Bezeichnung »Mesopotamien« bekannt. Im tiefsten Süden dieses Gebietes, in dem die beiden Flüsse sich vereinigen, entstand gegen Ende des vierten Jahrtausends v. Chr. eine Kultur von außergewöhnlicher Kraft, die Kultur der Sumerer.

Die Natur ist dem Menschen dort nicht wohlgesinnt. Das Land ist trocken, die Sommer sind sengend heiß, und jedes Jahr treten die Flüsse über die Ufer und überschwemmen das Land. Im Süden, im Delta, bereitet das ins Landesinnere eindringende salzige Wasser den Bauern Mühe. Bei archäologischen Ausgrabungen in verschiedenen Städten im Süden hat man Lehmablagerungen als Trennschicht zwischen zwei Schichten mit Besiedlungsspuren gefunden. Das weist darauf hin, dass mitunter eine Stadt komplett durch das Wasser ausgelöscht wurde. Wenn es sich nach der jährlichen Überschwemmung zurückzog, hinterließ es fruchtbaren Schlamm. Aber in der Hitze der Sonne brach die Erde auf, sei sie nun fruchtbar oder nicht. Daher erwies sich die Erde auch noch nach der jährlichen Überschwemmung als unbrauchbar.

Irgendwann vor mehr als 5000 Jahren entwickelten die Bewohner dieses Gebietes Techniken, das Wasser am Abfließen zu hindern. Sie schufen ein umfangreiches System von Kanälen, Schleusen, Wasserbecken und Deichen. Der Unterhalt dieses Bewässerungssystems verlangte eine straffe Organisation. Dafür sorgten ein König und seine Bürokratie. So entstand der zentralisierte Staat. Die königliche Bürokratie hatte ein Interesse daran, folgende Daten speichern zu können: Landverteilung, Deichverlauf, Grunderträge. Um 3000 v. Chr. entwickelten die Menschen eine Schrift. Diese bestand anfänglich noch aus Piktogrammen, später dann aus Zeichen für ganze Silben und schließlich aus einzelnen Buchstaben. Die Texte wurden mit einer Art kleinem Stichel in weichen Lehm gedrückt. Anschließend wurde solch eine Lehmtafel in der Sonne getrocknet und im Ofen hartgebrannt. Nach der Form der Zeichen wird die Schrift »Keilschrift« genannt.

Im 19. Jahrhundert nach Christus begannen Wissenschaftler, systematisch nach Lehmtäfelchen zu suchen. Sie entdeckten Abertausende in den Ruinen alter Städte und Paläste Mesopotamiens. 1853 entdeckte der englische Archäologe George Smith bei Ausgrabungen der Königsstadt Ninive zwölf Tafeln, auf denen die Geschichte des sumerischen Helden König Gilgamesch von Uruk erzählt wurde. Nur knapp 20 Jahre später, im Jahre 1872, erklärte Smith bei einem Vortrag vor der »Society of Biblical Archaeology«, dass er auf einer seiner Tafeln den Bericht über eine große, weltweite Überschwemmung gefunden habe. Er glaubte damit den Beweis geliefert zu haben, dass die biblische Sintflut tatsächlich stattgefunden habe. Die Lehmtafeln, die Smith entdeckt hatte, datieren aus dem siebten Jahrhundert v. Chr. Wahrscheinlich handelt es sich dabei um Kopien einer früheren Version vom Anfang des zwölften Jahrhunderts, die wiederum auf eine noch viel ältere mündliche Tradition aus der Zeit der Sumerer zurückgeht.

Auf den Tafeln werden die Abenteuer des Königs Gilgamesch erzählt. Dieser mythologische Held soll zwischen 3000 und 2500 vor Christus gelebt haben. In dem Epos kommt eine große weltweite Überflutung vor, die von der Vollversammlung der Götter auf die Menschheit herabgerufen wurde. Einem Menschen jedoch gelingt es gemeinsam mit seiner Frau, die Flut zu überleben, indem er ein riesiges Boot baut, in dem er alle bekannten Tiere mitnimmt.

Die Parallelen zwischen der sumerischen Katastrophengeschichte vom Hochwasser und der biblischen Sintflut sind groß. Aber die Unterschiede springen gerade dort ins Auge, wo es um die Charakterisierung der Götter geht. Die sumerischen Götter werden als dumm geschildert, wenig energisch und weit davon entfernt, allmächtig zu sein. Der Anlass für die Überflutung ist nichtig: Den Obergott stört die wachsende Zahl von Menschen, die ihm mit ihrem unablässigen Lärm den Schlaf rauben. Aber den Göttern droht mit der Vernichtung der Menschheit der Verlust ihrer eigenen Nahrungsversorgung (der Opfer) – ein Aspekt, den sie nicht bedacht haben. Am Ende der Geschichte strömen alle Götter wie aufdringliche Mistfliegen zum Brandopfer zusammen, das ihnen der einzige Überlebende der großen Flut darbringt. Sie werden buchstäblich mit einer Fliegenklatsche geschlagen: »Wie die Fliegen umschwirrten die

Götter den Opfernden. Sobald jedoch die erhabene Göttin erschienen war, schwang sie die Fliegenklatsche …«

Mit diesen Göttern verglichen, ist der Gott des Buches Genesis ein Riese. Sein Entschluss, die gesamte Schöpfung zu vernichten, hat zwar nicht länger Bestand als eine Verszeile, aber von dem Augenblick an führt er streng Regie. Der Bau der Arche wird von ihm bis in die kleinsten Details vorgeschrieben. Er schließt persönlich die Tür der Arche hinter Noah, und er bedient die Schieber und Ventile der Schleusen und Brunnen. Er ist es, der schließlich dem Sturzregen ein Ende macht und Wind über die Wasser wehen lässt, wodurch das Wasser sich beruhigt und der Wasserspiegel wieder sinken kann.

Als die Arche auf dem Berg Ararat auf Grund gelaufen ist, lässt Noah nacheinander einen Raben und eine Taube ausfliegen. Als die Taube nach einem verunglückten Versuch mit einem Olivenzweig im Schnabel zurückkehrt, weiß Noah, dass das Land trockengefallen ist. In der sumerischen Variante der Geschichte passiert es beinahe genauso. Und ebenso wie im Gilgameschepos, so bringt auch Noah seinem Gott ein Opfer dar, sobald er die Arche verlassen hat. Aber der Gott in der Genesis ist sicher nicht auf dieses Opfer angewiesen, geschweige denn abhängig davon. Aufgrund seiner eigenen Erwägungen spricht dieser in seinem Herzen: *Nie mehr will ich wegen der Menschen die Erde vernichten, obwohl sie von frühester Jugend an voller Bosheit sind. Nie wieder will ich alles Leben auslöschen, wie ich es getan habe!* Es scheint, als ob Gott sich damit abgefunden hätte: Der Mensch ist nun einmal schlecht, sei's drum. Und es ist auch Gottes Wille, anschließend einen Bund mit Noah zu schließen und zu besiegeln, indem er einen Regenbogen am Himmel aufleuchten lässt.

Die biblische Sintflutgeschichte hat unverkennbar ihre Wurzeln in Mesopotamien. Aber der Gott der Bibel hat sich in den ca. 2000 Jahren in eine einzigartige und eigenwillige Richtung entwickelt.

Nach der Flut beginnt die Geschichte von neuem, immer noch vor dem Hintergrund des Zweistromlandes. Es folgen noch zwei kurze, mehr oder weniger selbständige Anekdoten. Über Noah lesen wir, dass er nach seiner Ausschiffung und nachdem er Gott geopfert hat einen Weinberg anlegt. Schnell soll er der erste Trunkenbold in der Geschichte der Menschheit werden. Er trinkt seinen Wein, entkleidet sich in seinem Zelt und fällt in den Schlaf. Während er seinen Rausch ausschläft, kommt unvorhergesehen sein Sohn Ham herein. Er sieht die Nacktheit des Vaters und erzählt seinen beiden Brüdern, was er gesehen hat. Die beiden bedecken voller Pietät den Körper des Vaters mit einem Gewand, ohne ihn anzublicken. Als Noah am nächsten Tag vernimmt, was geschehen ist, entbrennt er in Wut, verflucht den Sohn und alle Nachfahren Hams.

> *»Verflucht sei Kanaan!«, rief er. »Er soll für seine Brüder der niedrigste aller Knechte sein!« Weiter sagte er: »Gelobt sei der Herr, der Gott Sems! Er mache Kanaan zu Sems Knecht! Gott gebe Jafet viel Land, damit er sich ausbreiten kann. Sein eigenes Gebiet soll sich in das Gebiet Sems erstrecken! Er mache Kanaan zu Jafets Knecht!«*
>
> Genesis 9,25–27

Der verfluchte Ham – was hat er eigentlich verbrochen, außer dass er zum falschen Zeitpunkt am falschen Ort war –

erweist sich fortan, in einer ausführlichen genealogischen Aufzählung, nicht nur als Stammvater aller Kanaaniter und Philister, sondern obendrein noch der Menschen, die in Afrika wohnen, der Schwarzen also. Die hier zitierte Passage wurde in späteren Jahrhunderten von den Sklavenhaltern verwendet, die damit die Unterwerfung der afrikanischen Sklaven rechtfertigten.

Nach der Flut lebt Noah noch 350 Jahre *und starb im Alter von 950 Jahren.*

Ein Enkel des Ham, Urenkel Noahs, ist Nimrod: *Vor dem Herrn galt er als ein unerschrockener Jäger.* Er war aber nicht allein ein gewaltiger Jäger, sondern auch ein großer König. Sein Reich begann in Babel und erstreckte sich Richtung Nordwesten über das gesamte Land zwischen den Strömen. Nimrod wird zuweilen von manchen mit dem großen König Sargon I., dem Gründer des Reichs von Akkad in der zweiten Hälfte des dritten Jahrtausends v. Chr., gleichgesetzt. Über diesen Sargon wird in anderen Quellen unter anderem berichtet, dass er, wie viele Jahrhunderte später der erste große Prophet der Juden, Moses, in einem Schilfrohrkorb als Findling auf einem Fluss ausgesetzt wurde.

Die Stadt Babel, nahe dem heutigen Bagdad gelegen, wird hier zum ersten Mal erwähnt. Die Stadt wird später als der Prototyp dessen erscheinen, was Menschen aus der Provinz immer so sehr in großen Städten verabscheut haben. Babel ist durch und durch arrogant und schlecht. Die Bewohner sind göttlichen Geboten gegenüber ungehorsam. Sie sind in erster Linie versessen auf materielle Reichtümer, Prunk, Pomp und großen Aufwand. In der sumerischen Epoche dürfte es bereits eine Siedlung am Unterlauf des Euphrat gegeben haben. Am Ende des dritten Jahrtausends drangen Amoriten, ein semitischer Nomadenstamm, aus dem Westen nach Mesopotamien ein. Sie nannten die unbedeutende Siedlung *bab-ili* (die »Pforte Gottes«). Zu Anfang des zweiten Jahrtausends wurde die Stadt wahrscheinlich mit einer Stadtmauer umgeben. Der erste große König Babylons, Hammurabi (1792–1750 v. Chr.), machte die Stadt zum kulturellen Zentrum eines großen und mächtigen Reichs. Im Verlauf seiner Regierungszeit entstand die *Zikkurat*, ein pyramidenartiger Stufentempel von gut neunzig Meter Höhe, der dem Stadtgott Marduk geweiht war. Dieses Heiligtum oder vielleicht ein gleichartiges aus späterer Zeit, das die gesamte Umgebung dominierte, ist in der Bibel der Turm von Babel geworden.

Im elften Kapitel des Buches Genesis wird erzählt, dass sich die Menschen auf einer Ebene im Lande Sinear niederlassen. Irgendwann sagen sie: *»Auf! Jetzt bauen wir uns eine Stadt mit einem Turm, dessen Spitze bis zum Himmel reicht! Dadurch werden wir überall berühmt. Wir werden nicht über die ganze Erde zerstreut, weil der Turm unser Mittelpunkt ist und uns zusammenhält!«* Darauf fertigen sie Ziegel, brennen sie und machen sich ans Werk. Aber Gott steigt hernieder und betrachtet das Menschenwerk mit Argwohn. Er sagt zu sich selbst: *»Wir werden hinuntersteigen und ihre Sprache verwirren, damit keiner mehr den anderen versteht!«* Die Menschen können von da ab nicht mehr miteinander sprechen. Sie legen ihre Arbeit nieder und zerstreuen sich in alle Himmelsrichtungen.

Es ist eine faszinierende Geschichte, die obendrein noch in einem rasanten Tempo erzählt wird. Der Schreiber vergeudet keine Zeit mit Erklärungen bzw. Interpretationen. Gottes Handeln bleibt unbegründet. Daher können wir lediglich vermuten, was ihn dazu bewogen haben mag, den Erfolg der Bautätigkeiten in Babel zu vereiteln. Machte er sich Sorgen über das Vordringen der Menschheit bis vor die Himmelspforten? Oder geschah es aus Abscheu vor der Stadt Babel und deren Bewohnern? Die Abneigung gegen Babel kann man in der ganzen Bibel bis hin zum letzten Buch der Apokalypse spüren, in dem ausführlich von der »Hure Babylon« berichtet wird, die am Ende der Zeiten vernichtet werden wird.

Aber vielleicht war Gottes Vorgehen einfach nur Willkür oder besser gesagt etwas, das wir Menschen nicht mit unserem Verstand erklären können. Gott rechtfertigt sein Verhalten nicht, was ja wohl auch ziemlich unpassend wäre. Gott macht seine Gesetze und Regeln, und der Mensch muss sie befolgen. So einfach ist das.

# Das Unterpfand

## *Auf der Suche nach einem Erzvater*

Richtig jung ist Abram mit seinen 75 Lebensjahren nicht mehr, als Gott ihn anweist, mit unbekanntem Ziel aufzubrechen. Der Herr sagte zu Abram: »Geh fort aus deinem Land, verlass deine Heimat und deine Verwandtschaft und zieh in das Land, das ich dir zeigen werde!« Nachdem er bereits fast ein Leben gelebt hat, steht Abram plötzlich noch einmal die ganze Welt offen.

Wer ist dieser Abram? Am Ende des elften Kapitels des Buches Genesis taucht er in einer dieser Ahnenaufzählungen plötzlich als Sohn des siebzigjährigen Terach auf, von dem wir lesen, dass er mit seiner Familie aus der südlich gelegenen Stadt Ur nach Norden gezogen ist. Abram ist ein Nachfahre des Noah in der zehnten Generation. Als Gott ihm den Auftrag gibt, packt er seine Sachen, versammelt seine Familie und verlässt seine angestammte Heimat. Bis zu dem Augenblick, in dem er auf der Bildfläche erscheint, behandelt der Autor des Buches Genesis die Geschichte der gesamten Menschheit. Mit Abram beginnt die Geschichte des jüdischen Volks. Fortan ist Gott nicht mehr für alle Menschen da, sondern exklusiv für die Nachkommen Abrams.

Die erste Begegnung des designierten Erzvaters des zukünftigen Volkes mit seinem Gott geschieht beinahe geräuschlos. Der Autor hält sich nicht lange daran auf. Gott sagt Abram einfach, dass er fortgehen muss, und der gehorcht ohne viel Federlesens. Gott fügt dem Auftrag eine Reihe von Versprechen hinzu wie zum Beispiel, dass er Abram zu einem großen Volk machen werde, dass er ihn segnen und ihm großes Ansehen verschaffen werde. Verpflichtungen scheinen daran zunächst noch nicht geknüpft zu sein.

Es deutet noch vieles darauf hin, dass wir es hier noch stets mit demselben Gott zu tun haben, der Adam geschaffen und Eva aus dessen Rippe geformt hat, demselben Gott, der seine Schöpfung nach offenbarem Scheitern in der zehnten Generation Noah anvertraut hat. In vielen semitischen Texten begegnen wir einem Gott namens »El«. Dabei ist unklar, ob es sich bei »El« um einen Gattungsbegriff handelt, mit anderen Worten um einen Namen für jeden x-beliebigen Gott wo auch immer, oder ob es der Name einer spezifischen Gottheit ist. Dem Namen »El« begegnen wir in Ortsnamen wie zum Beispiel »Bethel« (»Haus Gottes«) und im alten Namen der Stadt Babylon, bab-ili. Vielleicht steckt der Name »El« auch in Eigennamen wie zum Beispiel Baal (zweisilbig Ba-al) oder Allah, doch darüber streiten die Gelehrten. Womöglich war der Gott Abrams anfangs eine der vielen Mächte, die im Mittleren Osten verehrt wurden. Vielleicht war er auch einer von vielen Göttern in einem dichtbevölkerten Pantheon. Alle, Abram, Isaak und Jakob, sollten ihm auf steinernen Altären in der Landschaft opfern, über die Öl gegossen wurde. Ein Brauch, den die Propheten des Gottes Jahwe später zur Ketzerei erklären sollten. Diesem Gott fehlt das Beleidigtsein, das für Jahwe doch so typisch ist. Er zeigt sich Abram als Freund mit einem Angebot. Jedoch genauso wie Jahwe will dieser Gott sich sicher sein, dass Abram tut, was von ihm verlangt wird. Er wird dessen Treue auf eine grausame Art und Weise auf die Probe stellen.

Der exklusive Charakter des Abkommens zwischen Abram und seinem Gott wird durch das Zeichen des Bundes symbolisiert, die Beschneidung der Vorhaut eines acht Tage alten Jungen. Diesen Brauch teilten die Israeliten mit vielen Völkern in der Antike. In Ägypten hat man Reliefs aus der Zeit der sechsten Dynastie (2320–2150 v. Chr.) gefunden, auf denen die Beschneidung zu sehen ist. Auf seinen Reisen rund um das Mittelmeer begegnete der griechische Geschichtsschreiber Herodot, der im fünften vorchristlichen Jahrhundert lebte, diesem Brauch hier und da. »Die Phönizier und die Syrer in Palästina«, schreibt er in Buch 2 seiner *Geschichte,* »geben offen zu, dass sie diesen Brauch von den Ägyptern übernommen haben«. Die Philister, die späteren Nachbarn und Erzfeinde der Israeliten, werden in der Bibel als »unbeschnitten« bezeichnet. Vor diesem historischen Hintergrund kann man gut verstehen, dass das Auftreten des Apostels Paulus viele Jahrhunderte später von den Führern der Juden als radikaler Bruch mit ihrer exklusiven Tradition aufgefasst wurde. Besaß er doch die dreiste Frechheit, den Glauben auch den Unbeschnittenen zu bringen, die dennoch ihre Vorhaut behalten durften.

Abram wird während seines ganzen langen Lebens seinem Gott treu bleiben und dem Abkommen, das er mit ihm geschlossen hat. Das erschütterndste Beispiel dieses Gehorsams liefert er 40 Jahre nach seiner Auswanderung aus dem Zweistromland. Zu diesem Zeitpunkt hat er bereits einen neuen Namen angenommen, nämlich Abraham, weil Gott ihn zum Vater vieler Völker machen wird. Genauso musste er den Namen seiner Frau von Sarai in Sara umändern, was mit »Fürstin« übersetzt werden kann:

Eines Tages ruft Gott ihn zu sich:

*»Abraham!«, rief er. »Ja, Herr?« – »Geh mit deinem einzigen Sohn Isaak, den du liebst, in das Land Morija. Dort zeige ich dir einen Berg. Auf ihm sollst du deinen Sohn Isaak töten und als Opfer für mich verbrennen!«*

Genesis 22,1–2

Genau genommen war Isaak nicht Abrahams einziges Kind. Er war der einzige Sohn, den er gemeinsam mit seiner Frau Sara gezeugt hatte. Aber da sie bis ins hohe Alter kinderlos geblieben war, hatte Sara Abraham ihre Sklavin Hagar zur Verfügung gestellt, um für Nachkommenschaft zu sorgen. Abraham schlief mit der Sklavin, und sie gebar ihm einen Sohn, Ismael, der Stammvater der Araber werden sollte.

Aber von Sara hatte er immer noch keine Kinder. *Denn Abraham und sie waren beide sehr alt, und Sara konnte gar keine Kinder mehr bekommen.* Und dennoch blieb Gott dabei, ihnen immer wieder eine große Nachkommenschaft zu versprechen. Sara konnte das alles beinahe nicht mehr glauben: *Ich bin verbraucht, und meinem Mann geht es genauso – er ist kraftlos geworden. Nein, die Zeit der Liebe ist längst vorbei!* Sie musste selbst schon ein bisschen darüber lachen. Sie war inzwischen 90 Jahre alt, und Abraham war bereits 99. Aber Gott hielt sich an sein Versprechen. Sara wurde schwanger und gebar einen Sohn. Unfruchtbare Frauen, die trotz fortgeschrittenen Alters noch ein Kind gebären, sind ein mehrfach wiederkehrendes Thema.

Seinen Sohn Isaak, durch Gottes Willen aus Sara geboren, muss Abraham auf einem Berg im fernen Land Morija opfern. Welcher Berg gemeint ist, bleibt unklar. Einige nehmen an, dass er in der Gegend von Sichem lag, andere glauben, dass es sich dabei um den Berg Zion im heutigen Jerusalem handelte. Abraham zögert nicht. Er äußert kein Wort des Protestes. Er sattelt einen Esel, spaltet Brennholz, nimmt zwei seiner Knechte und seinen Sohn Isaak mit und macht sich von Berscheba im äußersten Süden in Richtung Norden auf. Nach einer Reise von drei Tagen sieht er den Berg in der Ferne auftauchen. Er lässt die Knechte mit dem Esel zurück und steigt mit seinem Sohn den Berg hinauf. Der Junge trägt das Holz, während der Vater das Feuer und das Messer trägt. »Vater«, fragt Isaak, »wir haben wohl Holz, Feuer und ein Messer, aber wo ist das Opfertier?« Abraham antwortet: *»Gott wird schon dafür sorgen, mein Sohn!«* Zusammen steigen sie weiter den Berg hinauf. Oben angekommen, baut Abraham einen Altar und schichtet das Holz. Dann ist der »point of no return« gekommen, er muss seinem Sohn erzählen, was das eigentliche Ziel dieser Kletterpartie ist.

Der Geschichtsschreiber des jüdischen Volkes, Flavius Josephus, lässt den steinalten Vater in diesem erschütternden Augenblick eine in klassischer Form gefasste Rede halten, wie das auch ein General am Vorabend einer kriegsentscheidenden Schlacht täte. Josephus schrieb im ersten nachchristlichen Jahrhundert. Er war ein typischer assimilierter Jude im klassischen Rom. Er hatte auf jüdischer Seite während des Aufstands gegen Rom mitgekämpft und musste im Jahre 70 mit ansehen, wie der Tempel verwüstet wurde. Nach dem missglückten Aufstand gelang es ihm dennoch, die Gunst des Kaisers Titus zu gewinnen, der die Juden geschlagen und Jerusalem eingenommen hatte. Josephus schrieb in griechischer Sprache für ein griechisches und römisches Publikum. Die Monologe von Abraham und Isaak kurz vor dem schrecklichen Opfer hätten dem Werk des Thukydides nicht schlecht zu Gesicht gestanden. Abraham spricht folgendermaßen: »Aber weil ich durch Gottes Willen dein Vater geworden bin und er jetzt von mir fordert, deiner zu entsagen, so ertrage starkmütig deine eigene Opferung. Denn ich trete dich an Gott ab, da er dies zu seiner Ehre verlangt.« Und der Junge reagiert stilgemäß. Josephus schreibt: »Isaak aber, edelmütig, da er von einem solchen Vater abstammte, nahm die Rede gutwillig auf und sprach: Er wäre nicht wert, geboren zu sein, wenn er nicht dem folgen würde, was Gott und sein Vater über ihn beschlossen hätten, da es doch schon unrecht sei, den Gehorsam zu versagen, wenn sein Vater allein befehlen würde. Darauf trat er zum Altare hin, um sich schlachten zu lassen.«

Im Buch Genesis geht es dagegen ohne Umschweife zur Sache. Da gibt es keine Reden, keine fromme Freude und keine Tränen. Abraham fesselt seinen Sohn einfach, legt ihn auf den Altar und hebt das Messer. Aber dann wird er von einem Engel des Herrn zurückgehalten, der ihm gebietet, nicht Hand an den Jungen zu legen. Gott hat genug gesehen. Abraham darf mit Fug und Recht als vertrauenswürdig gelten. Im gleichen Augenblick hat sich offensichtlich ein Widder mit seinen Hörnern im Gestrüpp verfangen. Vater und Sohn schlachten das Opfertier und treten erleichtert die Heimreise an.

Das Opfer des Isaak ist eine der Episoden in der Bibel, in der ein gläubiger Mensch von Gott auf die Probe gestellt wird. Das erinnert einen doch entfernt an das schreckliche Los des frommen Hiob, der das Opfer einer Wette zwischen Gott und dem Teufel wurde. Künstler in der ganzen Welt, seien es alte oder moderne, haben das Opfer dargestellt. Rembrandt widmete ihm eines seiner ergreifendsten Gemälde. Auch im heiligen Koran wird das Opfer beschrieben. Dort, im Islam, geht man aber davon aus, dass Abraham nicht Isaak, sondern seinen erstgeborenen Sohn Ismael opfern sollte.

In der Welt der Bibel kamen Menschenopfer wohl bei den Nachbarvölkern und in grauer Vorzeit sicher auch bei den Israeliten vor. Im Gesetz des Mose fordert Gott von jedem Lebewesen das Erstgeborene für sich. Der Herr sprach zu Mose: »*Die Israeliten sollen mir ihre ältesten Söhne weihen und jedes männliche Tier, das zuerst geboren wird. Sie gehören mir!*«

Aber seinen erstgeborenen Sohn darf man freikaufen. Der Preis, der dafür zu entrichten ist, ist ein kleines Stückchen vom Penis, ein symbolisches Opfer also. Den Gegenstand dieser Abmachung kann man als ein »pars pro toto« betrachten, also als einen kleinen Teil des Kindes, der für dessen ganzes Leben geopfert wird.

Abraham stammte in direkter Linie von Sem, einem der Söhne Noahs, ab. Man nimmt an, dass er zu einem Volk von Halbnomaden gehörte, welches im Verlauf des dritten Jahrtausends v. Chr. westlich von Mesopotamien umherstreifte. Das Volk der *Amoriter*, sofern man den losen Familienverband so bezeichnen kann, bedrängte zwischen 2000 und 1400 v. Chr. mit einer gewissen Regelmäßigkeit die Kulturen des Zweistromlandes. Einige von ihnen ließen sich in ihren Zelten gleich außerhalb der Stadtmauern und andere in der Ebene nieder. Der erste große König von Babylon, der Gesetzgeber Hammurabi (1792–1750 v. Chr.), war auch Amoriter. Die Amoriter sprachen Semitisch, eine nach Sem, Abrahams frühem Vorfahren, benannte Sprache.

In der Geschichte des Zweistromlandes ist der Kampf gegen Eindringlinge von außen eine sich stets wiederholende

Angelegenheit. Im Osten stellten die Bewohner des Berggebietes eine ständige Bedrohung dar, und im Westen wurden die Bauern auf dem Land und die Stadtbewohner von einzelnen Gruppen belästigt, die im Wüstengebiet zwischen Ägypten und Euphrat marodierten und bisweilen den Fluss überquerten. Das Land zwischen den beiden Strömen war für Einwanderer sehr verlockend. Dort gab es ausreichend Nahrung und eine geregelte Wasserversorgung. Ebenso war die Rechtsprechung gut organisiert. Es gab sowohl einen regen Binnenhandel zwischen den verschiedenen Städten als auch einen internationalen Handel entlang der Karawanenrouten nach Ägypten oder nach Indien und China. Die Städte waren wohlhabend und entsprechend prachtvoll.

Aus der Zeit, bevor ihm von Gott aufgetragen wurde, sein Land und seine Familie zu verlassen, wissen wir so gut wie gar nichts über Abraham. Sein Vater Terach hat vor einiger Zeit die Stadt Ur, im Süden des Zweistromlandes gelegen, verlassen und ist nach Nordwesten in die Stadt Haran gezogen, wo sich verschiedene Handelsstraßen kreuzen. Er hat Abraham, dessen Frau Sara und Lot, den Sohn von Abrahams verstorbenem Bruder, mitgenommen. Das alles müsste irgendwann um den Anfang des zweiten Jahrtausends v. Chr. geschehen sein.

Als Gott ihn beauftragt, ein neues Land zu suchen, macht sich Abraham mit seiner Frau und seinem Neffen Lot auf den Weg. Er nimmt all seine Besitztümer mit. Ebenso nimmt er seinen Gott mit – und das ist weit weniger selbstverständlich, als es scheint, da man sich seinerzeit den Gegebenheiten des Ortes anpasste, wo man sich niederließ. Dazu gehörte auch die Übernahme des lokal verehrten Gottes.

In dem Land, in das Abraham einwandert, werden zu dem Zeitpunkt eine große Anzahl Götter und Göttinnen verehrt. Baal und Astarte fallen besonders auf, und sei es auch nur, weil sie in der Bibel mehrmals in negativem Sinne genannt werden. Baal ist ein junger und dynamischer Gott, der sich im fortwährenden Kampf mit den Mächten des Chaos befindet. Er ist derjenige, der nach der sengenden Sommerglut den Regen bringt, der das Land erfrischt. Er ist daneben auch der Gott der Fruchtbarkeit. Auch Astarte wird als Göttin der Fruchtbarkeit und vor allem der Liebe verehrt. Sie spielt eine ganz ähnliche Rolle wie die sumerische Ischtar. Sie ist aber auch die Göttin des Krieges. Der jüdisch-amerikanische Schriftsteller Chaim Potok, Autor der ausgezeichnet geschriebenen Geschichte des jüdischen Volkes (Wanderings, History of the Jews), bemerkt ganz trocken, dass die alten Semiten »sich wohl sehr schwer damit taten, zwischen den Leidenschaften, die zur Liebe führen, und jenen, die in Krieg münden, zu unterscheiden.«

Abraham dringt von Norden her in das Land der Kanaaniter vor. Das ist das Gelobte Land. Man sollte meinen, dass dem Moment, in dem der Stammvater des jüdischen Volkes das Land betritt, das Gott ihm für seine Nachkommenschaft geschenkt hat, einige Beachtung geschenkt würde. Dem ist aber nicht so. Der Autor vergeudet keine Zeit und unterbricht nicht den Lauf seiner Geschichte.

Abraham pausiert an der Stätte Sichem, die unmittelbar östlich des heutigen Nablus gelegen ist. Dort erscheint ihm aufs Neue sein Gott, der ihm so viele Nachfahren verspricht *wie Sterne am Himmel* und *Sand am Meer* und den Besitz des Landes für seine Nachkommenschaft. Abraham baut einen Altar, bringt ein Opfer dar und zieht weiter nach Süden. In den Bergen zwischen Bethel und Ai schlägt er seine Zelte auf. Aber dann bricht eine Hungersnot im Lande aus, und er sucht seine Zuflucht weiter im Westen, in Ägypten.

Hungersnöte waren im Lande Kanaan keine Einzelfälle. Es war ein trockenes Land, in das Gott seinen Diener geschickt hatte. Ganz anders als in Mesopotamien, gab es wenig Wasser im *Land, in dem Milch und Honig fließen*. Der Jordan war im Vergleich zum mächtigen Euphrat oder Tigris eigentlich nicht mehr als ein Wassergraben, der kaum ausreichte, das Tal mit etwas Wasser zu versorgen. Das Land war abhängig vom Regen, und der blieb allzu häufig aus. Im Unterschied zu Mesopotamien gab es hier auch keine ausgedehnte Ebene. Die Gegend ist hügelig, manchmal steinig und an den Grenzen Wüstengebiet. Das Land Kanaan war, als Abraham dort einzog, sicher nicht unbewohnt. Es gab dort Städte, es wurde Handel getrieben und Krieg geführt. Die ausländische Macht, die den Ton angab, war Ägypten.

Nachdem Abraham mit einem Vorrat an Getreide zurückgekehrt ist, schlägt er seine Zelte nahe bei Hebron auf. Schnell wird klar, dass das Land für ihn und Lot mit ihren enormen Herden zu klein ist. Ihre Hirten geraten in Streit, und die beiden beschließen, das Land untereinander aufzuteilen. Lot wählt das Jordantal, das einem Paradies glich, so dass er *sich bei den Städten in der Jordanebene aufhielt und mit seinen Zelten umherzog, bis er an die Stadt Sodom herankam.*

Die Stadt Sodom hat ähnlich wie Gomorrha, welches stets mit ihr in einem Atemzug genannt wird, einen schlechten Ruf. Irgendwann beschließt Gott, mit eigenen Augen zu sehen, wie groß deren Verderbtheit nun genau ist. Zusammen mit zwei seiner Adjutanten besucht er Abraham. Nachdem man gegessen hat, was Abraham ihnen vorsetzte, kommen sie zur Sache. Sie werden sich nach Sodom aufmachen, um die Stadt zu vernichten. Als er das erfahren hat, beginnt Abraham umgehend zu verhandeln. Und damit noch nicht genug; Gott, der reizbare, launische und ehrfurchtgebietende Gott, gestattet es ihm. Er lässt sich sogar auf das Spielchen ein:

> *Abraham trat näher heran und fragte: »Willst du wirklich Unschuldige und Schuldige zusammen vernichten? Vielleicht findest du ja fünfzig Leute in der Stadt, die nichts Böses getan haben und dir dienen. Willst du die Stadt nicht um ihretwillen verschonen? Es wäre unrecht von dir, Sodom ganz zu vernichten! Denn dann tötest du ohne Unterschied den Schuldlosen und den Schuldigen und behandelst beide gleich. Das wäre nicht recht! Du bist der Richter der ganzen Welt und willst gegen die Gerechtigkeit verstoßen?« Da erwiderte der Herr: »Wenn ich in Sodom fünfzig Unschuldige finde, werde ich um ihretwillen den ganzen Ort verschonen.«*
>
> Genesis 18,23–26

Es ist eine bemerkenswerte Szene. »Feilschen wie auf einem orientalischen Basar«, schreibt Chaim Potok. Abrahams Sorge gilt natürlich in erster Linie seinem Neffen Lot, aber sie schließt zugleich die Bewohner der Städte in der Gegend ein, in der er zu Gast ist. Er versteht es, die Anzahl der Rechtschaffenen, die die notwendige Voraussetzung für die Rettung Sodoms und Gomorrhas sind, von fünfzig auf fünfundvierzig und danach auf vierzig, dreißig, zwanzig bis schließlich auf lächerliche zehn herunterzuhandeln.

*»Mein Herr«, sagte Abraham, »bitte werde nicht zornig, wenn ich zum Schluss noch einmal spreche: Was wirst du tun, wenn dort nur zehn unschuldige Menschen wohnen?« Wieder antwortete der Herr: »Die zehn werden verschont bleiben und ebenso die ganze Stadt.« Nachdem er dies gesagt hatte, ging er weiter.*

Gegen Abend sind Gottes Gesandte mittlerweile in Sodom angekommen. Am Stadttor treffen sie Lot. Er nimmt sie mit in sein Haus, bewirtet sie mit einer Mahlzeit und bietet ihnen ein Nachtquartier an. Anders ausgedrückt, er gewährt ihnen alles, was zur orientalischen Gastfreundschaft gehört. Aber als die Bewohner von Sodom davon Wind bekommen, dass sich bei Lot zwei schöne Männer aufhalten, kommen sie, um die Gäste für sich zu beanspruchen.

> *Danach wollten sie sich schlafen legen, doch in der Zwischenzeit waren alle Männer Sodoms, junge und alte, herbeigelaufen und hatten Lots Haus umstellt. Sie brüllten: »Lot, wo sind die Männer, die heute Abend zu dir gekommen sind? Gib sie raus, wir wollen sie vergewaltigen!«*
>
> Genesis 19,4–5

An dieser Stelle wird das Verbrechen der Sodomiten klar. Sie treiben Sodomie. Ausnahmslos *alle Männer Sodoms, junge und alte,* tun es. Lot versucht seine Bedränger auf andere Gedanken zu bringen. Er bietet ihnen sogar seine beiden noch jungfräulichen Töchter an, wenn sie dafür nur seine Gäste in Ruhe ließen. Aber dann wendet sich der Volkszorn gegen ihn, den Neuankömmling. Nur durch das Wirken der beiden himmlischen Gesandten, die die Menschenmenge mit Blindheit schlagen, kommt er mit dem Leben davon. Am nächsten Morgen flieht er in aller Frühe mit seiner Frau und den beiden Töchtern aus der verdammten Stadt.

*Da ließ der Herr Feuer und Schwefel vom Himmel auf Sodom und Gomorra herabfallen. Er vernichtete sie völlig, zusammen mit den anderen Städten der Jordanebene. Er löschte alles Leben aus – Menschen, Tiere und Pflanzen.* Lots Weib schaute sich um. Dabei haben doch die beiden Engel so eindringlich davor gewarnt: »*Lauft um euer Leben! Schaut nicht zurück, bleibt nirgendwo stehen.*« Aber sie tut es dennoch und wird zur Salzsäule. Bis auf den heutigen Tag macht man Touristen südlich des Toten Meeres auf eines der Gebilde aus Salz aufmerksam, welches die zur Salzsäule erstarrte Frau Lots sein soll. »Diese Säule habe ich selbst gesehen«, schreibt Flavius Josephus, »denn sie steht noch da.« Am kommenden Morgen schaut Abraham von seinem Zelt aus über die Ebene. *Dort, wo Sodom und Gomorra einmal standen, stiegen dichte Rauchwolken auf, wie aus einem großen Ofen.*

Das Schicksal, das Sodom und Gomorrha trifft, hat die Phantasie späterer Forschergenerationen angeregt. Schwefel und Feuer, das lässt einen natürlich direkt an eine Naturkatastrophe denken, möglicherweise einen Vulkanausbruch. Vulkanisches Gestein findet sich tatsächlich in der Gegend an der Ostseite des Toten Meeres, aber auch im Norden des Jordantals. Sollten sich die Städte vielleicht dort befunden haben? Ein Erdbeben oder ein Erdrutsch würde das vollständige und unerwartete Verschwinden der Städte erklären können. Manchen Leser erinnert die Geschichte des Untergangs von Sodom und Gomorra spontan an eine Atombombenexplosion. Wie es sich nun auch verhalten mag, Sodom und Gomorra sind verwüstet, und Lot und seinen Töchtern gelingt es zu entkommen. Von den drei Überlebenden hören wir noch, dass die Mädchen ihren Vater betrunken gemacht haben, um sich von ihm schwängern zu lassen, damit die Menschheit nicht aussterbe. Sie nahmen offenbar an, dass außer ihnen alle Menschen vernichtet worden waren. Die Töchter gebaren ihrem Vater jede einen Sohn. Diese sollten die Stammväter der Moabiter und Ammoniter werden. Auf die Art und Weise werden in einem Atemzug zwei feindliche Völker mit historischen Argumenten als Resultate eines Inzestfalles bloßgestellt.

Nach dieser Anekdote verschwindet Lot in der Versenkung. Abraham lebt nach der Katastrophe noch ein Menschenleben lang. Gott hat ihn als Erzvater des jüdischen Volkes auserwählt. Er hat ihn zunächst geprüft, für gut befunden und dann geführt und beschützt. Abraham ist stets ein mustergültiger Diener gewesen.

Er stirbt im Alter von 175 Jahren und wird von seinen Söhnen Ismael und Isaak neben seiner Frau Sara im Familiengrab bei Hebron bestattet, das er einst für sie gekauft hat. Hier liegt er bis auf den heutigen Tag.

# Der Kampf mit dem Engel

## *Jakobs Bedingungen*

Für ein Volk, das so zahlreich werden sollte, *wie es Sterne am Himmel und Sand am Meer gibt,* gibt es in der jüdischen Geschichte auffallend viele unfruchtbare Frauen: An erster Stelle wären da die drei Erzmütter Sara, Rebekka und Rahel zu nennen. Die Entstehung des Volkes ist mühsam und wunderbar. Gott greift persönlich in die Fortpflanzung ein. Es wird kein Kind geboren, ohne dass er es höchstpersönlich, wenn nötig auch gegen die Regeln der Natur, ermöglicht hat.

Nach Saras Tod lässt Abraham ausschließlich in Mesopotamien, seinem Geburtsland, nach einer Frau für seinen Sohn suchen. Mischehen wurden von Anfang an abgelehnt, obwohl sie in der Praxis natürlich regelmäßig vorkamen: *Junge und ältere Männer von uns haben Frauen der Kanaaniter, Hetiter, Perisiter, Jebusiter, Ammoniter, Moabiter, Ägypter und Amoriter geheiratet. So hat sich das heilige Volk Gottes mit diesen Völkern vermischt.*

Abraham schickt schließlich einen Diener nach Osten. Dieser findet an einem Brunnen, der außerhalb der Stadt Haran gelegen ist, ein sehr schönes Mädchen mit Namen Rebekka. Sie packt ihre gesamte Habe zusammen und folgt ihm nach Kanaan, heiratet Isaak und wird letztlich nach intensiven Gebeten schwanger, denn auch sie war unfruchtbar.

*Als sie merkte, dass es Zwillinge waren, die sich im Mutterleib stießen, seufzte sie: »Jetzt bin ich endlich schwanger. Und warum bekämpfen sich nun meine Kinder?« Sie fragte den Herrn, und er antwortete ihr: Von den zwei Söhnen in deinem Leib werden einmal zwei verfeindete Völker abstammen. Eins wird mächtiger sein als das andere, der Ältere wird dem Jüngeren dienen!*

Genesis 25,22–23

Bereits vor der Geburt hat Gott seine Wahl getroffen. Der Jüngste, Stammvater der Israeliten, soll über den Erstgeborenen, Stammvater des Nachbarvolks der Edomiter, herrschen. Ein regionaler Konflikt mit pränatalen Wurzeln.

Rebekka bringt also zwei Söhne zur Welt. Der ältere, Esau genannt, ist rötlich und ganz behaart. Der Jüngere ist unbehaart. Bei der Geburt hält dieser sein Brüderchen an der Ferse fest, weshalb er Jakob genannt wird – ein hebräisches Wortspiel, da das Wort für *Ferse* dort dem Namen Jakob sehr ähnelt. Während die Jungen aufwachsen, wird Esau ein tüchtiger Jäger, immer unterwegs. Jakob dagegen wird *ein ruhiger Mann, der lieber bei den Zelten blieb.* Jakob ist der Liebling seiner Mutter, wohingegen Isaak eher seinem ältesten Sohn zugetan ist, der schließlich Wildbret so lecker zubereiten kann.

Aber Gott folgt seinem eigenen Plan. Es geschieht auf Erden nichts ohne seine Einmischung. Esau verkauft sein Erstgeburtsrecht für einen Teller Linsen. *Esau schlang es hinunter, trank noch etwas und ging wieder weg. So gleichgültig war ihm sein Vorrecht als ältester Sohn.* Die Geschichte wird im Buch Genesis ohne irgendwelche Schnörkel erzählt und wirkt insgesamt recht derb. Aber vielleicht war es ja überhaupt nicht so außergewöhnlich. Man hat Gesetzestexte des Volkes der Horieten aus dem Norden Mesopotamiens gefunden, in denen beschrieben wird, dass der erstgeborene Sohn seine Rechte an seinen jüngeren Bruder zum Preis von drei Schafen verkauft. Aus dem Erstgeburtsrecht konnte ein Mann besondere Rechte ableiten. Durch dessen Verkauf verlor der diese Rechte. Jedoch war dieser Vorgang nicht unumkehrbar, denn der Vater konnte dem Sohn nachträglich seinen Segen spenden und ihn damit wieder in seine Rechte einsetzen. Genau davon macht Isaak in unserer Geschichte Gebrauch. Kurz nach dem Verkauf des Erstgeburtsrechts ruft Isaak, der inzwischen erblindet ist, seinen geliebten Sohn Esau zu sich. »Ich bin alt«, sagt er, »und ich weiß, dass ich sterben werde, wenn ich auch nicht weiß, wie lange es noch dauern soll. *»Deshalb erfülle mir noch einen Wunsch: Nimm deinen Bogen und jage ein Stück Wild für mich! Du weißt ja, wie ich es gern habe – bereite es mir so zu und bring es her! Ich möchte davon essen, und bevor ich sterbe, will ich dich segnen.«* Jedoch hat Rebekka das Gespräch belauscht. Während Esau mit Pfeil und Bogen loszieht, um den Wunsch seines Vaters zu erfüllen, bereitet sie ein Mahl aus zwei geschlachteten Ziegenböcklein zu, so wie ihr Mann es gerne isst. Sie legt Jakob Esaus Kleider an und zieht die Felle der Böcklein über seine Hände und seinen glatten Hals. So herausgeputzt, serviert Jakob seinem Vater die Mahlzeit. Der alte Mann ist verwirrt. Er betastet seinen Sohn. Er fühlt die Felle der Böcklein und riecht den Geruch von Esaus Gewand. Die Stimme ist die von Jakob, sagt er, aber sein Geruch ist der Esaus. Dann gibt er seinem jüngsten Sohn den Segen, der eigentlich für Esau bestimmt war.

Kaum ist Jakob fort, gesegnet von seinem alten Vater, erscheint sein Bruder, um seinerseits dem Vater ein Wildgericht anzubieten. *Da erschrak Isaak heftig und fing an zu zit-*

*tern. »Aber gerade eben hat mir jemand schon einmal gebratenes Wild zu essen gegeben!«, rief er. »Ich habe alles gegessen und ihn gesegnet, bevor du kamst. Ich kann mein Wort nicht mehr rückgängig machen!«*

Esau beginnt zu weinen. Verzweifelt fragt er, ob nicht noch ein klitzekleines bisschen Segen für ihn übrig sei. Aber nein, der Segen, einmal erteilt, ruht unwiderruflich auf Jakob. Esau steht mit leeren Händen da. Auch sein Vater kann nichts mehr für ihn tun.

Isaak ist von allen Erzvätern derjenige, der am wenigsten deutlich charakterisiert wird. Im Gegensatz zu Abraham, dem Diplomaten und treuen Vasallen, und auch im Gegensatz zu seinem Sohn Jakob, dem durchtriebenen und nicht völlig verlässlichen Politiker, hat Isaak kaum ein eigenes Profil. Er ist passiv. Die äußerst schwierigen Situationen, die ihm begegnen sollten (beinahe vom eigenen Vater geopfert, schamlos von der eigenen Frau und seinem jüngsten Sohn betrogen), erträgt er gelassen. Von den drei Erzvätern ist er am unschärfsten gezeichnet. Somit wirkt es schon fast symbolisch, dass er im hohen Alter *nichts mehr sehen* kann.

Jakob flüchtet mit klaren Anweisungen seines Vaters vor der Wut seines Bruders zu Verwandten nach Mesopotamien: *»Heirate niemals eine Einheimische, nimm dir keine Kanaaniterin zur Frau! Es ist besser, du gehst nach Mesopotamien zur Familie deines Großvaters Betuël und heiratest eine Tochter deines Onkels Laban!«*

Am Ende des ersten Tages seiner Flucht legt er sich schlafen mit einem Stein als Kopfkissen. In der Nacht hat er einen Traum:

*Er sah eine Treppe, die auf der Erde stand und bis zum Himmel reichte. Engel Gottes stiegen hinauf und herab. Oben auf der Treppe stand der Herr und sagte zu ihm: »Ich bin der Herr, der Gott Abrahams und Isaaks. Das Land, auf dem du liegst, werde ich dir und deinen Nachkommen geben! Sie werden unzählbar sein wie der Staub auf der Erde, sich in diesem Land ausbreiten und alle Gebiete bevölkern. Und durch dich soll allen Völkern der Erde Gutes zuteil werden. Ich stehe dir bei; ich behüte dich, wo du auch hingehst, und bringe dich heil wieder in dieses Land zurück. Niemals lasse ich dich im Stich; ich stehe zu meinem Versprechen, das ich dir gegeben habe.«*

Genesis 28,12–15

Nach dem Erwachen richtet Jakob den Stein senkrecht auf, auf dem er geschlafen hat, und gießt Öl darüber. Er macht daraus eine »Anhöhe«, einen heiligen Ort zur Anbetung eines Gottes. Den Ort, der zur der Zeit unter dem Namen »Lus« bekannt war, nennt er fortan »Bethel«.

Gott hat sich Jakob als der Gott seiner Eltern vorgestellt. Das gehörte zum Gott »El«, nämlich, dass er der Gott der Vorväter war. Aber es scheint, als ob Jakob dem Gott, der sich ihm aufdrängt, vorher noch nicht begegnet ist. Offensichtlich hat er andere Götter verehrt.

Nachdem sich er sich vorgestellt hat, macht Gott Jakob eine Reihe nicht zu verachtender Versprechen. Diese sind an keinerlei Bedingungen geknüpft. Er verspricht Jakob Treue und Schutz ganz in Übereinstimmung mit früheren Versprechen, die er dessen Vater und Großvater gemacht hat. Er macht diese Versprechen, ohne einen Preis dafür zu verlangen.

Aber Jakob stellt seinerseits, mit einer gewissen Arroganz, durchaus seine Forderungen. Offenbar begreift er seine Auserwählung durch Gott als Privileg, das er bis zur

Neige ausschöpft. Er verlangt, dass Gott ihm auf seiner Reise zur Seite stehe, dass er ihn speise, kleide und zu gegebener Zeit auch für eine sichere Rückkehr in den Kreis seiner Verwandten sorge. Wenn den Bedingungen entsprochen wird, *dann soll er mein Gott sein! An der Stelle, wo ich den Stein aufgestellt habe, soll der Herr verehrt und angebetet werden.*

Hier wird ein Vertrag zwischen zwei Parteien geschlossen. Lediglich der Notar fehlt noch. Jakob darf Bedingungen festsetzen. Und Gott akzeptiert sie. Der weitere Fortgang wird zeigen, dass Jakob tatsächlich beschützt wird. Er wird auch noch unter den schlechtesten Umständen ernährt und gekleidet. Schließlich wird er sicher zu seiner Familie in das Land zurückkehren, welches vor zwei Generationen Abraham versprochen wurde.

Die drei Erzväter, Abraham, Isaak und Jakob, irrlichtern im Halbdunkel der Geschichte des fruchtbaren Halbmondes. (Das Gebiet, in dem heute die Länder Ägypten, Israel/ Palästina, Jordanien, Libanon, Syrien, die östliche Türkei, der Irak und der westliche Iran liegen, nennt man »Vorderer Orient«, Vorderasien oder Naher Osten. In diesen Ländern gab es schon vor 2000 v. Chr. bedeutende Königreiche und Städte. Da dieses große Gebiet besonders fruchtbar war und die Form eines Halbmondes bildete, nannte man es den »Fruchtbaren Halbmond«.) Außerhalb der Bibel weisen keine Quellen ihre Existenz nach. Wohl sind jahrtausendelang Nomaden über Karawanenrouten durch das Gebiet gezogen und die Abenteuer der Erzväter kann man sehr gut als die Abenteuer jeder x-beliebigen Gruppe Halbnomaden im Mittleren Osten lesen. Es liegt auf der Hand, dass Forscher nach greifbaren Spuren der drei gesucht haben. Ihre Namen kommen in verschiedenen Quellen vor, was aber in erster Linie beweist, dass es sich dabei um ganz normale semitische Namen handelte.

Erzbischof Ussher (er nun wieder!) datiert Abrahams Aufbruch aus Haran auf Donnerstag, den 5. Mai 1921 v. Chr. Diese Datierung bereitet Probleme in Hinsicht auf verschiedene Details, die nicht zum Beginn des zweiten Jahrtausends passen wollen. So werden beispielsweise säugende Kamele und deren Junge erwähnt. Das Kamel jedoch wurde erst gegen Ende des zweiten Jahrtausends v. Chr. domestiziert. Ebenso haben sich die Philister, mit deren König Isaak einen Vertrag geschlossen haben soll, nicht vor dem zwölften Jahrhundert v. Chr. in der Gegend angesiedelt.

Zeitgenössischen Forschern zufolge wurden die Texte des Pentateuch (die fünf Bücher Moses) in der ersten Hälfte des sechsten Jahrhunderts v. Chr., in der Zeit des babylonischen Exils, zusammengestellt, einer Zeit also, in der es dem jüdischen Volk besonders schlecht ging. In dieser Zeit war die Erinnerung an die Anfangszeit des Volkes und an das Versprechen Gottes, den Erzvätern Beistand zu leisten, trostvoll. Es wird dabei wohl angenommen, dass Abraham, Isaak und Jakob, ursprünglich Helden aus verschiedenen Gegenden des Heiligen Landes, genealogisch zu drei Generationen einer Familie verknüpft worden sind.

Jakob ist geflüchtet und kehrt nach Nordmesopotamien in das Land zurück, aus dem sein Großvater einmal gemäß Gottes Weisung ausgewandert ist. An einem Brunnen außerhalb Harans führt er ein Gespräch mit einigen Hirten. Darauf nähert sich in der Ferne ein Mädchen mit seinen Schafen. Es ist Rahel, die Tochter von Laban, dem Bruder seiner Mutter. Als sie nahe ist, erhebt sich Jakob, läuft zum Brunnen und wälzt ganz allein den riesigen Schlussstein zur Seite. Er tränkt ihre Schafe, küsst sie und beginnt zu weinen. Erst dann stellt er sich ihr als ihr Cousin vor. Meir Shalev schreibt in *»Der Sündenfall – ein Glücksfall?«* über diese Begegnung: »Von allen biblischen Helden gibt es nur einen, den ich beneide: Jakob. Nicht etwa, weil er so viele Schafe sein Eigen nannte oder weil er der Vater der zwölf Stämme Israels war. Nein, ich beneide ihn um die erste Begegnung mit seiner Herzallerliebsten Rahel am Brunnen im Land der Söhne des Ostens. Jeder Mann, der sich je mit den Mühen und Nöten gequält hat, die mit ersten Begegnungen einhergehen, wird wissen, wovon ich spreche, und kann meine Gefühle nachvollziehen.«

Jakobs Verhalten muss wohl einen überwältigenden Eindruck auf das junge Mädchen gemacht haben, das ohne Umschweife von einem fremden Mann geküsst wird, Sie bringt ihn zu ihrem Vater. Nachdem er einen Monat im Haus seines Onkels verbracht hat, hält er um die Hand seiner Cousine an. Er erhält die Zustimmung seines Onkels unter der Bedingung, dass er sieben Jahre in dessen Diensten stehen solle.

*Die sieben Jahre vergingen für Jakob wie im Flug. Dass er so lange für Rahel arbeiten musste, störte ihn nicht, weil er sie sehr liebte.*

Aber die sieben Jahre sind erst der Anfang seines Exils. Jakob wird dort insgesamt 20 Jahre verbringen. Sein Onkel lässt ihn unter falschen Vorwänden Rahels hässliche ältere Schwester Lea heiraten, die Frau mit den *glanzlosen Augen*. Er bekommt Rahel dazu, doch um auch sie heiraten zu dürfen, muss er seinem Onkel noch einmal sieben Jahre dienen.

*Als der Herr sah, dass Lea nicht geliebt wurde, schenkte er ihr Kinder, während Rahel kinderlos blieb.* Wieder einmal greift Gott direkt in die Fortpflanzung ein. Lea gebiert einen

Sohn nach dem anderen, aber Jakob liebt allein Rahel. Gegen besseres Wissen hofft Lea auf die Liebe ihres Mannes. Ihre Schwester Rahel hingegen wird aufgrund ausbleibender Schwangerschaft immer verzweifelter. Drei unglückliche Menschen stehen unter der Regie des unangenehmen Onkels Laban. Erst nach Jahren vergeblichen Strebens gebiert Rahel endlich dann doch noch einen Sohn, Josef. Er soll der Liebling seines Vaters werden. Nach 20 Jahren Sklavenarbeit kehrt Jakob mit Gottes Hilfe in sein Geburtsland zurück. Er ist nicht mehr allein, wie zu Beginn seines Exils. Er nimmt zwei Frauen mit, auch zwei Sklavinnen, mit denen er ebenfalls Söhne gezeugt hat, elf Kinder insgesamt, riesige Herden von Schafen, Ziegen, Böcken, Kühen und Kamelen. Auch die Hausgötter des Laban, von Rahel entwendet und in ihrem Gepäck versteckt, gehen mit auf die Reise. Wer die Hausgötter sein Eigen nennt, kann das Recht auf den Familienbesitz geltend machen. Es ist ganz ordinärer Diebstahl eines ehemaligen Lohnsklaven, der sich an seinem früheren Herrn rächt.

Jakob kehrt als reicher Mann in seine Heimat zurück. Jedoch hat er eine Heidenangst, denn er fürchtet die Konfrontation mit seinem Bruder, der ihm mit vierhundert Mann entgegenzieht. In der Nacht, bevor er den Grenzfluss Jabbok überschreiten wird, macht er, wie schon zwanzig Jahre zuvor zu Beginn seines Exils, eine metaphysische Erfahrung. Er träumt, dass er mit einem fremden Mann ringt:

*Plötzlich stellte sich ihm ein Mann entgegen und kämpfte mit ihm bis zum Morgengrauen. Als der Mann merkte, dass er Jakob nicht besiegen konnte, gab er ihm einen so harten Schlag auf das Hüftgelenk, dass es ausgerenkt wurde. Dann bat er: »Lass mich los, der Morgen dämmert schon!« Aber*

*Jakob erwiderte: »Ich lasse dich nicht eher los, bis du mich gesegnet hast!« – »Wie heißt du?«, fragte der Mann. Als Jakob seinen Namen nannte, sagte der Mann: »Von jetzt an sollst du nicht mehr Jakob heißen. Du hast schon mit Gott und mit Menschen gekämpft und immer gesiegt. Darum heißt du von jetzt an Israel.« – »Wie ist denn dein Name?«, fragte Jakob zurück. »Warum fragst du?«, entgegnete der Mann nur, dann segnete er ihn.*

Genesis 32,25–30

Aber mit wem hat Jakob gerungen? Handelt es sich dabei um eine Metapher für die Angst vor seinem Bruder? Oder ist die Rede von einer handgreiflich spürbaren (evtl. »konkreten«?) Person, vielleicht einem Engel Gottes, der ihn angegriffen hat? Ist es möglicherweise der Test gewesen, dem Propheten für gewöhnlich unterzogen wurden? Der Fremde in der Nacht hat sich nicht vorgestellt, und er gibt seine Identität nicht preis, so wie der Gott Israels das auch weiterhin tun wird. Der Eindruck göttlicher Gegenwart ist offenkundig. Der neue Name, den Jakob erhält, deutet auch darauf hin.

Nach dem Ringkampf überquert Jakob, mit Gottes Segen und einem neuen Namen versehen, an einer seichten Stelle den Fluss. Das Treffen der beiden Brüder, das nun folgt, ist dramatisch. Jakob hat Vorsichtsmaßnahmen ergriffen. Er hat seine Angehörigen der Rangordnung nach aufgestellt, voran seine Nebenfrauen mit ihren Kindern, dahinter Lea mit den ihrigen und ganz hinten Rahel und Josef. Selbst geht er allen voran, und während sein Bruder sich nähert, verbeugt er sich siebenmal tief vornüber. Aber Esau löst die Spannung, indem er ihm entgegenrennt und ihm weinend um den Hals fällt.

Jakob ist zurückgekehrt in seine Heimat. Er begibt sich nach Bethel, dem Ort, wo er zu Beginn seines Exils unter freiem Himmel übernachtete. Er beauftragt seine Familie, alle fremden Götter aufzugeben und sich zu reinigen. Er begräbt alle Götterbildnisse und Ohrringe unter einem Eichenbaum bei Sichem. Hier stellt sich Gott erneut vor und wiederholt sein altes Versprechen:

> *»Ich bin Gott, der alle Macht besitzt. Ich werde dir so viele Nachkommen schenken, dass nicht nur ein Volk, sondern zahlreiche Völker daraus entstehen – sogar Könige sollen von dir abstammen! Dir und deinen Nachkommen gebe ich das Land, das ich Abraham und Isaak versprochen habe.«*
>
> Genesis 35,11–12

Danach weitet sich die Perspektive. Auch geographisch wird die Welt der Bibel größer. Mit Ägypten steigt eine mächtige Zivilisation im Westen zwar nicht zum ersten Mal, wohl aber zum ersten Mal so prominent, aus den Nebeln auf. Das Bild der Region komplettiert sich: zwei Hochkulturen, Ägypten und Mesopotamien, und dazwischen unscheinbar das Land der Erzväter. Deren Land ist nicht sonderlich fruchtbar. Man muss jedes Jahr abwarten, ob die Ernte gelingen wird. Dagegen ist in Ägypten immer noch was zu holen. Wenn also im eigenen Land der Hunger droht, dann ziehen Jakobs Söhne auf der Suche nach Nahrung in das fruchtbare Nildelta.

# Ein Hirtenjunge in Ägypten

## *Josef und seine Brüder*

Zehn handfeste Hirtenjungen von Lande, das muss doch Probleme geben. So geraten sie denn auch rasch mit der ortsansässigen Bevölkerung aneinander. Der Ehre ihrer Schwester wegen ermorden sie sogar alle Männer des Dorfes. Die Nachkommen von Jakob und seinen vier Frauen, die zehn Söhne und zwei Enkel, werden die Namensgeber der zwölf Stämmen Israels sein: Ruben, Simeon, Juda, Issachar, Sebulon, Gad, Ascher, Dan, Naftali, Benjamin, Manasse und Efraim.

Von den einzelnen Stammvätern wissen wir so gut wie nichts. Von Ruben, dem Ältesten, hören wir beinahe zufällig, dass er mit einer der Nebenfrauen Jakobs geschlafen hat. Damit verspielt er letztlich den Segen seines Vaters. Die Brüder Simeon und Levi sind – veranlasst durch die Vergewaltigung ihrer Schwester Dina – die Anstifter des Mordes an den Bewohnern der Ortschaft Sichem. Von Juda wird berichtet, dass er seiner Schwiegertochter Tamar großes Unrecht zugefügt habe. Nachdem sie Witwe geworden war, wies er seinen zweiten Sohn Onan an, mit ihr ein Kind an seines Bruders statt zu zeugen, wie es Brauch war. Onan weigert sich jedoch, sie zu befruchten, und lässt seinen Samen auf den Boden fallen. *Aber das missfiel dem Herrn, und er ließ auch ihn sterben.* Juda weigert sich nun, seinem dritten Sohn die zum zweiten Mal verwitwete Tamar zur Frau zu geben. Darauf nimmt sie ihr Schicksal in die eigene Hand. Sie will unbedingt ein Kind haben, damit der Name ihres ersten Mannes fortbestehe. Als Hure verkleidet, bietet sie am Wegesrand ihrem Schwiegervater ihre Dienste an. Dieser erkennt sie nicht, und sie wird mit Zwillingen von ihm schwanger.

Die anderen Brüder spielen allein im Kollektiv eine Rolle. Sie bilden die Kulisse, vor der sich die Geschichte des einen geliebten Sohnes Josef abspielt. Er, der Einzelgänger, ist der Einzige, der im Text gut wegkommt. Er ist kein Mitglied in der Gang seiner Brüder. Von Anfang an ist klar, dass er das Instrument ist, mit dem Gott seine Pläne mit dem Volk vollbringen möchte. Es scheint geradezu logisch, dass sich der geballte Hass seiner hitzigen Brüder gegen ihn richten wird. Dieser Hass erklärt sich vor allem aus der exklusiven Liebe, die Jakob ihm, dem Sohn seiner Lieblingsfrau, bezeugt. Er kauft ihm teure Geschenke wie beispielsweise ein »vielfarbiges Gewand«. Obendrein bedient er sich seines Sohnes Josef, damit er die Brüder verpetzt. *Hinter ihrem Rücken verleumdete er sie bei seinem Vater und verriet ihm alles, was sie trieben.* Zu allem Unglück hat der Junge im Alter von siebzehn Jahren zweimal einen Traum, in dem seine Brüder, sein Vater und seine Mutter das Haupt vor ihm wie vor einem Fürsten beugen.

All das ist Grund genug, dass Josefs Brüder beschließen, ihn zu töten. Eines schönen Tages hat Jakob ihn von seinem festen Wohnsitz in der Ebene bei Hebron hinaufgesandt, um zu schauen, wie es seinen Brüdern erginge. In der Umgebung von Sichem, wo sie ihre Herden weiden, irrt der Junge umher, ohne die Brüder zu finden. Ein Fremder (sollte es sich hierbei um einen Engel handeln?) weist ihm den Weg nach Dothan. Schon aus der Ferne erkennen ihn seine Brüder an seinem buntschillernden Gewand: »*Da kommt ja der Träumer!*«, *spotteten sie untereinander.* »*Los, wir erschlagen ihn und werfen ihn in einen tiefen Brunnen! Unserem Vater erzählen wir, ein wildes Tier hätte ihn gefressen. Dann werden wir ja sehen, was aus seinen Träumen wird!*« Aber innerhalb der Gruppe entsteht Uneinigkeit. Ruben schreckt vor Mord zurück, und auf seinen Vorschlag hin beschließen sie, ihn nicht selbst zu töten. Sie ziehen ihm sein Prunkgewand aus und lassen ihn in einer leeren Grube zurück. Dort soll er dann vor Hunger und Durst umkommen.

*Dann setzten sie sich, um zu essen. Auf einmal bemerkten sie eine Karawane mit ismaelitischen Händlern. Ihre Kamele waren beladen mit wertvollen Gewürzen und Harzsorten. Sie kamen von Gilead und waren unterwegs nach Ägypten.*

Man sieht es förmlich vor sich: Die grimmigen Brüder haben von ihrer Untat Hunger bekommen und essen einen Happen, während der entkleidete Josef jammernd in der Grube sitzt und sich aus der Ferne die Karawane nähert. Es dürften traditionelle Beduinen gewesen sein, die auf jahrhundertealten Karawanenrouten von Ost (Mesopotamien) nach West (Ägypten) mit ihren Handelswaren Gummi, Harz, Balsam und – wenn es sich ergab – auch Sklaven hin- und herreisten. Josef wird aus der Grube geholt und für zwanzig Silberlinge als Sklave an die Händler verkauft. Sie sollten ihn nach Ägypten bringen.

Die Brüder hingegen erzählen ihrem alten Vater, der daheim voller Sehnsucht auf Nachricht wartet, dass Josef von einem wilden Tier zerrissen worden sei. Sie zeigen ihm das vielfarbige Gewand, welches sie im Blut eines Böckchens getränkt haben. Jakob *zerriss seine Kleider, wickelte als Zeichen der Trauer ein grobes Tuch um seine Hüften und weinte viele Tage um Josef.*

In seinem Drama *Josef in Dothan* legt der Dichter Vondel dem gebrochenen Vater folgende Schlussworte in den Mund:

»Ach, die Eltern machen das Kind und ziehen es mit Mühe groß;

So das Kleine nur auf den Rock, so treten die Großen gleich aufs Herz!«

Zu der Zeit, als die Erzväter mit ihren Herden im Gebiet des fruchtbaren Halbmondes umherzogen, war die ägyptische Kultur bereits uralt und besonders stabil. Der griechische Historiker Herodot von Halikarnassos nannte das Land ein »Geschenk des Nils«. Nach der alljährlichen Überschwemmung des Flusses blieb eine fruchtbare Schlammschicht im Flusstal zurück. Lediglich der äußerst schmale Streifen zu beiden Seiten des Nils war dank der Überströmungen zum Ackerbau geeignet, was aber mehr als ausreichend war, um das Land zu ernähren.

Die ältesten Spuren einer Hochkultur (eine zentralistische Monarchie, Bürokratie und Schrift) finden wir am Anfang des dritten Jahrtausends. Schon sehr früh wurde Ägypten durch einen Pharao von einer Hauptstadt aus (Theben oder Memphis) regiert. Bereits zu Zeiten der dritten und vierten Dynastie (27. bis 25. Jahrhundert v. Chr.) ließen die Pharaonen die großen Pyramiden bauen, ihre Grabmäler für die Ewigkeit. Als Josef nach Ägypten gelangte, waren die Pyramiden bestimmt schon tausend Jahre alt.

Im Mittelpunkt des ägyptischen Glaubens stand der Mythos des Fruchtbarkeitsgottes Osiris, der von seinem Bruder Seth aus Neid getötet, dessen Leichnam in Stücke geschnitten und am Nil verstreut worden war. Osiris' Frau Isis sammelte die einzelnen Stücke ihres Mannes auf und ließ ihm neues Leben einhauchen. Ihr Sohn Horus besiegte derweil den bösartigen Seth. Osiris, zum Leben erweckt, konnte jedoch nicht aufs Neue König des Reichs der Lebenden werden, da sein Penis von fleischfressenden Fischen verschlungen worden war. So regierte er fortan über das Reich der Toten. Die Ägypter glaubten, dass der Pharao nach seinem Tod genauso im Totenreich auferstehen werde wie Osiris. Der König, der zu Lebzeiten dem Sonnengott Horus (später Amon-Ra) gleich war, wurde nach seinem Tod zu Osiris. Der amerikanische Orientalist Cyrus Gordon schreibt, die ägyptische Religion habe sich »zu einer Art Passionsspiel mit den Themen Leiden, Tod und Auferstehung des Osiris« entwickelt.

Für Ägypter war der Tod nicht das Ende, sondern der Anfang einer neuen Existenz, der Übergang in ein zweites Stadium. Und für einen reibungslosen Übergang war es von größter Wichtigkeit, dass der Körper des Verstorbenen erhalten wurde, damit die Seele diesen als Wohnung wiederfinden konnte. Es bedurfte eines Grabes, eines Aufbewahrungsortes für den einbalsamierten Leib. Auch musste der Tote mit allem Lebensnotwendigem für die ihm bevorstehende weite Reise versorgt werden. Ein Königsgrab war eigentlich ein Warenlager. Bevor der Tote jedoch ins Totenreich eingehen konnte, musste er darüber hinaus beweisen können, dass er sich zu Lebzeiten anständig betragen hatte. Zu Beginn des ewigen Lebens fand zunächst eine Prüfung der moralischen Qualität des Verstorbenen statt. In diesem Punkt war der ägyptische Glaube zu seiner Zeit einzigartig.

Die ägyptische Kultur war in einem hohen Maße auf sich selbst fixiert. Ausländer rieben sich immer wieder verwundert und erstaunt die Augen. Herodot schreibt: »Alle ihre Sitten und Gebräuche scheinen genau das Gegenteil von dem zu sein, was bei anderen Völkern üblich ist.« Aber was Josef, was seine Gefühle angeht, müssen wir raten. Der Bibeltext gibt keine Auskunft über den Eindruck, den das fremde Land auf Josef gemacht hat. Der Autor ist nicht daran interessiert. Das Land am Nil (wahrscheinlich besonders der östliche Teil des Nildeltas) war den Erzvätern übrigens gewiss nicht unbekannt. Schon in einer sehr frühen Phase ihrer Hochkultur trieben die Ägypter, Handel mit der Außenwelt, unter anderem entlang der Karawanenrouten mit den Völkern aus dem Osten. Auch existierte in Zeiten internationaler Unsicherheit diplomatischer Austausch untereinander. Die Völker kannten einander schon recht genau. Sowohl Abraham als auch sein Sohn Isaak hatten sich im Verlauf von Hungersnöten bereits zuvor nach Westen begeben, um Getreide im jederzeit fruchtbaren Ägypten zu kaufen. Ägypten war die Kornkammer Kanaans, und in der Zeit der Erzväter hatte es überdies in der Region das Sagen.

Nach seiner Ankunft in Ägypten wird Josef an einen gewissen Potifar, den Chef der Leibwache des Pharaos, verkauft. Der ägyptische Staat war in der Periode, die in der Geschichtsschreibung als das »Neue Reich« (16. bis 11. Jahrhundert v. Chr.) bekannt ist, auf militärischem Gebiet äußerst beschlagen. Die Pharaonen bedienten sich einer aggressiven Außenpolitik mit dem Hauptziel, die »balance of power« zwischen den Supermächten ihrer Zeit aufrechtzuerhalten. Der Chef der königlichen Leibwache dürfte ein mächtiger Mann gewesen sein. In seinen Diensten machte der hebräische Sklave eine Blitzkarriere. Er wurde Haushaltsvorsteher und Vertrauter seines Gebieters, der ihm die

Leitung über alles anvertraute, was er besaß: *Er ließ Josef freie Hand und kümmerte sich selbst um nichts mehr, außer um seine eigenen Speisen. Josef sah sehr gut aus.*

Das ist einer dieser typisch kryptischen Bibelsätze. Man fragt sich als Leser, ob das wohl mit dem attraktiven Jungen gut ausgehen wird. Und siehe da, im folgenden Vers bereits wird die Frau von Potifar eingeführt. Sie hat ein Auge auf Josef geworfen und trachtet danach, ihn mit ihrem beharrlichen Flehen zu verführen. Aber er widersteht ihren verführerischen Tricks mannhaft. Josef ist ein ehrbarer Junge, der seinem Gebieter durch und durch loyal ergeben ist. Außerdem ist er klug genug zu wissen, dass es sehr gefährlich ist, sich an einer verheirateten Frau zu vergreifen. Im Buch der Sprüche stehen mehrere Texte dieser Art: *Genauso schlimm sind die Folgen, wenn man mit der Frau eines anderen schläft: Jeder, der es tut, wird bestraft.*

Aber Potifars Frau lässt nicht locker. So mir nichts, dir nichts gibt sie nicht auf, und als sie eines Tages allein mit Josef im Haus ist, versucht sie ihn mit Gewalt in ihr Bett zu ziehen. Aber er reißt sich los und hinterlässt sein Gewand in ihren Händen. Aus Loyalität gegenüber seinem Gebieter hat Josef dessen Frau zurückgewiesen. Daraufhin nimmt sie auf schreckliche Weise Rache an ihm. Sie verleumdet ihn bei Potifar:

> *»Seht«, rief sie, »mein Mann hat uns einen Hebräer ins Haus gebracht, der jetzt mit uns umspringt, wie er will! Er wollte mich vergewaltigen, aber ich habe laut geschrien. Da lief er schnell davon, doch dieses Gewand hat er bei mir zurückgelassen!«*
>
> Genesis 39,13–15

Gegen diese Diffamierungen kann Josef sich nicht wehren. Er landet daraufhin im Gefängnis.

Dort begegnet er zwei Dienern des Pharaos, einem Bäcker und einem Mundschenk, die ebenfalls bei ihrem Herrn in Ungnade gefallen sind. Beide haben in derselben Nacht einen Traum. Josef, der ja auf diesem Terrain Erfahrung aufzuweisen hat, deutet die Träume. Der Mundschenk werde demnach schnell freikommen und rehabilitiert, der Bäcker jedoch werde aufgehängt werden. Genauso, wie Josef es gedeutet hat, geschieht es auch. Und als der Pharao zwei Jahre später in einer Nacht zweimal einen Traum hat, den ihm keiner seiner Berater deuten kann, erinnert sich der Mundschenk plötzlich an den hebräischen Sklaven, der ihm damals einen Traum gedeutet hat. Josef wird aus dem Gefängnis geholt, rasiert, gewaschen, in saubere Kleider gesteckt und vor den Thron geführt.

*Der Pharao begann: »In meinem Traum stand ich am Nilufer. Da stiegen sieben schöne, dicke Kühe aus dem Fluss. Sie weideten im Ufergras. Nach ihnen kamen sieben hässliche Kühe aus dem Nil. Sie waren dürr und abgemagert – noch nie habe ich in Ägypten so hässliche Kühe gesehen! Die mageren fraßen die dicken auf, aber hinterher sahen sie noch genauso dünn aus! Ich wachte auf, dann schlief ich wieder ein und träumte, dass an einem Halm sieben volle, reife Ähren wuchsen. Danach wuchsen sieben kümmerliche heran, vom heißen Wüstenwind verdorrt. Sie verschlangen die sieben vollen Ähren. Ich erzählte alles meinen Wahrsagern, aber keiner wusste eine Deutung.«*

Genesis 41,17–24

Die Traumdeutung war am ägyptischen Hof eine wichtige Tätigkeit. Es gab ganze Leitfäden dafür. Träume wurden als Anweisungen von höherer Stelle betrachtet. Könige maßen der Auslegung großes Gewicht bei. Selbstverständlich hielt man die Traumdeutung für wichtig, denn sie war ein Weg, etwas über die Zukunft zu erfahren, eventuell bereits Maßnahmen dafür zu ergreifen beziehungsweise Pläne für später schmieden zu können. So ist es dann auch für den Pharao beängstigend, dass keiner der Gelehrten, die er um Rat ersucht hat, seinen Traum »übersetzen« kann. Der Gedanke ängstigt ihn, vor irgendetwas gewarnt zu werden, ohne den Schimmer einer Ahnung zu haben, wovor.

Die Traumdeutungsmethode, die Josef anwendet, ist relativ simpel. Sie besteht aus der Umwandlung von einzelnen Begriffen in jeweils andere. Beispielsweise werden so aus »fetten Kühen« »reiche Ernten« und aus »mageren Kühen« »magere Jahre«. Es werden sieben fette Jahre kommen, denen sieben magere Jahre folgen. Sein Rat an den Pharao ist, in den Jahren des Überflusses etwas für die Jahre der Missernte und des Mangels auf die Seite zu legen. Er rät ihm, Getreidevorräte anzulegen und die gesamte Operation (Steuererhebung, Anlage von Vorräten usw.) vom *Klügsten* koordinieren zu lassen.

Es ist so banal, dass man sich fast nicht vorstellen kann, dass die professionellen Traumdeuter des Pharaos sich bei diesem Traum keinen Rat wussten. Der ehemalige hebräische Sklave wird Landwirtschaftsminister von Ägypten – eine geradezu unglaubliche Karriere für einen Hirtenjungen aus dem Osten. Aber die Geschichte Ägyptens hat mehrere Beispiele solcher Riesensprünge auf der gesellschaftlichen Leiter zu bieten. Mochten die Unterschiede zwischen Macht und Ohnmacht und zwischen Reich und

Arm noch so groß sein, auch mittellose Ägypter konnten weit aufsteigen.

Der neue Vizekönig des Pharaos nimmt seine Aufgabe besonders ernst. Er kauft sämtlichen Grund in Ägypten, treibt Steuern ein und legt große Getreidevorräte an. Im Neuen Reich wurde tatsächlich der gesamte Grund und Boden zum Eigentum des Pharaos. Die Bauern mussten ein Fünftel ihrer Erträge abführen. Lediglich die Priester waren von dieser Steuer befreit. In der Bibel wird das alles als die weise Politik Josefs dargestellt, jedoch verfuhr man schon vorher so. Josef legt einen Vorrat für schlechte Zeiten an. Als dann die Ernte nach sieben Jahren, wie angekündigt, zum ersten Mal misslingt, verkauft er das Getreide an die hungernde Bevölkerung des Niltals. Ebenso verkauft er es an Ausländer.

An dieser Stelle kommt nun auch Josefs Familie wieder ins Spiel:

> *Auch Jakob erfuhr, dass es in Ägypten Getreide zu kaufen gab. »Warum zögert ihr noch?«, fragte er seine Söhne. »In Ägypten gibt es Getreide zu kaufen! Los, beeilt euch und besorgt etwas, bevor wir verhungern!« Alle Brüder Josefs machten sich auf den Weg.*
>
> Genesis 42,1–3

Die Konfrontation ist der Höhepunkt der Geschichte. Die Brüder wenden sich als Bittsteller an ihren jüngeren Bruder, den sie seinerzeit noch töten wollten. Bischof Ussher hat berechnet, dass einundzwanzig Jahre verstrichen sind, seit Josef nach Ägypten abgeführt wurde. Die Brüder verbeugen sich bis zum Erdboden, so wie er es vor langer Zeit bereits im Traum gesehen hat. Das allein reicht ihm aber noch nicht. Er hat sie sofort erkannt, doch sie sehen nur einen schroffen ägyptischen Wesir. Er triezt und erniedrigt sie bis aufs Äußerste. Er drangsaliert sie mit immer neuen Forderungen und Beschuldigungen und horcht sie dabei en passant über ihren alten Vater und ihren jüngsten Bruder Benjamin, Rahels zweiten Sohn, aus. Schließlich lässt er sie unter der Bedingung gehen, dass sie mit ihrem jüngsten Bruder zurückkehren werden. Als Faustpfand lässt er Simeon, den Zweitältesten, vor ihren Augen in Fesseln legen. Mit dem Getreide, aber ohne Simeon kehren sie in ihr Land zurück. Jakob ist verzweifelt, als er die Geschichte hört. *»Ihr raubt mir meine Kinder!«, rief Jakob verzweifelt. »Josef lebt nicht mehr, Simeon ist zurückgeblieben und Benjamin wollt ihr mir auch noch nehmen! Nichts bleibt mir erspart!«* Er weigert sich, den Jüngsten gehen zu lassen.

Aber die Hungersnot hält an, nicht nur in Kanaan, sondern in der ganzen Region. Jakob weiß weder ein noch aus. Das Getreide geht zur Neige, und er muss seine Söhne erneut losschicken. Dieses Mal begleitet Benjamin, der Jüngste, seine Brüder. Wiederum verneigen sich die Brüder mit Todesangst vor Josef. Dieses Mal behandelt er sie freundlich und serviert ihnen sogar eine üppige Mahlzeit: *Als Zeichen der besonderen Ehre ließ Josef ihnen von den Gerichten auftragen, die auf seinem Tisch standen. Benjamin bekam einen sehr großen Anteil – fünfmal so viel wie seine Brüder! Dazu tranken sie Wein. Es war eine fröhliche Feier.* Nachdem sie ihren Rausch ausgeschlafen haben, machen sie sich am nächsten Morgen auf. Aber der Wesir hat eine böse Überraschung für sie parat. In Benjamins Satteltasche hat er einen Silberbecher des Pharaos verstecken lassen. Josef schickt den Männern seine Soldaten hinterher, und der silberne Becher wird gefunden. Die verzweifelten Brüder werden zu ihm gebracht. Josef macht ihnen bittere Vorwürfe. Sie zerreißen ihre Kleider und flehen um Gnade.

Dann kann er sich nicht mehr beherrschen. Er schickt seine Diener weg und gibt sich zu erkennen. Er fällt seinen Brüdern, die es noch kaum glauben können, weinend um den Hals. Beladen mit Geschenken, schickt er sie zurück, damit sie seinen alten Vater zu ihm brächten.

An der Spitze einer Schar Männer, Frauen und Kinder zieht Jakob nach Ägypten, um in den Armen seines verloren geglaubten Sohnes sterben zu können. Der *Einzug* in Ägypten ist wieder so ein weihevoller Moment, dem in der Bibel keine besondere Aufmerksamkeit geschenkt wird. Es ist noch nicht die Rede von der Sklaverei, aus der Moses sein Volk vierhundert Jahre später befreien wird. Dies ist, im Gegensatz zum Exodus, ein Triumphzug, schnell vollzogen und von Zukunftsangst begleitet.

Jakob ist der Vater des Volkes und Josef sein Retter. Nicht ohne Grund hat Thomas Mann den vierten Teil seines großen Epos *Joseph und seine Brüder* »Der Ernährer« betitelt. Ohne ihn wären sein Vater und seine Brüder verhungert und das jüdische Volk ausgestorben, bevor es sich hätte entwickeln können. Dank der Tatsache, dass er nach Ägypten verkauft wurde und es dort zum Vizekönig brachte, konnte er seine Familie mit Getreide versorgen. Wenn das mal kein göttlicher Plan ist …

Die eigentliche Geschichte ist damit erzählt und der Einzug des Volkes nach Ägypten erklärt. Die Periode der Sklaverei, aus der es von Moses befreit wird, bricht nach dem Tod des Josef an. Jakob stirbt in den Armen seines geliebten Sohnes. Er wird einbalsamiert, beweint und nach Ablauf der Trauerperiode von siebzig Tagen im Familiengrab bei Hebron beigesetzt.

Kurz vor seinem Tod hat er noch ein letztes Mal zu seinen Söhnen gesprochen:

> *»Ruben, du bist mein erster Sohn, geboren in der Zeit meiner größten Kraft. Du nimmst den höchsten Rang ein, genießt das größte Ansehen. Aber du kannst dich nicht im Zaum halten – darum wirst du nicht der Erste bleiben. Mit einer meiner Frauen hast du geschlafen und mich dadurch beleidigt.*
> *Simeon und Levi, sie beide verfolgen dieselben Ziele: Ihre Schwerter haben sie zu Mord und Totschlag missbraucht. Mit ihren finsteren Plänen will ich nichts zu tun haben, von ihren Vorhaben halte ich mich fern. In blinder Wut brachten sie Menschen um, mutwillig schnitten sie Stieren die Sehnen durch. Weil sie im Zorn so hart und grausam waren, müssen sie die Folgen tragen: Ihre Nachkommen erhalten kein eigenes Gebiet, sondern wohnen verstreut in ganz Israel.*
> *Juda, dich loben deine Brüder! Deine Feinde schlägst du in die Flucht, darum verehren dich alle Söhne deines Vaters. Mein Sohn, du bist wie ein junger Löwe, der gerade seine Beute gerissen hat. Majestätisch legt er sich daneben, und niemand wagt es, ihn zu stören. Juda, immer behältst du das Zepter in der Hand (…)*
>
> Genesis 49,3–10

In Jakobs Abschiedsrede werden die Machtverhältnisse der fernen Zukunft vorausgesagt. Da es sich dabei um die letzten Worte des sterbenden Erzvaters handelt, erhalten diese Sätze eine große Autorität. Auf den ersten Blick ist es überraschend, dass der Segen dem früher so unzuverlässigen

Hurenbock Juda zuteil wird. Wer ist er denn, dass er seinen Brüdern in so auffälliger Weise vorgezogen wird? Warum nicht Josef, der doch der Retter seiner Familie gewesen ist? Oder Josefs Sohn Efraim, Vater des kriegerischen Stamms gleichen Namens?

Der kanadische Historiker Akenson liefert eine Erklärung. Die ersten (geschichtlichen) Bücher der Bibel, das heißt vom Buch Genesis bis einschließlich zum Buch der Könige, sind in der ersten Hälfte des sechsten Jahrhunderts v. Chr. von Priestern aus dem Königreich Juda, die zu jener Zeit in der babylonischen Verbannung lebten, zu einem Ganzen zusammengeführt worden. Ihre Vorherrschaft wird von Jakob auf seinem Sterbebett sanktioniert. Ihr Stammvater ist es, der, natürlich mit Zustimmung Gottes, über seine Brüder herrschen soll, so wie ihr Königreich Juda über das nördliche Königreich Israel herrschen und der Tempel in ihrer Hauptstadt Jerusalem der zentrale Ort für die Verehrung Gottes sein soll. Somit liegt in der Geschichte die Rechtfertigung für die Zukunft.

Die Nachkommenschaft des Abraham ist ein Volk geworden. Hiermit endet das reiche Buch Genesis. Das *Werden* ist vollendet. Wir treten nun in die folgende Epoche ein, in der das Volk seinem neuen Gott begegnen und das Gesetz empfangen wird.

# Das ist euer Gott …

## *Moses wird gerufen*

Zur Zeit der Geburt des Moses* war das jüdische Volk, das noch vier Jahrhunderte zuvor triumphal nach Ägypten eingezogen war, so zahlreich geworden, dass es den Pharao ängstigte. Er kündigte eine drakonische Maßnahme an: Alle hebräischen männlichen Babys müssen in den Nil geworfen werden. Ein Echo dieser Geschichte hören wir noch im Neuen Testament. Laut dem Evangelisten Matthäus wollte König Herodes alle kleinen Jungen unter zwei Jahren ermorden lassen. Darauf flüchteten die Eltern Jesu von Nazareth in ebendieses Ägypten.

Moses begann sein Leben als Findelkind eines levitischen Ehepaares, Angehörige der priesterlichen Familie:

> *Ein Mann vom Stamm Levi heiratete eine Frau aus demselben Stamm. Sie wurde schwanger und bekam einen Sohn. Als sie sah, wie schön der Junge war, hielt sie ihn drei Monate lang versteckt. Doch schließlich konnte sie ihn nicht mehr verbergen. Sie nahm einen Korb aus Schilfrohr und dichtete ihn mit Erdharz und Pech ab. Dann legte sie das Kind hinein und setzte es im Schilf am Nilufer aus.*
>
> Exodus 2,1–3

*) Während sich heute die Form »Moses« durchgesetzt hat, verwenden die Bibeltexte in der Mehrzahl immer noch die Form »Mose«.

Viele »founding fathers« bzw. Gründerväter aus der Weltgeschichte wie zum Beispiel Sargon I., Romulus und Remus und an dieser Stelle auch Moses sind einmal als Baby in einem Schilfkörbchen ans Ufer getrieben worden. Moses wird von der Tochter des Pharaos selbst gefunden. Sie nimmt das Kind liebevoll auf, lässt es von einer hebräischen Frau – Moses' leiblicher Mutter, die sich unauffällig angeboten hat – stillen und erzieht ihn wie einen Königssohn.

Geboren in einem unterdrückten Volk unter dem Damoklesschwert des Kindesmordes, ausgesetzt und auf wundersame Weise gerettet, das sind so viele Signale, da müssen wir einfach noch etwas von diesem Baby hören.

Wusste der Junge um seine Herkunft? Die Bibel – übrigens sind wir mittlerweile im Buch Exodus angelangt – schweigt sich darüber aus. Als wir nach seiner wunderbaren Errettung aus den Fluten des Nils wieder etwas von Moses hören, ist er inzwischen ein erwachsener Mann geworden. Über seine Jugend lässt uns die Bibel im Unklaren.

> *Mose war erwachsen geworden. Einmal ging er los, um zu sehen, wie seine israelitischen Brüder zu harter Arbeit gezwungen wurden. Dabei wurde er Zeuge, wie ein Ägypter einen Hebräer schlug, einen Mann aus seinem Volk! Mose sah sich nach allen Seiten um, und als er sich überzeugt hatte, dass außer ihnen niemand in der Nähe war, schlug er den Ägypter tot und verscharrte ihn im Sand.*
>
> Exodus 2,11–12

Der Text scheint zu unterstellen, dass Moses da schon weiß, dass die hebräischen Sklaven seine Brüder sind. Er erschlägt den brutalen ägyptischen Aufseher. Eine echte Impulshandlung scheint es aber nicht gewesen zu sein, denn er hat sich zuerst gut umgeschaut; aber offenbar doch nicht gut genug. Das Gerücht von diesem Verbrechen kommt dem Pharao zu Ohren, und Moses muss fliehen. Er gelangt in das Land von Midian.

Die Midianiter waren Abkömmlinge von Abraham und einer seiner Nebenfrauen. Sie gehörten zu einer Gruppe Nomaden, die im ausgedehnten Wüstengebiet zu beiden Seiten des Golfs von Akaba bis zum Süden des heutigen Jordanien umherzogen. Moses wird dort gastfreundlich von Jitro, dem Priester von Midian, aufgenommen. Dieser gibt ihm seine Tochter Sippora zur Frau. Moses hütet in den folgenden Jahren die Herden seines Schwiegervaters.

Der ehemalige ägyptische Höfling ist zum Hirten geworden, genau gegenteilig zur Karriere Josefs vier Jahrhunderte zuvor. In dem Film *The Ten Commandments*, einem Hollywoodmonumentalfilm aus dem Jahre 1956 unter der Regie von Cecil B. DeMille, spricht Moses an dieser Stelle die Worte: »It is not by the sword that He will deliver His people, but by the staff of a shepherd.« Alles ist nun bereit für die Befreiung des Volkes.

Der Anfang von Moses' Karriere als Führer seines Volkes ist typisch. So wird es bei späteren Propheten auch immer wieder sein: Er will einfach nicht!

*Mose hütete damals die Schafe und Ziegen seines Schwiegervaters Jitro, des Priesters von Midian. Eines Tages trieb er die Herde von der Steppe hinauf in die Berge und kam zum Horeb, dem Berg Gottes. Dort erschien ihm der Engel des Herrn in einer Flamme, die aus einem Dornbusch schlug. Als Mose genauer hinsah, bemerkte er, dass der Busch zwar*

*in Flammen stand, aber nicht niederbrannte. »Merkwürdig«, dachte Mose, »warum verbrennt der Busch nicht? Das muss ich mir aus der Nähe ansehen.« Der Herr sah, dass Mose sich dem Feuer näherte, um es genauer zu betrachten. Da rief er ihm aus dem Busch zu: »Mose, Mose!« – »Ja, Herr«, antwortete er. »Komm nicht näher!«, befahl Gott. »Zieh deine Sandalen aus, denn du stehst auf heiligem Boden! Ich bin der Gott deiner Vorfahren, der Gott Abrahams, Isaaks und Jakobs.« Mose verhüllte sein Gesicht, denn er hatte Angst davor, Gott anzuschauen.*
*Der Herr sagte: »Ich habe gesehen, wie schlecht es meinem Volk in Ägypten geht, und ich habe auch gehört, wie sie über ihre Unterdrückung klagen. Ich weiß, was sie dort erleiden müssen. Darum bin ich gekommen, um sie aus der Gewalt der Ägypter zu retten. Ich will sie aus diesem Land herausführen und in ein gutes, großes Land bringen, in dem Milch und Honig fließen.*

Exodus 3,1–8

Die Beschreibung ist ungemein plastisch. Der Hirte, verwirrt vom grellen Sonnenlicht, nimmt das Strahlen in den niedrigen Sträuchern als eine göttliche Erscheinung wahr. Gott ruft ihn näher herbei, stellt sich ihm vor, so wie er das damals auch bei Jakob getan hat, und kommt dann schnell zur Sache. Ich werde mein Volk aus Ägypten führen, und du wirst dabei mein Werkzeug sein. Moses erschrickt. Er sträubt sich dagegen. Er fragt Gott nach seinem Namen, aber darauf erhält er keine direkte Antwort: *»Ich bin für euch da.«* Moses bringt vor, dass er nur ein mäßig begabter Redner sei und die Israeliten ihm nicht glauben würden. Gott vollbringt daraufhin einige Wunder, um seinen widerspenstigen Diener zu überzeugen. Schließlich wird er böse und zwingt ihn. »Nimm doch deinen Bruder Aaron mit«, sagt er, »der wird für dich sprechen.« Damit ist Moses jetzt wohl oder übel Prophet.

Es hat den Anschein, dass die Israeliten ihren namenlosen Gott Jahwe bei den Midianitern kennengelernt haben. Von Moses' Schwiegervater Jitro wird erzählt, dass er Elohim opferte und dass Aaron und alle Ältesten Israels am Mahl teilnahmen. Der Text und der Kontext erwecken den Anschein, dass er ein Verehrer Jahwes und nicht des alten Gottes »El« war. Jahwe war für Moses ein neuer Gott. Er stellte sich ihm dann zunächst auch erst aus dem brennenden Brombeerstrauch heraus vor, bevor er ihm den Auftrag erteilte, das Volk in seinem Namen aus Ägypten zu führen [Anm. d. Ü.: mit dem »Brombeerstrauch« folgt die Übersetzung dem niederländischen Text, wenngleich im Deutschen üblicherweise von einem »Dornbusch« die Rede ist. Eine Begründung für ihre Wortwahl liefern die Autoren weiter unten]. Dabei hielt er seine Identität verborgen. Gottes Name durfte nicht ausgesprochen werden, und schon in frühen Zeiten schrieb man ihn mit vier Konsonanten JHWH. Die griechische Bezeichnung dafür lautet »Tetragramm« (Vierfachzeichen).

Der neue Gott nimmt eine andere Haltung ein als der alte Gott Abrahams, Isaaks und Jakobs. Der Gott der Erzväter hatte sich als Freund präsentiert, der einen *Vorschlag* unterbreitet. Abraham akzeptierte diesen, ohne zu zögern, und wurde daraufhin auf seinen Wanderungen begleitet und beschützt. Jakob war etwas zögerlicher, und das ging offenbar auch. Erst sehen, dann glauben, schien er zu denken. Doch auch er wurde beschützt, genährt und gekleidet. Nachträglich war er damals bereit, seinen Beschützer zu verehren.

Aber dieser neue Gott macht Moses keinen Vorschlag, er macht ihm einen *Heiratsantrag*. Und es ist sehr deutlich, dass der Heiratskandidat nicht abgewiesen zu werden wünscht. Jahwe ist ein eifersüchtiger Gott. Er fordert Liebe und Treue. Wenn ihm diese erwiesen werden, wird er im Tausch dafür sein Volk beschützen.

Lange Zeit ist Jahwe nur einer der Götter gewesen, die vom Volk angebetet wurden. Das Volk geht fortwährend mit anderen (kanaanitischen) Göttern fremd. Diese Spannung ist in allen Geschichten der Bibel spürbar. Anscheinend haben ihn die Israeliten, als sie erst einmal in das Gelobte Land Einzug gehalten hatten, in das Pantheon der Kanaaniter gesteckt. Zeitweise galt Aschera in Israel als Ehefrau Jahwes. Ein Fragment eines Kruges aus dem achten Jahrhundert, welches in Kuntillet 'Adschrud, einem religiösen Zentrum auf dem nördlichen Sinai, gefunden wurde, zeigt drei Figuren und die Inschrift »Jahwe und seine Aschera«. Jahwe hat auf der Abbildung Rinderohren, und Aschera ist eine Frau, die eine Leier spielt.

Immer wieder wird Jahwe in einem Atemzug mit anderen Göttern genannt, wie beispielsweise im Psalm 82: *Gott steht auf inmitten der Götter, in ihrer Versammlung erhebt er seine Anklage*. Es muss erwähnt werden, dass darin eine gewisse Logik zu erkennen ist: Natürlich gibt es andere Götter, Rivalen von Jahwe. Denn gäbe es keine anderen Götter, bräuchte er nicht so eifersüchtig zu sein.

Nach dem Gespräch bei dem brennenden Brombeerstrauch kehrt Moses in sein Geburtsland zurück.

*Als Mose und seine Familie unterwegs in einer Herberge übernachteten, fiel der Herr über Mose her und wollte ihn töten. Da nahm Zippora rasch einen scharfen Stein, schnitt die Vorhaut am Glied ihres Sohnes ab und berührte damit Moses Füße. Dann sagte sie zu ihm: »Du bist mein Blutsbräutigam!« Da verschonte Gott Moses Leben.*

Exodus 4,24–26

Ende des Berichts. Wieder so eine typisch mysteriöse Passage, deren es in der Bibel viele gibt. Warum sollte Gott um Himmels willen seinen taufrischen Propheten umbringen wollen? Wir wissen es nicht.

Moses, gerettet durch das energische Vorgehen seiner Ehefrau, kehrt nach Ägypten zurück. Es gelingt ihm mit der verbalen Unterstützung seines Bruders Aaron, die Israeliten davon zu überzeugen, ihm zu folgen. Unmittelbar darauf erscheint er vor dem Pharao mit der Bitte, mit dem ganzen Volk drei Tagesreisen in die Wüste gehen zu dürfen, um Gott anzubeten, und ihm zu Ehren ein Fest zu feiern. Aber der Pharao kennt diesen Gott nicht. Er weigert sich, die Juden ziehen zu lassen, und erschwert im Gegenteil noch ihre Sklavenarbeit. Moses beklagt sich hierüber bei Gott. Nicht nur, dass das Volk nicht befreit ist, nein, seine Lage ist nur noch verzweifelter geworden. Und genau das scheint Gottes Absicht zu sein. Er will seine Macht demonstrieren. Je schlechter die Umstände, desto wunderbarer wird die Befreiung sein. Man könnte es beinahe als Modell für das bezeichnen, was später der Philosoph Karl Marx *Verelendung* nennen wird.

Die Szenen, die folgen, haben den Charakter eines Duells. Moses kämpft mit ägyptischen Gelehrten. Er tut Wunder. Aarons Stab verwandelt er in eine Schlange, genau so, wie Gott es ihm zuvor vorgemacht hat. Aber das können die ägyptischen Weisen und Zauberer auch: Viele Schlangen winden sich mit einem Mal im Palast. Aarons Schlange verschlingt jedoch alle anderen. Während einer folgenden Audienz am Nilufer schlägt Moses auf den Fluss, das Wasser verwandelt sich in Blut, und alle Fische sterben. Die ägyptischen Gelehrten tun mit ihren Zauberkünsten das Gleiche. Genau wie Moses sind sie auch noch imstande, Frösche über das Land kommen zu lassen. Als er aber aus dem Staub der Erde Mückenschwärme heraufbeschwört, bleiben sie die Antwort schuldig. Der Kampf scheint zu Moses' Gunsten ausgegangen zu sein, und von dem Moment an wächst unter den Ägyptern der Respekt vor dem Gott der Israeliten.

Auf einer höheren Ebene handelt es sich um ein Duell zwischen Gott, dem Beschützer seines Volkes, und den ägyptischen Göttern. An verschiedenen Stellen wird explizit erwähnt, dass es in Gottes Absicht liegt, dass der Pharao nicht zuhört:

> *Der Herr befahl Mose: »Geh zum Pharao! Ich habe dafür gesorgt, dass er und seine Hofbeamten unnachgiebig bleiben. Denn ich will mitten unter ihnen Wunder und Zeichen vollbringen, damit ihr euren Kindern und Enkeln erzählen sollt, wie ich mit den Ägyptern umgegangen bin und welche Wunder ich unter ihnen getan habe. So werdet ihr erkennen, dass ich der Herr bin!«*
>
> Exodus 10,1–2

Moses drängt und bohrt; immer wieder wiederholt er die eine Bitte an den Pharao: »*Lass mein Volk ziehen.*« Dieser weigert sich, aber ganz allmählich schleichen sich doch Zweifel in seine ablehnende Haltung ein. Er versucht zu verhandeln: beispielsweise über die Dauer der Reise der Hebräer, über die Frage, wer mit zum Fest in die Wüste dürfe – ob allein die Männer oder doch das ganze Volk, dann aber ohne ihre Herden. Moses fordert in Gottes Namen die totale Kapitulation. Zehn Plagen treffen die Ägypter, so lange, bis der Pharao mürbe geworden ist. Erst die letzte der Plagen zwingt ihn in die Knie. Am Abend tötet Gott alle Erstgeborenen Ägyptens, *angefangen beim Sohn des Pharaos, der ihm auf dem Thron folgen soll, bis hin zum ältesten Sohn einer Sklavin, die mit der Handmühle Korn mahlt. Auch jedes erstgeborene Tier.* Gott möchte in der Strafe, die er auferlegt, das Echo des ursprünglichen Verstoßes widerhallen lassen. Die letzte Plage stimmt mit der Maßnahme überein, die der Pharao zu Beginn der Erzählung gegen die jüdischen Babys ergriffen hatte.

Den Israeliten wird kein Haar gekrümmt. Sie haben das Blut ihrer Opfertiere an Türsturz und Türpfosten geschmiert, wie Gott es ihnen befohlen hat. Der Engel des Todes geht an ihren Häusern vorbei. Mitten in der Nacht wird Moses in den Palast gerufen. »Geh gefälligst fort«, sagt der Pharao, »nimm dein Volk, all dein Vieh und deine Besitztümer mit!«

Das geschieht auf den Tag genau 430 Jahre nach der Ankunft des Erzvaters Jakob in Ägypten. Eine bunte Schar Männer, Frauen, Kinder und Kleinvieh bricht aus Ramses' Stadt auf. Bis auf den heutigen Tag gedenkt das jüdische Volk beim Passahfest mit der Opferung eines Passahlamms und dem Verzehr ungesäuerter Brote des Auszugs aus Ägypten. Es ist ein häusliches Fest, das in den Familien gefeiert wird. Gott selbst hat es gestiftet:

*»Noch in derselben Nacht müssen sie das Fleisch über dem Feuer braten. Dazu sollen sie bittere Kräuter essen und Brot, das ohne Sauerteig gebacken ist. Ihr dürft das Fleisch nicht roh oder gekocht essen; es muss über dem Feuer gebraten sein, und zwar das ganze Tier mit Kopf, Unterschenkeln und Eingeweiden. Lasst nichts bis zum nächsten Morgen übrig, sondern verbrennt das restliche Fleisch! Beeilt euch beim Essen! Ihr sollt für die Reise angezogen sein, Sandalen tragen und eure Wanderstäbe in der Hand halten. So sollt ihr das Passahfest für mich, den Herrn, feiern.«*

Exodus 12,8–11

Mit dieser Art amtlich präziser Vorschriften wird Gott seine Auserwählten noch lange verfolgen.

Das Volk begibt sich auf das Gelobte Land zu. Gott geht ihnen in Form einer Wolkensäule voran. Er leitet sie nicht in Richtung des Landes der Philister, sondern lässt sie einen Umweg durch die Wüste machen. Wohin sie gegangen sind, lässt sich nicht mehr erforschen. Der Weg, den sie eingeschlagen haben, ist unklar. Wir lesen, dass dieser Weg am Schilfmeer endet. Aber welches Gewässer kann mit dem Schilfmeer gemeint sein? Der Name deutet natürlich auf ein Gewässer mit *Schilf* an den Ufern hin. Aber das bringt uns nicht weiter, denn es gibt ziemlich viele Gewässer in der Region, an denen Schilf wächst. Der Weg in das Land der Philister verlief nördlich entlang der Mittelmeerküste zum Gazastreifen. Es handelt sich dabei um einen von den ägyptischen Pharaos befestigten Weg, und es erscheint logisch, dass das israelitische Heer auf der Flucht diese Route vermied und nach Süden schwenkte.

Verschiedene Orte kommen für die geographische Lage des Schilfmeers in Betracht. Zwischen dem Nildelta und dem Golf von Suez liegen die Bitterseen. Es könnte sein, dass das Volk dorthin geführt wurde. Es ist aber auch möglich, dass das Heer eine noch südlichere Route bis zum Nordende des Golfs von Suez gewählt hat. Wieder andere verweisen auf die Ausläufer des Golfs von Akaba als Ort für das Schilfmeer.

Vieles in Bezug auf den Auszug, vielleicht alles, was im Buch Exodus erzählt wird, ist ungewiss. So verhält es sich auch mit dem Umfang des Volkes. Dem Text zufolge sind es *etwa 600 000 Männer mit ihren Frauen und Kindern*. Das würde bedeuten, dass eine Menschenmenge von bald zwei Millionen Männern, Frauen und Kindern 40 Jahre lang mit ihren Herden durch die Wüste gezogen sind. Das scheint dann doch ein bisschen hoch gegriffen.

Könnte es auch sein, dass wir das Wort für *Tausend* (elèf) als *Stamm* oder *Familie* lesen müssen? In diesem Fall kommt man zu einer Zahl, die jedenfalls einigermaßen wahrscheinlich erscheint: sechshundert Familien. Aber man kann natürlich auch annehmen, dass mit *600 000* einfach nur »ganz, ganz *viele*« gemeint ist.

Außerhalb der Bibel gibt es keine historischen Quellen über einen Auszug zahlreicher hebräischer Sklaven aus Ägypten. Traditionell wird der Exodus im 13. Jahrhundert v. Chr. während der Regierung von Pharao Ramses II. (1301–1234 v. Chr.) angesetzt. Es existiert eine ägyptische Stele, die vom Nachfolger von Ramses II., Merenptah, errichtet wurde. Auf dieser Stele erwähnt der Pharao unter den von ihm beherrschten Städten und Völkern beiläufig auch das Volk Israel. »Israel ist verwüstet, seine Nachkommen sind nicht mehr ...« Dieses Denkmal datiert aus der Zeit um 1220 v. Chr., und es ist das erste Mal, dass der Name »Israel« in einer nichtbiblischen Quelle auftaucht.

All die Zweifel, die Route, die Lage des Schilfmeeres, die Anzahl der Israeliten und die Datierung lassen die historische Verlässlichkeit der gesamten Geschichte fraglich erscheinen. Könnte es sich um einen *schrittweisen* Auszug, eine länger anhaltende Migration von jeweils kleineren Gruppen, gehandelt haben?

Aber vielleicht müssen wir die Zweifel einfach beiseiteschieben und die Geschichte als Epos der Geburt eines Volkes und als die Geschichte eines neuen Gottes auf dem Kriegsschauplatz lesen. Am Schilfmeer wird er sein größtes Wunder vollbringen.

# … und das sind seine Regeln

## *Das Volk murrt*

Als das Volk am Schilfmeer lagert, wird es vom Heer des Pharaos eingeholt. Die Israeliten sitzen wie Ratten in der Falle. Sofort beginnen sie zu klagen:

> *»Gibt es etwa in Ägypten nicht genug Gräber für uns? Warum führst du uns hierher? Wir sollen wohl hier in der Wüste sterben! Was hast du uns nur angetan! Warum hast du uns aus Ägypten herausgeholt? Haben wir dir nicht schon dort gesagt, du solltest uns in Ruhe lassen? Wir hätten bleiben und den Ägyptern dienen sollen. Lieber wären wir ihre Sklaven geblieben, als hier in der Wüste umzukommen!«*
>
> Exodus 14,11–12

Man kann ein festes Muster in Gottes Werk erkennen. Er verspricht, die Israeliten zu befreien, aber erst stellt er sie auf die Probe, indem er ihre Situation nahezu aussichtslos macht. Es handelt sich dabei um die bereits vorher erwähnte »Verelendungspolitik«. Und das Volk zeigt sich jedes Mal wieder *kleingläubig*. Es gerät in Panik und beklagt seine Not. Darauf folgt immer wieder die Befreiung. Das Volk ist dankbar und preist den Herrn. Aber inzwischen ist es wohl durch die Prüfung gefallen. Es ist ein ungleicher Kampf zwischen Jahwe und seinen Auserkorenen.

In den Bibelbüchern Exodus, Levitikus, Numeri und Deuteronomium wird die Geschichte eines Gottes erzählt, der eine Verbindung mit einem unwilligen Volk eingehen möchte. Er stellt seine Forderungen auf, aber das Volk zweifelt und widersetzt sich. Gott entbrennt voll Zorn und droht mit totaler Vernichtung. Diese Drohung setzt er danach aber nicht um. Das Muster wiederholt sich jedes Mal wieder.

Der arme Moses, Führer wider Willen, sitzt zwischen zwei Stühlen. Auf der einen Seite ist der gebieterische und eifersüchtige Jahwe mit seinen schrecklichen Wutanfällen und auf der anderen Seite das widerspenstige Volk, das immerfort klagt und ihn einmal sogar zu steinigen droht. Moses tut, was er kann, er bettelt, er vermittelt, er fleht, er droht, spricht allein Recht über das Volk, bis er vor Erschöpfung beinahe umfällt. Aber er ist auf sich alleine gestellt. Letztlich stirbt er einsam auf der anderen Seite des Jordan im heutigen Jordanien gerade außerhalb des Gelobten Landes, das er nicht betreten darf. Gott begräbt ihn in einem Tal im Lande Moab. *Niemand hat je das Grab gefunden.*

Ein tragischer Held.

Die Bücher Exodus bis einschließlich Deuteronomium bilden insofern inhaltlich eine Einheit, als sie die Geschichte des jüdischen Volkes zu Lebzeiten Moses' behandeln, das heißt den Zeitraum vom Auszug aus Ägypten an mit den Wanderungen durch die Wüste. In diesem Zeitraum erhält das Volk durch Moses' Vermittlung das Gesetz. Die Bücher sind wahrscheinlich in der Mitte des sechsten Jahrhunderts v. Chr. auf Basis viel älterer Texte oder mündlicher Überlieferung zusammengetragen worden (ca. sechs Jahrhunderte nach dem vermuteten Datum des Auszugs), in einer Phase großen Elends.

Im vorigen Kapitel haben wir Moses und sein Volk am Rande des Schilfmeeres zurückgelassen. An dieser Stelle werden sie vom Heer des Pharaos eingeholt. In der Ferne sehen die Israeliten sechshundert vollständig bemannte ägyptische Streitwagen näher kommen. Natürlich entsteht Panik. Das Volk klagt Moses an, aber er weist sie zurecht: *»Habt keine Angst! Verliert nicht den Mut! Ihr werdet erleben, wie der Herr euch heute rettet. (…) Der Herr selbst wird für euch kämpfen, wartet ihr nur ruhig ab!«*

Und tatsächlich geschieht am Schilfmeer vor den Augen der fassungslosen Israeliten ein Wunder. Das Meer fällt durch einen starken Ostwind trocken, und das Volk kann trockenen Fußes zwischen zwei sich gegenüberstehenden Wassermauern durchziehen. Das Heer der Ägypter wird bei der Verfolgung der Israeliten von den Fluten verschlungen, die auf Gottes Befehl mit Abflauen des Windes zurückstürzen. Das gesamte ägyptische Heer wird auseinandergesprengt und ertrinkt.

Die Israeliten sind gerettet aus der akuten Gefahr, die ihnen drohte. Aber sind sie jetzt besser dran? Nein, das nicht, denn jetzt beginnt die endlose Wanderung durch die Wüste. Das Volk schleppt sich, von Jahwe geleitet, in Richtung des Landes, das er ihm versprochen hat. Wie bereits zuvor erwähnt, ist über den Exodus wenig mit Sicherheit bekannt. So ist die Route, die das Volk gewählt hat, unklar, ungewiss ist die Dauer der Wanderungen, unbekannt ist die Größe des Volkes. Sogar die Frage, ob wohl ein Auszug stattgefunden hat, lässt sich nicht mit Gewissheit beantworten. Allerdings beginnen viele Völker ihre Geschichte in mythologischen Zeiten nun einmal mit einem »langen Marsch«.

Und *wenn* das Volk tatsächlich vierzig Jahre umhergezogen ist, wie es in der Bibel erzählt wird, dann muss das auf der dreieckigen Halbinsel zwischen dem Golf von Suez und dem Golf von Akaba in einem rauhen und ungastlichen Land geschehen sein. Im Süden liegt ein weiträumiges Gebirge. Das Binnenland ist trocken und mit Dornensträuchern, Akazien und Tamarisken bewachsen. Im Norden liegen ausgedehnte Steppen und Wüstengebiete. Entlang verschiedener Rastplätze und Oasen ziehen die Menschen durch dieses Land. Der Zug geht mit großen Entbehrungen einher. Es gibt kein Wasser, und wenn endlich welches gefunden wird, erweist es sich als bitter. Das Volk hungert und beklagt sich wie üblich:

> *Bald fingen die Israeliten wieder an, sich bei Mose und Aaron zu beschweren. Sie stöhnten: »Ach, hätte der Herr uns doch in Ägypten sterben lassen! Dort hatten wir wenigstens Fleisch zu essen und genug Brot, um satt zu werden. Ihr habt uns doch nur in diese Wüste gebracht, damit wir alle verhungern!«*
>
> Exodus 16,2–3

Jahwe reagiert darauf mit Wundern. Er macht das Wasser süß, er schickt Schwärme von Wachteln, die herbeifliegen und im Lager niedergehen. Und als die Israeliten eines Morgens erwachen und um sich hin schauen, *blieben auf dem Wüstenboden feine Körner zurück, die aussahen wie Reif. (…) Die Israeliten nannten die Körner »Manna«. Sie waren weiß wie Koriandersamen und schmeckten gebacken wie Honigkuchen.*

Letztlich wird das zu Tode erschöpfte Heer, hungernd und durstig, auch noch von einem lokalen Fürsten bedroht: König Amalek, der ihnen den Zugang zur Wüstenoase Refidim zu verstellen sucht. Aber mit Jahwes Unterstützung, der in diesem Moment als Kriegsgott in Erscheinung tritt, trotzen sie auch dieser Gefahr. Der Kampf dauert lang und wogt hin und her, aber schließlich erringen die Israeliten unter Josuas Führung den Sieg.

Den Amalekitern begegnen wir in einem späteren Kapitel noch einmal, als Saul, der erste König, den Auftrag erhält, Rache an dem Volk zu nehmen, das seinerzeit den Juden auf ihrem schrecklichen Durchzug durch die Wüste den Weg zu versperren suchte. Ebenso werden wir noch von Josua hören.

Seufzend und stöhnend erreicht das Volk nach drei Monaten den Berg Sinai. Von oben ruft Gott Moses zu sich. Auffallend bei der nun folgenden Erzählung ist die große Distanz zwischen Jahwe und dem gemeinen Volk. Als das Volk am Berg angekommen ist, muss es seine Kleider waschen und bei Todesstrafe Abstand halten. Am dritten Tag nach der Ankunft donnert und blitzt es, und über dem Berg hängt eine bedrohliche Wolke. Eingeschüchtert durch diese Machtdemonstration, verlässt das Volk das Lager und macht in sicherem Abstand am Fuße des Berges halt.

> *Der Berg Sinai war in dichten Rauch gehüllt, denn der Herr war im Feuer herabgekommen. Rauch stieg auf wie aus einem Schmelzofen, und der ganze Berg bebte. Das Horn ertönte immer lauter. Mose redete, und Gott antwortete ihm mit lauter Stimme.*
>
> Exodus 19,18–19

Hier beginnt Moses' Sisyphusarbeit.

Wo dieser Berg Sinai lag, lässt sich nicht mit Bestimmtheit sagen. Der Text scheint zu suggerieren, dass die Rede von einem Vulkanausbruch ist. Aber auf der Sinaihalbinsel gibt es weder heutzutage noch zu der Zeit, zu der der Exodus stattgefunden haben muss, aktive Vulkane. Die Rastplätze, entlang deren das Volk bis vor den Berg zieht, sind ebenso wenig aufzuspüren wie die Lage des Berges selbst. Aus der südlichen Bergregion ragen einzelne hohe Gipfel heraus. Auf einem davon, dem Katharinenberg mit einer Höhe von 2062 Metern, liegt das berühmte Katharinenkloster an der Stelle, an der Moses zum ersten Mal Jahwe begegnete, der ihn aus einem brennenden Brombeerstrauch ansprach. Der Brombeerstrauch wird dort immer noch erstaunten Touristen gezeigt. Neben dem Katharinenberg liegt der Mosesberg, mit seinen 2244 Metern der höchste Gipfel der Region. Es wird gesagt, dass Moses dort das Gesetz empfangen habe. Aber das würde dann bedeuten, dass der Berg Horeb, bei dem der Brombeerstrauch brannte, und der Berg Sinai nebeneinandergelegen haben. Das passt wieder nicht zu den Angaben im Buch Exodus.

Am Fuße des Sinai sieht das ganze Volk inzwischen mit Schaudern die Blitze und den rauchenden Berg. Es hört das Donnergetöse und den Posaunenschall. Dann spricht Gott zu Moses:

*»Ich bin der Herr, dein Gott; ich habe dich aus der Sklaverei in Ägypten befreit.*
*Du sollst außer mir keine anderen Götter verehren!*
*Fertige dir keine Götzenstatue an, auch kein Abbild von irgendetwas am Himmel, auf der Erde oder im Meer. Wirf dich nicht vor solchen Götterfiguren nieder, bring ihnen keine Opfer dar! Denn ich bin der Herr, dein Gott. Ich dulde keinen neben mir! Wer mich verachtet, den werde ich bestrafen. Sogar seine Kinder, Enkel und Urenkel werden die Folgen spüren! Doch denen, die mich lieben und sich an meine Gebote halten, bin ich gnädig. Über Tausende von Generati-*

*onen werden auch ihre Nachkommen meine Liebe erfahren.*
*Du sollst meinen Namen nicht missbrauchen, denn ich bin der Herr, dein Gott! Ich lasse keinen ungestraft, der das tut!*
*Achte den Sabbat als einen Tag, der mir allein geweiht ist! Sechs Tage sollst du deine Arbeit verrichten, aber der siebte Tag ist ein Ruhetag, der mir, dem Herrn, deinem Gott, gehört. An diesem Tag sollst du nicht arbeiten, weder du noch deine Kinder, weder dein Knecht noch deine Magd, auch nicht deine Tiere oder der Fremde, der bei dir lebt. Denn in sechs Tagen habe ich, der Herr, den Himmel, die Erde und das Meer geschaffen und alles, was lebt. Aber am siebten Tag ruhte ich. Darum habe ich den Sabbat gesegnet und für heilig erklärt.*
*Ehre deinen Vater und deine Mutter, dann wirst du lange in dem Land leben, das ich, der Herr, dein Gott, dir gebe.*
*Du sollst nicht töten!*
*Du sollst nicht die Ehe brechen!*
*Du sollst nicht stehlen!*
*Sag nichts Unwahres über deinen Mitmenschen!*
*Begehre nicht, was deinem Mitmenschen gehört: weder sein Haus noch seine Frau, seinen Knecht oder seine Magd, Rinder oder Esel oder irgendetwas anderes, was ihm gehört.«*

Exodus 20,2–17

Was stand auf den beiden steinernen Tafeln geschrieben, die Moses nach vierzig Tagen vom Berg mit herunterbrachte? Waren es allein diese *Zehn Gebote* oder war es das ganze Paket von Gesetzen, Regeln, Vorschriften und Ermahnungen, die zusammen Gottes Bedingungen für den Bund mit seinem Volk darstellen? Verlässt man sich auf den Text, muss man feststellen, dass Gott aber auch alles aufgeschrieben hat: *Nachdem der Herr dies alles zu Mose gesagt hatte, über-*

*gab er ihm auf dem Berg Sinai die Steintafeln, auf denen die Gesetze des Bundes festgehalten waren. Gott selbst hatte alle seine Worte auf diese Tafeln geschrieben.*

In den Büchern Exodus bis einschließlich Deuteronomium werden eine Menge Gesetze und Regeln aufgezählt – alles andere als systematisch. Es handelt sich um Hunderte Vorschriften und Ermahnungen von sehr unterschiedlichem Charakter. Grob kann man *apodiktische* Anweisungen Gottes auf der einen von *kasuistischen* Anweisungen auf der anderen Seite, also aus der Praxis hergeleiteten Verhaltensregeln, unterscheiden. Der letztgenannte Gesetzgebungstypus fügt sich in eine jahrhundertealte juristische Praxis im alten Mittleren Osten, nämlich die Präzedenzfallrechtsprechung. Das berühmteste historische »Gesetzbuch« in dieser Tradition ist das von König Hammurabi, der in der ersten Hälfte des 18. Jahrhunderts v. Chr. über Babylon herrschte. Dieser König hat eine Stele hinterlassen (gegenwärtig in Paris im Louvre ausgestellt), auf der eine große Anzahl von Gesetzen in stets derselben Form aufgezählt wird: *Wenn* [es folgt ein praktisches Beispiel ]… *in dem Fall* [es folgt eine Maßregel]… Das Gesetzbuch von Hammurabi basiert auf der Erinnerung an Fälle, die irgendwann der königlichen Autorität vorgelegt wurden. Größtenteils geht es um zivilrechtliche Angelegenheiten, in denen der König ein Urteil gefällt hat. Auch die kasuistische Gesetzgebung in der Bibel bezieht sich hauptsächlich auf zwischenmenschliche Angelegenheiten. Was Form und Inhalt betrifft, passen die Vorschriften völlig in die östliche Tradition. Einige Gesetze sind sogar identisch, wie zum Beispiel die Vorschrift einen aggressiven Stier betreffend, die sich exakt so auf der Stele des Hammurabi wiederfindet:

*Wenn ein Rind einen Mann oder eine Frau so stößt, dass sie sterben, muss das Rind gesteinigt werden, und niemand darf von seinem Fleisch essen; der Besitzer aber geht straffrei aus. Falls aber das Rind schon vorher auf Menschen losgegangen ist und der Besitzer es trotz Warnung nicht eingesperrt hat, muss das Tier gesteinigt werden, und auch der Besitzer soll sterben.*

Exodus 21,28–29

Neben dem aufgezeichneten Gewohnheitsrecht steht die *apodiktische* Gesetzgebung. Das ist Gesetz*gebung* im eigentlichen Sinn des Wortes. Jahwe schenkt seine Gesetze, die Bedingungen für den Bund, den er mit dem Volk schließen möchte. Die Zehn Gebote, die sogar zweimal aufgeführt werden, sind dafür natürlich das berühmteste Beispiel. Aber da gibt es noch mehr. Beispielsweise die Vorschriften für die Anfertigung eines transportablen Heiligtums. Bis ins kleinste Detail wird der Auftrag erteilt; es ähnelt schon sehr einer Leistungsbeschreibung eines Bauunternehmers. Die Stiftshütte, die Bundeslade (eine tragbare rechteckige Truhe), der Tisch, der Leuchter, der Brandopferaltar, das Lampenöl, die Priesterkleidung, der Rauchopferaltar, das Waschbecken, das Salbungsöl, das Räucherwerk, die Kleidung des Priesters – alles wird genau beschrieben. Und danach wird wieder en détail beschrieben, wie die Israeliten die Aufgabe ausführen. Das steht da alles so genau, dass man sich fragt, ob der Schreiber des Textes vielleicht selbst die Stiftshütte und alles, was dazugehört, *gesehen* hat. Oder hat er vielleicht eine spätere Version der Stiftshütte gesehen, die sich im Tempel des König Salomo befand? Mit anderen Worten, handelt es sich bei der Beschreibung vielleicht um einen Augenzeugenbericht?

Im Buch Levitikus, dem Buch der Leviten, der Priester, welches auch schon mal als »Handbuch für Priester« bezeichnet wird, werden vielerlei Vorschriften mit Blick auf Opferzeremonien und das Feiern religiöser Feste aufgeführt. Ferner geht das Buch ausführlich auf das Thema Reinheit ein:

> *Folgende Vögel sollt ihr nicht anrühren und erst recht nicht essen: Gänsegeier, Lämmergeier, Mönchsgeier, Gabelweihe und die verschiedenen Arten der Königsweihe, alle Arten des Raben, Strauß, Falke, Seemöwe, alle Habichtarten, Steinkauz, Fischeule, Waldohreule, Schleiereule, Wüstenkauz, Aasgeier, Storch, alle Reiherarten, Wiedehopf und Fledermaus.*
>
> Levitikus 11,13–19

Am Anfang dieses ganzen Komplexes von Gesetz und Regelgebung stehen die Zehn Gebote. Die zehn Hauptregeln lassen sich wohl als ein moralisches Grundgesetz charakterisieren. Die ersten vier beziehen sich unmittelbar auf die Verehrung Jahwes. Die sechs folgenden beschreiben eher allgemeine Verhaltensregeln. Im ersten Gebot fällt auf, dass die Existenz anderer Götter nicht bestritten wird. Es gibt andere Götter, aber das Volk darf sie nicht verehren. Im zweiten Gebot wird dasselbe noch einmal gesagt: *Fertige dir keine Götzenstatue an (…). Wirf dich nicht vor solchen Götterfiguren nieder.* Bereits früher haben wir gesehen, dass das Volk ohne Bedenken verschiedene lokale Gottheiten ehrte. In späteren Bibeltexten werden besonders die kanaanitischen Götter Baal und Astarte öfter genannt. Aber Jahwe ist bekanntermaßen ein eifersüchtiger Gott. Juden, wo auch immer in der Welt, sollen ausschließlich ihn als ihren Gott verehren. Hieraus speisen sich fortwährender Spannungen zwischen dem Volk und seinem Gott. Das Volk weigert sich halsstarrig, dem ersten und dem zweiten Gebot Folge zu leisten. Von Anfang an hält es an alten Göttern fest. Als Moses in Begleitung seines Vertrauten Josua mit den steinernen Tafeln unter dem Arm vom Berg herabsteigt, hören sie von Ferne bereits das Geschrei des Volkes. Josua, der Heerführer, denkt, dass es Schlachtrufe sind. Aber Moses weiß es besser: *Das klingt weder wie Siegesgeschrei noch wie die Klage nach einer Niederlage; nein, es ist ein lautes Singen!* Das Volk feiert ausgelassen zu Füßen eines goldenen Stierkalbes, eines Götterbildes, das Moses' Bruder Aaron (!) auf Drängen der Menge angefertigt hat, ein Fest. Die Verehrung des goldenen Kalbes kann beinahe nichts anderes als ein Hinweis auf die Tiergottheiten sein, die allgemein im östlichen Mittelmeerraum verehrt wurden. So stellte man sich den Gott Baal als Mensch mit Stierhörnern auf der Stirn vor und seine Priester trugen bei Gottesdiensten Stierkopfmasken. Auch auf Kreta wurde ein Stiergott verehrt. Niederschlag fand diese Tatsache noch im Mythos des Minotaurus.

Beim Anblick des verrückten Zustandes seines Volkes entbrennt Moses in Zorn. Er zerschmettert die kostbaren Tafeln am Fuße des Berges, vernichtet das goldene Kalb und richtet zusammen mit den Leviten unter den Abtrünnigen ein Gemetzel an. Es werden an diesem Tag dreitausend Juden getötet. Aber das Problem lässt sich nicht mit einem schnellen Blutbad lösen. Das Volk bleibt widerspenstig. Moses hat ihm einen neuen Gott gegeben und die Verhaltensregeln gleich dazu: absolutes und exklusives Vertrauen in den Einen. Aber die Menschen halten sich einfach nicht daran. Das kommt sie in Form immer neuer Wutausbrüche und heftiger Strafen teuer zu stehen. Beispielsweise, als sie Kundschafter zum Land Kanaan ausgeschickt haben. Nachdem diese das Land vierzig Tage von Nord nach Süd durchkreuzt haben, kehren sie mit einer doppelten Nachricht zurück. Das ist in der Tat das Land, in dem Milch und Honig fließen, und dort gedeihen prächtige Früchte. Aber es ist bereits bewohnt, und nicht nur so von Menschen, nein, dort wohnen Riesen in stark befestigten Städten. Darauf bricht das Volk in Tränen aus. Als Strafe für seinen Mangel an Vertrauen in Jahwe wird es vierzig Jahre durch die Wüste ziehen müssen, keiner der Erwachsenen wird das Gelobte Land betreten.

So ist es immer gewesen, und so wird es auch immer bleiben. Immer wieder erweist sich das Volk seinem Gott und dessen absoluten Forderungen gegenüber als ungehorsam. Es ist eine ständige Mühsal. In den Büchern, die den fünf Büchern Mose folgen, ist nahezu ununterbrochen von Untreue gegenüber Jahwe die Rede und der Neigung unter den Israeliten, sich vor anderen Göttern zu verneigen. Für diese Treulosigkeit wird das Volk ein um das andere Mal bestraft, was aber auch nichts hilft. Im Lauf der Geschichte geht es dann auch nach der großen Zeit unter König Salomo stets bergab. Der absolute Tiefpunkt ist die Zerstörung des Tempels von Jerusalem im Jahre 586 v. Chr. und der Beginn der babylonischen Verbannung, die bis 538 dauern sollte.

Im fünften Buch der Bibel, im Buch Deuteronomium, wird das Ende des großen Propheten Moses erzählt. Als Strafe für die Kleingläubigkeit seines Volkes hat Gott auch ihm den Zugang ins Gelobte Land versagt. Er darf es nur von einem Berg am anderen Ufer des Flusses aus betrachten:

*Nachdem Mose die Israeliten gesegnet hatte, verließ er die moabitische Steppe und stieg gegenüber von Jericho auf den Nebo, einen Gipfel des Berges Pisga. Dort zeigte ihm der Herr das ganze Land, das die Israeliten bekommen sollten: die Landschaft Gilead bis zum Gebiet von Dan, die Gebiete der Stämme Naftali, Ephraim und Manasse, das ganze Land Judas bis zum Mittelmeer, die Wüste Negev im Süden und die Ebene von der Palmenstadt Jericho bis hinab nach Zoar. Der Herr sprach zu ihm: »Dies ist das Land, das ich Abraham, Isaak und Jakob für ihre Nachkommen versprochen habe. Du wirst nicht hineingehen, aber ich wollte, dass du es mit eigenen Augen siehst.«*

Deuteronomium 34,1–4

# Die Stoßtruppen des Herrn

## *Josua zieht in das Gelobte Land ein*

*»Nehmt die Bundeslade des Herrn! Sieben von euch sollen mit Widderhörnern vor ihr herziehen.«*

Josua 6,6

Wenn ein auserwähltes Volk ein gelobtes Land einnehmen will, dann ruft dessen Anführer nicht seine Generäle zusammen, sondern seine Priester.

Die Geschichte Israels ist, wie wir gesehen haben, die Geschichte von Gottes besonderem Beistand. Jedes Mal aufs Neue mussten die Chancen eines glücklichen Ausgangs für die Juden zunächst unwahrscheinlich klein werden, bevor Gott das Ruder doch noch herumriss. Es darf kein Missverständnis über die Art der Rettung bestehen: Sie ist wundersam.

Seine selbsterklärte Eifersucht reserviert Gott nicht ausschließlich für göttliche Rivalen, er ist genauso misstrauisch, wenn Menschen ihm zu nahe kommen. Man denke nur an die Panik, die ihn ergriff, als der Turm von Babel am Himmel zu kratzen begann. Jahwe ist immer um seine Position besorgt, immer fürchtet er, dass seine Exklusivität als Wundertäter angezweifelt wird.

Im Buch Richter wird Gott es Gideon expressis verbis darlegen, dem Haudegen, der die Midianiter bekämpfte. Gideon mobilisiert ein großes Heer. Das ist aber nicht in

Gottes Sinn. Wenn so viele Israeliten den Feind besiegen, können sie hinterher womöglich glauben, dass sie aus eigener Kraft triumphiert hätten. Der Sieg über die Midianiter muss unverkennbar der Sieg Gottes sein. So verhält es sich auch bei der Eroberung Kanaans. Gott führt den Krieg. Israel folgt ihm.

Zwar sind sie selbst unversehrt durch das Schilfmeer gezogen, während die Ägypter ertranken, aber es ist um die Israeliten immer noch schlecht bestellt. Ihr Führer Moses ist auf einen Berg gestiegen und wird niemals mehr zurückkehren. Vor ihnen liegt ein Land voller Riesen und anderer wilder Einwohner, das sie einnehmen müssen. Dazu bedarf es wieder eines Wunders. Deswegen gehen die Priester voran.

Wir befinden uns jetzt so um das Jahr 1200 v. Chr. – auf der gegenüberliegenden Seite des Mittelmeeres versammeln die griechischen Könige Menelaos und Agamemnon ein Heer voller Helden, um Troja für die Entführung der schönen Helena zu bestrafen.

An der Spitze des Volkes steht seit Moses' Tod Josua, von jeher dessen rechte Hand. Gott hatte ihn Moses als Nachfolger empfohlen, *denn mein Geist ist in ihm*. Direkt zu Beginn des Buches Josua gibt Gott dem Titelhelden den Auftrag, nach Kanaan einzuziehen. Er sichert ihm zu: *»Denn ich bin bei dir, so wie ich bei Mose gewesen bin.«*

Die Stadt, die die Israeliten zuerst angreifen, ist viele Jahrtausende älter als Troja. Jericho ist eine der ältesten Siedlungen der Welt. Archäologen haben dort Spuren steinerner Gebäude gefunden, die aus der Zeit vor 9000 v. Chr. stammen.

Josuas erste Handlung ist, Kundschafter auszusenden. Diese schauen sich in der Stadt Jericho um. Dort kommen sie bei der Hure Rahab unter, die ihnen hilft, der örtlichen Miliz zu entkommen. Warum macht sie das? Weil sie Angst vor dem Gott der Israeliten hat. Der Ruf ihres namenlosen Kriegsgottes ist den Israeliten vorausgeeilt:

> *Ich weiß, dass der Herr eurem Volk dieses Land geben wird. Wir haben große Angst. Jeder hier zittert vor euch. Wir haben gehört, dass der Herr euch einen Weg durch das Schilfmeer gebahnt hat, als ihr aus Ägypten gekommen seid. Wir wissen auch, was ihr mit den Amoritern und ihren Königen Sihon und Og auf der anderen Jordanseite gemacht habt: Ihr habt sie ausgelöscht.*
>
> Josua 2,9–10

Indem Rahab den Spionen hilft, hofft sie auf Rettung für sich und ihre Familie für den Fall, dass Jericho eingenommen wird. Die Spione sagen ihr, sie müsse eine scharlachrote Schnur aus dem Fenster hängen, damit die Israeliten das Haus erkennen, das sie verschonen sollen.

In einer dieser charakteristischen präzisen Passagen über die Bedingungen eines Bündnisses schwören die Spione, dass die Hure vorbehaltlich dieser Bestimmungen verschont bleiben solle.

> *»Jeder, der nach draußen geht, ist selbst verantwortlich für seinen Tod. Wer aber bei dir im Haus bleibt und trotzdem angegriffen wird, für den stehen wir mit unserem Leben ein. Solltest du uns aber verraten, ist unser Eid ungültig!«*
>
> Josua 2,1–20

Die Spione kehren sicher und zufrieden zurück. Sie melden Josua: *»Der Herr gibt das ganze Land in unsere Gewalt (…), alle*

*Menschen, die dort leben, haben große Angst vor uns.«* Am folgenden Tag begeben sich die Israeliten zum Jordan.

Bei der Überquerung des Jordan, des Grenzflusses von Kanaan, verrichtet Gott das erste der Wunder, von denen in diesem Buch der Bibel berichtet wird. Als die Priester mit der Bundeslade ihre Füße in den Strom stecken, zieht sich das Wasser zu beiden Seiten zurück, so dass das ganze Volk trockenen Fußes den Fluss durchschreiten kann – das Wunder vom Schilfmeer im kleinen Maßstab.

Wer das Alte Testament liest, kann sich des Eindrucks nicht erwehren, dass die Wunder im Laufe der Geschichte immer etwas weniger spektakulär werden. Zu Zeiten Davids und Salomos greift Gott häufiger durch verhältnismäßig normale Phänomene ein – wie zum Beispiel eine Epidemie oder einen Gewitterschauer zu einer ungewöhnlichen Jahreszeit. In der Zeit von Moses und Josua sind die Wunder noch richtig mirakulös. Das große Wunder im Buch Josua ist der Fall Jerichos.

Der Autor arbeitet gemächlich darauf hin. Zuerst müssen die Männer der Wüstengeneration beschnitten werden. Die in Ägypten geborenen (und beschnittenen) Männer haben ihren Söhnen unterwegs nicht die Vorhaut abgeschnitten, das Zeichen des Bundes, das Gott einmal von Abraham verlangt hatte. Dass Gott Josua auffordert, für die Massenbeschneidung steinerne Messer anzufertigen, wohingegen in dieser Zeit Bronzewerkzeuge allgemein üblich sind, kann ein Verweis auf die Zeit Abrahams sein. Nach der Massenbeschneidung feiern die Israeliten das Passahfest in Gilgal und essen dabei zum letzten Mal das Manna, mit dem Gott sie in der Wüste ernährt hat.

Nun also ist Jericho an der Reihe. Josua weiß, was er zu tun hat. Gott hat seine Anweisungen gegeben:

*»Sechs Tage lang sollt ihr jeden Tag einmal mit allen kampffähigen Männern um die Stadt ziehen. Nehmt die Bundeslade mit! Lasst sieben Priester mit Widderhörnern in der Hand vor ihr hergehen! Am siebten Tag sollt ihr siebenmal um die Stadt ziehen, und die Priester sollen die Hörner blasen. Wenn der langgezogene Signalton des Widderhorns ertönt, so stimmt ein lautes Kampfgeschrei an! Dann wird die Stadtmauer einstürzen, und ihr könnt von allen Seiten nach Jericho eindringen.«*

Josua 6,3–5

Und so geschieht es auch. Die Hure Rahab und ihre Familie werden vereinbarungsgemäß verschont. Der Rest der Stadt, *Männer und Frauen, Kinder und Greise, Rinder, Schafe und Esel*, wird niedergemetzelt. Im Gelobten Land ist allein Platz für diejenigen, die zum Bund gehören.

Aber der Bund verpflichtet zum absoluten Gehorsam, und in dieser Hinsicht läuft es bei Jericho sofort schief. Gott hat vorab gesagt: *»Gottes Zorn wird die ganze Stadt treffen. Alles in ihr muss vernichtet werden.«* Die Israeliten dürfen nichts von Jerichos Reichtümern für sich behalten.

Einer von ihnen tut es dennoch. Achan, Angehöriger des Stammes Juda, sieht in der Stadt einen prächtigen Mantel liegen, zweihundert Schekel Silber und einen Goldstab, der wohl fünfzig Schekel wiegt. Der Schekel, auch eine Bezeichnung für Silber- oder Goldmünzgeld, ist eine Gewichtseinheit, deren Maß Gelehrten zufolge von 11 bis 17 Gramm variiert. Achan kann seine Augen nicht von den Gegenständen abwenden und stiehlt sie, dem Bann zum Trotz.

Gott greift ein, direkt und gnadenlos wie ein Gerichtsvollzieher. Der folgende Kampf findet bei der Stadt Ai statt, und hier werden die Israeliten zur Bestürzung Josuas geschlagen. Was ist geschehen? Hätten wir nicht besser in Ägypten bleiben sollen, anstatt uns hier zu Tode zu kämpfen? Gott berichtet Josua, dass der Bann gebrochen wurde, ohne jedoch schon einen Namen zu nennen.

Josua ruft das Volk zusammen. Bei dieser Gelegenheit erhalten wir einen guten Einblick in die frühisraelische Gesellschaftsstruktur. Gott deutet zuerst auf den Stamm, aus dem der Täter kommt, nämlich Juda. Von allen Sippen trifft es dann die Sippe Serach. Von allen Sippenmitgliedern wird auf Achan, Sohn des Karmi, Sohn des Sabdi, Sohn des Serach, Sohn Judas gezeigt. Die Sippe ist der Stützpfeiler der Gesellschaft. Dieses Volk ist ein Verbund von zwölf Stämmen, den Nachkommen der zwölf Söhne Jakobs, der auch Israel genannt wird.

Wie entscheidend der Familienverbund ist, geht aus der Strafe hervor, die auf den Bruch des Bannes steht. Nicht nur Achan, der Dieb, muss sterben, auch alle anderen Angehörigen der Sippe Serach. Zusammen mit dem gestohlenen Silber, dem Mantel und dem Goldstab, Achans Söhnen und Töchtern, Rindern und Eseln, Schafen und Ziegen und seinem Zelt werden die Serachs weggeführt und gesteinigt.

Da nun der Schänder des Bundes aus dem Weg geschafft ist, erneuert Gott sein Versprechen: *»Jedes Gebiet, in das ihr vordringt, gehört euch.«*

Ai fällt ohne weitere Probleme. 12 000 Männer und Frauen werden getötet, die Stadt verbrannt und der König von Ai an einem Baum aufgehängt. Diesmal dürfen die Israeliten sich an der Beute laben.

Nach der Schlacht um Ai errichtet Josua einen Altar. In dessen grobe Steine ritzt er die Zehn Gebote. Das ganze Volk hört anschließend, wie Josua das ganze Gesetzbuch von Moses vorliest, *alle Worte des Gesetzes vom Segen und Fluch*, wie es in alten Übersetzungen heißt.

Segen und Fluch – die grundsätzlichen Alternativen, vor die Gott sein Volk in Deuteronomium 11,26 gestellt hat, sind einfach auseinanderzuhalten. Gut ist derjenige, der nach den Gesetzen lebt, und zwar Wort für Wort. Böse ist der ganze Rest. Gut und Böse sind also in der Geschichte der Israeliten keine Frage der Moral, Frömmigkeit oder des Anstandes. Segen oder Fluch sind eine Frage von Leben oder Tod. Wer das Gesetz vernachlässigt, verliert den Schutz Gottes, und ohne dessen Schutz kann es ein kleines Häuflein Menschen nicht lange inmitten von feindlichen Völkern aushalten. Die Tatsache, dass sie es trotz ihrer kleinen Zahl ausgehalten haben, ist für die Juden der Beweis ihrer besonderen Beziehung zu Gott bzw. der Beweis des Bundes.

Josua sagt es am Vorabend der Invasion: *»Ihr sollt wissen, dass der lebendige Gott bei euch ist und dass er ganz sicher für euch alle Völker eures neuen Landes vertreiben wird: die Kanaaniter, Hetiter, Hiwiter, Perisiter, Girgaschiter, Amoriter und Jebusiter.«*

Das Los der Girgaschiter bleibt im Dunkel der Geschichte verborgen. Die anderen sechs Völker vereinigen sich gegen die einfallenden Israeliten. Einzig die Hiwiter aus Gibeon entziehen sich – abgeschreckt durch die Zerstörung von Jericho und Ai – im letzten Moment diesem Bündnis. Stattdessen ersinnen sie eine List. Sie ziehen ihre ältesten Kleider und ihre zusammengeflickten Sandalen an, nehmen ihre verschlissensten Weinschläuche mit und das trockenste Brot, das sie finden können, und gehen dann auf ihren staubigsten Eseln den Israeliten entgegen.

Die Hiwiter wissen offensichtlich, dass Gott den Angreifern verboten hat, mit den Ureinwohnern des Gelobten Landes Frieden zu schließen. Darum geben sie sich als Bewohner abgelegener Gegenden aus, die eine lange Reise hinter sich hätten und Frieden schließen möchten. Zwar trauen die Israeliten dem Braten nicht, aber Sandalen, Weinschläuche und Esel scheinen doch zu beweisen, dass diese Männer von weit her kommen. Also geloben Josua und die Stammesältesten, dass sie sie nicht angreifen werden.

Drei Tage später entdecken die Israeliten, dass sie zum Narren gehalten wurden, aber sie haben nun einmal geschworen. Die Hiwiter erhalten eine Strafe in Form einer Aufgabe. Noch viele Jahre müssen sie für die Israeliten Holz hacken und Wasser schöpfen. Und das, so schreibt es der biblische Autor, tun sie *noch heute*.

Danach setzen Gott und das Volk den Vormarsch fort. Der König der Jebusiter, der im späteren Jerusalem wohnt, muss ebenso wie der der Amoriter dran glauben. Bei Gibeon liefern sich die Israeliten eine Schlacht mit der amoritischen Koalition. Gott wirft vom Himmel große Hagelkörner. *Durch den Hagel starben mehr Amoriter als durch die Schwerter der Israeliten.* Denn schließlich gebührt allein dem Herrn der Sieg.

Eine Gegend nach der anderen wird so erobert. Könige werden aufgehängt, Städte verwüstet, kein Mensch wird verschont. Den Pferden werden die Sehnen durchgeschnitten, die Streitwagen werden verbrannt. Die Israeliten gehen als eine Geißel Gottes durch das Gelobte Land. Einunddreißig Könige von Israel, so zählt der Autor, seien geschlagen worden. Unter ihnen befanden sich diejenigen von Afek, Hazor, Lachisch und Megiddo, Namen, die uns zu einem späteren Zeitpunkt in der Bibel noch als gute israelische Städte begegnen werden.

In ihrem bibelkritischen Buch *Keine Posaunen vor Jericho* verweisen der Archäologe Israel Finkelstein und der Historiker Neil Asher Silberman mit Bezug auf ihre These, dass der ganze Einmarsch Josuas und der Israeliten nach Kanaan ein Märchen viel späteren Datums sei, auf Ausgrabungen unter anderem in diesen Städten und in Jericho. Jericho, so schreiben sie, war eine blühende Siedlung bis zu einer großen Verwüstung im 16. Jahrhundert v. Chr. Im 14. Jahrhundert findet sich dort eine kleine Siedlung, jedoch ohne Spuren einer Umwallung. Ende des 13. Jahrhunderts, zu der Zeit also, zu der Josua in das Gelobte Land einzog, war Jericho nach Finkelstein und Silberman genauso wie Ai sogar unbewohnt.

Afek, Hazor, Lachisch und Megiddo wurden tatsächlich verwüstet. Doch hat, so schreiben Finkelstein und Silberman, die Verwüstung alles in allem ungefähr ein Jahrhundert in Anspruch genommen. Das passt aber nicht zu der Beschreibung eines schnellen militärischen Feldzugs der Israeliten unter Josua. Finkelstein und Silbermann ordnen diese Verwüstungen in einen größeren Rahmen ein. In den Jahrzehnten um 1200 v. Chr. wurde das ganze östliche Mittelmeergebiet aufgeschreckt durch das, was die »Brandkatastrophe« genannt wird. In Raubzügen, die an diejenigen der Wikinger im Mittelalter erinnern, wüten die sogenannten Seevölker entlang der Küsten und brandschatzen alles, was ihnen vor die Füße kommt.

Ausgrabungen in Griechenland, der Türkei, Syrien und Ägypten weisen jeweils Spuren von Brandzerstörungen auf. Das gesamte Hethiterreich (im Gebiet der heutigen Osttürkei gelegen) verschwindet zu dieser Zeit ebenso wie die reiche Küstenstadt Ugarit, die gegenüber Zypern gelegen war. Allein dem ägyptischen Pharao Ramses III. gelingt es mit viel Mühe, die Seevölker zurückzuschlagen. Einer Inschrift des Ramses im Tempel von Medinet Habu zufolge handelte es sich um eine Verschwörung von Inselbewohnern: »Philistern, Tjekern, Schekelesch, Denua und Waschasch«. Historiker sind sich noch nicht einig, ob es sich dabei um eine griechische Koalition handelt oder nicht. Der Prophet Jeremia nennt die Philister »das Volk, das einst aus Kreta kam«.

Der letzte König der Stadt Ugarit versuchte noch, einen Brief an den König von Zypern zu schicken. Er schreibt, dass »feindliche Schiffe gekommen sind«, und weiter, »der Feind hat Städte in Brand gesteckt und Verwüstungen angerichtet«. Die dramatische Botschaft hat Zypern niemals erreicht. Mitten im 20. Jahrhundert wurde sie in den Ruinen von Ugarit ausgegraben.

Es wäre möglich, dass die aus Ägypten entkommenen jüdischen Sklaven sich das Chaos zunutze machten, um ihren eigenen Platz in dem Gebiet zu suchen. Finkelstein und Silberman wollen aber auch diese Erklärung nicht unterstützen. Ihrer Meinung nach sind die Israeliten einfach eines der Völker, die bereits lange in Kanaan lebten und sich später eine separate Vorgeschichte konstruiert haben, um ihren Gott und ihren Auserwähltenstatus zu konkretisieren. Sie setzten sich dabei bewusst von anderen Völkern ab, mit denen sie faktisch verwandt waren. Dass sie sich absetzten bzw. abrückten, ist deutlich. Von Frieden wollten die anderen Völker nichts wissen, schreibt der biblische Autor in einer Passage mit seiner typischen Logik. Gott hatte die anderen Völker genauso dickköpfig gemacht wie den Pharao von Ägypten. Darum brauchten die Israeliten, ganz genau wie Gott es ihnen auch aufgetragen hatte, niemanden zu verschonen. So wird das gesamte Land erobert.

Das ganz Land? Diese Anmerkung muss der Autor selbst schon bald korrigieren. In der Zeit, zu der diese biblischen Bücher geschrieben wurden, leben noch immer andere Völker mitten unter den Israeliten. Wenn Josua und seine wilde Horde wirklich Kanaan ethnisch gesäubert hätten, so wie Gott es ihnen befohlen hatte, wären keine anderen Völker übriggeblieben. In der Mitte des Buches Josua lässt der Autor Gott dann auch an seinen inzwischen alten Anführer gewandt sagen: »*Du bist nun schon sehr alt, aber es ist noch viel Land zu erobern.*«

»Sehr viel Land zu erobern,« das ist doch wirklich etwas anderes als »das ganze Land erobert«: Gott drängt bei Josua auf schnelle Erledigung. Gott wird die Feinde schlagen. Josua muss inzwischen die verbleibenden Gebiete unter den Stämmen verlosen. Es wird geklagt, Lobbyarbeit betrieben, aber schließlich erhält jeder seinen Teil, der mit der katasterhaften Präzision eines Landvermessers in langen Kapiteln dieses biblischen Buches aufgezeichnet ist. Links von diesem Bach. Bis an den Felsen. Entlang des Skorpionpasses, bis an das Wadi auf der Grenze zu Ägypten. Das Ackerland ist für diese, die Weidegründe sind für jene.

*So gab der Herr den Israeliten das ganze Land, wie er es ihren Vorfahren versprochen hatte. Sie nahmen es in Besitz und wohnten darin. Der Herr hielt sein Wort und sorgte dafür, dass sie in Frieden leben konnten. Mit seiner Hilfe hatten die Israeliten alle Feinde besiegt. Kein Versprechen des Herrn blieb unerfüllt – alles war eingetroffen!*

Josua 21,43–45

Hier, am Ende von Kapitel 21 des Buches Josua, wird bereits ein Happy End der israelischen Geschichte geschrieben. Es scheint so, als habe der Autor Jahrhunderte nach diesen Ereignissen doch gestutzt. Er *weiß*, dass es so nicht gewesen sein kann. Er muss sich lediglich noch ausdenken, *warum* die schönen Versprechen Gottes doch nicht völlig erfüllt wurden.

Dies ist seine Lösung. Er lässt Josua am Ende seines Lebens in der Hauptstadt Sichem vor allen Stämmen eine Ansprache halten. Vor einem Publikum, das aus den Ältesten, den Stammesoberhäuptern, den Richtern und Schriftführern besteht, hebt der betagte Anführer im Stile der Propheten in der Bibel an: *»So spricht der Herr.«* Dann erzählt er von Abraham, Gott und deren Bund. Er zitiert die Zeit in Ägypten, die Mission des Moses und schließlich die Eroberung Kanaans. Alles mit einem Dankeschön an Gott.

So weit, so gut. Aber dann folgt eine ominöse Passage, in der Josua das ganze Minenfeld für die Zukunft Israels verlegt.

> *»Deshalb habt Ehrfurcht vor dem Herrn! Dient ihm aufrichtig und mit ganzer Hingabe! Trennt euch von den Göttern, die eure Vorfahren jenseits des Euphrat und in Ägypten verehrt haben. Dient allein dem Herrn! Wenn es euch aber nicht gefällt, dem Herrn zu dienen, dann entscheidet euch heute, wem ihr gehören wollt: den Göttern, die eure Vorfahren jenseits des Euphrat verehrt haben, oder den Göttern der Amoriter, in deren Land ihr lebt.«*
>
> Josua 24,14–15

Das Volk antwortet, nichts Böses ahnend: *»Auch wir wollen ihm dienen: Der Herr ist unser Gott!«*

Josua warnt:

*»Meint ihr, es sei leicht, dem Herrn zu dienen? Täuscht euch nicht: Er ist ein heiliger Gott und will, dass ihr ihm allein gehört. Er wird euch nicht vergeben, wenn ihr ihm untreu werdet und gegen ihn sündigt! Wenn ihr den Herrn verlasst und fremden Göttern dient, wird er sich gegen euch wenden. Er wird euch Böses antun und euch vernichten.«*

Josua 24,19–20

Das Volk aber sieht keine Gefahr*: »Wir wollen trotzdem dem Herrn dienen!«*

Hier wird der dramatische Rahmen aufgezeigt, in dem sich der Rest des Alten Testaments abspielen wird. Das Volk Israel nimmt gelassen eine übermenschliche Aufgabe auf sich. Es will auf der Grundlage von Gleichberechtigung mit einem heiligen und eifersüchtigen Gott ein Bündnis eingehen. Es schenkt der prophetischen Warnung Josuas keine Beachtung. Die alten Griechen hätten die Lässigkeit der Israeliten *Hybris*, Hochmut, genannt. Aber die Israeliten müssen wählen zwischen Segen und Fluch. Wer kann es ihnen also verübeln, dass sie den Segen wollen?

Josua schließt: *»Ihr selbst seid Zeugen dafür, dass ihr euch für den Herrn entschieden habt und ihm gehören wollt.« (…) »Ja, wir sind Zeugen!«*, bestätigt das Volk. Wie ein gewissenhafter Notar hat Josua das Volk auf die Konsequenzen der Vertragsbedingungen hingewiesen. Wer nun noch unterschreiben wolle, so sagt er, tue das bei vollem Verstand und auf eigenes Risiko.

Es ist dies eine Passage, die an die berühmt-berüchtigten Matthäusverse erinnert, in denen das jüdische Volk ungeachtet der Einwände des römischen Präfekten Pilatus die

Kreuzigung Jesu verlangt und sagt: *»Ja, wir und unsere Kinder, wir tragen die Folgen!«*

Hier in Sichem ziehen die Israeliten im guten Glauben, dass sie den Segen wählen, gerade den Fluch auf sich und ihre Kinder. Denn in der Folge wird sich zeigen, wie wahr Josuas Worte sind.

# Szenen einer Ehe

## *Ehebruch in Kanaan*

Bis hierher hat der Herr den Israeliten geholfen. Sie sind aus Ägypten entkommen und haben die ersten Schritte in dem Land gemacht, welches Gott Abraham, Jakob, Moses und Josua versprochen hat. Jetzt müssen sie nur noch das ganze Gebiet vom Fluss Ägyptens bis zum großen Fluss Euphrat in die Hand bekommen. Aber auch darüber hatte Gott etwas gesagt. Die Völker, die dort leben, die Amoriter, die Kanaaniter, die Peresiter, die Jebusiter und alle anderen, wird er in die Flucht schlagen, sobald sich die Israeliten zeigen.

Nach Josuas Tod ziehen die Stämme jeder für sich weiter und werden – ganz im Gegensatz zum Versprechen – beim Versuch zurückgeschlagen, das ihnen zugeteilte Gebiet zu erobern. Und auch wo die Israeliten siegreich sind, wohnt die ursprüngliche Bevölkerung häufig weiterhin neben ihnen. Im biblischen Richterbuch heißt es mit einigem Erstaunen, dass der Stamm Juda zwar Jerusalem erobern, aber die Bewohner nicht aus dem Tal vertreiben konnte, *denn diese besaßen eiserne Streitwagen.* Dem hatten die aus Ägypten entkommenen Sklaven mit ihren Ziegenherden und ihrer bronzenen Waffenausrüstung nicht viel Schlagkraft entgegenzusetzen.

Wo ist denn Gott, jetzt, wo es auf ihn ankommt? In Richter 2,1–3 schickt er einen Engel zu den Israeliten, um die

Klausel vorzulesen, die im Kleingedruckten des Bundes steht:

*»Damals schwor ich, meinen Bund mit euch niemals zu brechen. Ich befahl: ›Lasst euch nicht mit den Bewohnern dieses Landes ein! Zerstört ihre Götzenaltäre!‹ Doch was habt ihr getan? Ihr habt nicht auf mich gehört! Darum werde ich diese Völker nicht mehr aus eurem Gebiet vertreiben. Mein Entschluss steht fest! Sie werden euch großes Leid zufügen und euch mit ihren Götzen ins Verderben stürzen.«*

Richter 2,1–3

Es sind dies Szenen einer Ehe – im Hebräischen bedeutet das Wort für gesetzmäßige Ehefrau wörtlich »Frau eures Bundes« – und das ganze, wunderliche Buch der Richter ist voll davon. Das Buch ist eine einzige lange Beschreibung des schwierigen Verhältnisses zwischen dem eifersüchtigen Gott und dem treulosen Volk, das er selbst auserwählt hat. Gott ersehnt die Liebe der Menschen stärker als umgekehrt. Als abgewiesener Liebhaber ist er wenig versöhnlich, wenn das ehebrecherische Volk in Probleme gerät und ihn wieder mal um Hilfe anfleht.

*Warum fleht ihr nicht die Götter an, die ihr euch selbst ausgesucht habt? Sollen sie euch doch retten aus eurer Not!*

Aber wenn sein geliebtes Volk sich ihm erneut in die Arme stürzt, wird er schnell wieder weich. Dann lesen wir, dass er Israels Elend nicht länger ertragen kann.

Im Buch der Richter kommen zwölf Krisen in der Liebe zwischen Gott und dem Volk – man könnte fast sagen, für jeden Stamm eine – auf den Tisch. Jedes Mal lässt das Volk seinen Gott für die Götter der Nachbarn im Stich. Jedes Mal bestraft Gott die Israeliten, wütend und verzweifelt zugleich, und lässt sie von fremden Völkern beherrschen. Aber ebenso häufig hat er wieder Mitleid und sendet einen auserwählten Helden, um sein Volk zu befreien. Ein solcher Richter hält die Israeliten – manchmal einen einzelnen Stamm und bisweilen ein paar Stämme zugleich – solange er lebt auf dem rechten Weg. Nach dessen Tod geraten die treulosen Israeliten wieder auf Abwege usw., usw.

Als die Generation des Exodus ausstirbt, vergessen deren Nachkommen, wem sie dieses komfortable Land zu verdanken haben. Sie heiraten Frauen der Nachbarvölker und verehren deren Götter Baal und Astarte. Das sind die Formen der Untreue, die sich in der Geschichte der Israeliten als chronisch herausstellen werden.

Der oft in Rindergestalt dargestellte Baal ist der wichtigste Rivale des unsichtbaren und namenlosen Wüstengottes der Israeliten. Im Altertum war es ganz normal, dass Migranten den Gott des neuen Landes anbeteten, der ja auch gut für die ursprünglichen Bewohner gesorgt hatte. Baal ist als Fruchtbarkeitsgott obendrein für die israelitischen Ziegenhalter, die sich neu niederlassen, besser geeignet als Jahwe. Was sollen Landwirte mit einem Gott, der Wasser in Blut verwandeln und Heuschrecken heraufbeschwören kann? Gib ihnen lieber einen Gott, der es regelmäßig regnen lässt.

Untreue ist der Grundton des biblischen Buches über die Richter. Es ist eine Sammlung von (Volks-)Geschichten aus verschiedenen Überlieferungen, die irgendwann im sechsten Jahrhundert v. Chr. zusammengeführt wurden. Die Geschichten füllen grob den Zeitraum von 1200 bis 1020 v. Chr., eine ziemlich verwirrende Zwischenphase in der Geschichte des Volkes Israel. Die Zeit der großen Anführer wie Moses und Josua ist vorüber. Die Zeit anderer großer Anführer wie David und Salomo liegt noch in weiter Ferne. Die Großmächte der Vergangenheit, Ägypten, Mesopotamien und die Hethiter, durchlaufen eine Periode des Niedergangs, während sich die Großmächte der Zukunft, Babylon und Assyrien, noch in einem embryonalen Zustand befinden und keine Bedrohung für die Außenwelt bedeuten. In diesem Türspalt der Geschichte ringen die Israeliten mit sich selbst, mit ihrem Gott, miteinander und mit ihren nächsten Nachbarn.

Nicht ohne Grund lesen wir im Buch Richter zweimal: *Damals gab es keinen König in Israel, und jeder tat, was er für richtig hielt.*

Was das bedeutete, geht aus einigen Geschichten hervor, die mehr oder weniger lose an die Geschichten über die Richter am Ende des Buches angehängt wurden, beispielsweise der Geschichte über die Schandtat von Gibea. An diesem Ort auf dem Gebiet des Stammes Benjamin übernachteten einst ein Levit, sein Sohn und seine Nebenfrau bei einem alten Mann. Mitten in der Nacht schlug eine Gruppe Einwohner von Gibea an die Tür und forderte die Auslieferung des Leviten, um sich an ihm zu vergehen – eine scheußliche Angewohnheit, für die Gott Sodom und Gomorra bereits in den frühen Tagen von Genesis vom Erdboden verschluckt hatte.

Schließlich ließ der Levit seine Nebenfrau nach draußen gehen. Sie wurde die ganze Nacht vergewaltigt, bis sie daraufhin starb. Ihr Ehemann zerschnitt ihren Leib in zwölf Stücke und schickte diese durch ganz Israel mit der Aufforderung zur Rache. Alle Stämme vereinigten sich daraufhin gegen die Benjamiter, die bei einer großen Feldschlacht bei Gibea den Kürzeren zogen. Die Alten der anderen Stämme gelobten feierlich, dass niemand von ihnen jemals noch seine Tochter einen Benjamiter heiraten lassen würde.

Im Schlusskapitel des Buches über die Richter kommen sie darauf zurück. Die Vorstellung, dass einer von Gottes auserwählten Stämmen aussterben sollte, entsetzte sie. Die Stammesältesten erdachten ein findiges Konstrukt. Wenn sie die Benjamiter ihre Töchter während eines Festes rauben ließen, so gäben zwar die Israeliten formal ihre Töchter nicht zur Heirat, doch bekämen die Benjamiter diese trotzdem. So wurde der Fortbestand des kleinen Stammes Benjamin gesichert.

Der Rhythmus von Unglaube und Glaube, von Segen und Fluch bindet die grauenhafte Geschichte von Gibea an das restliche Buch über die Richter. Das Buch ist eine Sammlung schöner, blutiger und weltlicher Geschichten – im Kontext der Bibel manchmal sogar erstaunlich weltlich. Einige Episoden haben kaum Widerhall in den nachfolgenden Jahrhunderten gefunden (wer weiß denn beispielsweise noch, wer Ehud oder Otniël waren?), andere Richter hingegen, wie zum Beispiel Gideon und seine Mannen und besonders der bärenstarke Simson wurden in und durch die Literatur, in der bildenden Kunst und im täglichen Sprachgebrauch zu Dauerbrennern.

Zwölf Richter gibt es, und sie werden traditionell in sechs »kleine« und sechs »große« eingeteilt. Den »Kleinen«, Schamgar, Tola, Jaïr, Ibzan, Elon und Abdon, widmet die Bibel meistens kaum mehr als einige wenige Zeilen, während die »Größeren« bisweilen mehrere Kapitel füllen. Otniël ist der Erste. Er schlägt König Kuschan-Rischatajim, der über

Israel herrscht. Er verschafft dem Land damit vierzig Jahre Frieden. Diese »vierzig Jahre« sind eines der wenig verlässlichen Elemente der Bibel. Verdächtig viele Ereignisse dauern vierzig Jahre – vierzig Jahre in der Wüste, vierzig Jahre diesem Feind unterworfen, vierzig Jahre Friede unter jenem Richter, vierzig Jahre König. Es wird angenommen, dass ein Menschenleben bzw. eine Generation in der Bibel mit vierzig Jahren angesetzt wird. So ergeben alle erwähnten Richter- und Herrschaftsjahre zusammengenommen eine Zeitspanne von mehr als vierhundert Jahren, wohingegen die tatsächliche Richterzeit, die sich zwischen dem Exodus und dem Amtsantritt von König Saul erstreckt, kaum zwei Jahrhunderte gedauert haben kann.

Nach Otniëls Tod ist es mit dem Frieden aus, und die Moabiter herrschen achtzehn Jahre lang über Israel. Gegen diese führt Gott einen zweiten Richter ins Feld, den Linkshänder Ehud. Dieser tut so, als wolle er dem König von Moab Abgaben entrichten. Im kühlen Obersaal des Palastes gelingt es Ehud, den trägen Fürsten allein zu sprechen. Er sticht ihm seinen Dolch so tief in den Leib, dass sich das Fett um die Klinge schließt. Die Diener denken, dass der König sich auf der Toilette befände, und so hat Ehud ausreichend Zeit zu entkommen. Das sind die Details, an denen sich die Erzähler derb-komischer Geschichten immer schon ergötzt haben.

Nach dem Tode Ehuds erobern, oder vielleicht muss man sagen: gewinnen die Kanaaniter das Land zurück. In dieser Zeit sitzt im Bergland des Stammes Ephraim immer wieder die Prophetin Debora unter einer Palme, um Recht zu sprechen. Sie lässt einen gewissen Barak zu sich kommen, der das Land befreien soll. Barak will aber nur kämpfen, wenn

Debora mit ihm geht. Debora willigt ein; aber dann würde die Ehre des Sieges einer Frau zufallen. Diese Frau ist nicht Debora selbst, sondern Jaël, die den flüchtenden kanaanitischen Heerführer Sisera skrupellos tötet, als er versucht, sich in ihrem Zelt zu verstecken. Sie gibt ihm Milch, er begibt sich zur Ruhe, und dann schlägt sie ihm einen Zeltpflock durch seinen Kopf.

Um ihren Sieg zu feiern, singen Debora und Barak ein Siegeslied, das in das Buch der Richter aufgenommen wurde. Dieses Lied ist, so nimmt man an, einer der ältesten hebräischen Texte, die überliefert sind. Es ist ein vokalmusikalisches Panorama des Kampfes gegen Sisera. Wir finden hier einen Lobgesang auf die Stämme, die mitkämpften, und zugleich höhnische Bemerkungen gegenüber denjenigen, die es versäumten: *Der Stamm Ruben blieb in seinem Gebiet und beriet ohne Ende, ob er mitkommen sollte. Die Sippen aus Gilead ruhten sich jenseits des Jordan aus. Warum ist der Stamm Dan bei seinen Schiffen geblieben? Die Soldaten von Asser saßen am Ufer des Meeres, untätig blieben sie an seinen Buchten.* Jaël und ihr Zeltpflock werden gepriesen, und dann wechselt die Perspektive sogar kurz einmal in den Palast des getöteten Sisera. Mit einer empathischen Art von Zynismus wird die Mutter von Sisera besungen, die vergebens auf ihren Sohn wartet und hofft, dass er noch damit beschäftigt sei, die Beute zu verteilen.

Nach diesem Sieg hat Israel wieder vierzig Jahre Frieden, in denen die Bevölkerung wiederum von Gott abfällt. Also dürfen die Midianiter und andere Völker aus dem Osten immer wieder das Land plündern. Meistens im Frühling, der Jahreszeit für Kriegszüge par excellence, wenn die Felder voll bestellt sind, es noch nicht so unerträglich warm ist und die Wege gut gangbar sind.

Das Verhältnis zwischen Israel und den Nachbarn ist kompliziert. Lediglich die Philister sind echte »Ausländer«. Sie dürften zu den geheimnisvollen Seevölkern gehört haben, die im zwölften Jahrhundert die Küstengebiete eroberten. Sie brachten das Eisen, die Schmiedekunst und ihren Namen mit nach Palästina. Mit den meisten anderen Nachbarvölkern sind die Israeliten der Bibel zufolge auf die eine oder andere Weise verwandt. Die Moabiter entstammen dem Geschlechte Lots, die Midianiter sind Moses' »Schwiegerfamilie«.

Aber zur Zeit der Richter sind die Midianiter Feinde, und es kommt ein Engel, der Gideon aufruft, sie zu bekämpfen. Indem er verschiedene Wunder verlangt, hat er sich vergewissert, dass Gott es ernst meint; daraufhin verjagt Gideon mit einer Schar von nicht mehr als 300 Mann die Midianiter *(wie ein Heuschreckenschwarm, ihre Kamele so zahlreich wie der Sand am Meer)* und schlägt diese in ihrem eigenen Land. Aber als die Israeliten daraufhin anfragen, ob er ihr König sein wolle, weigert sich Gideon, denn *»der Herr allein soll euch regieren«*. Diese Antwort ist die einzig richtige, und wir werden ihr Echo noch zu der Zeit widerhallen hören, in der Könige beginnen, Israel zu regieren.

Nach den kleinen Richtern Tola und Jaïr fällt das Volk erneut von Gott ab und wird achtzehn Jahre lang von den Philistern und Ammonitern unterdrückt. Jetzt ist Jeftah an der Reihe, Sohn einer Hure, der mit einer kleinen Gruppe Abenteurer im Lande Tob lebt. Jeftah gelobt Gott, dass er bei einem Sieg das erste Wesen opfern werde, das ihm aus seinem Hause entgegenkommt. Sobald er nun nach seinem Sieg über die Ammoniter zurückkehrt, kommt seine Tochter tanzend aus dem Haus. Als sie hört, was ihr Vater gelobt hat, übergibt sie sich freiwillig dem Opfermesser.

Auf Jeftah folgen wieder einige »kleine« Richter und darauf vierzig Jahre Unterdrückung durch die Philister. So lange, bis der mächtigste Richter vom Heiligen Geist erleuchtet wird.

Simson ist schon wieder so ein biblisches Wunderkind eines alten kinderlosen Ehepaares. Ein Engel legt der Mutter ans Herz, dass ihr Sohn Gott geweiht werden müsse und dass kein Schermesser jemals sein Haupt berühren dürfe. Als Erwachsener sucht Simson ganz bewusst den Feind auf. Er will sich unbedingt mit einem Philistermädchen verloben. Mischehen waren den Israeliten verboten, aber Simson erfüllt hier Gottes Plan: Die meisten Israeliten gingen den mächtigen Philistern aus dem Weg, Simson jedoch muss die Herrscher provozieren. Auf dem Weg zum Haus seiner Verlobten tötet er einen Löwen. Später isst er den Honig der Bienen, die sich in dessen Gerippe eingenistet haben, und verwendet diese Begebenheit, um die Verwandten seiner Verlobten mit einem Rätsel herauszufordern: *»Von dem, der frisst, bekam ich zu essen, und der Starke gab mir Süßes.«* Die Philister setzen seine Verlobte unter Druck. Sie luchst ihm die Antwort ab und gibt sie an die Philister weiter. *»Was ist süßer als Honig und stärker als ein Löwe?«*, sagen sie triumphierend. Simson begreift, dass sein Mädchen es ihnen verraten hat, und flucht: *»Hättet ihr nicht mit meinem Kalb gepflügt, dann hättet ihr das Rätsel nicht gelöst.«* Er tötet in wilder Raserei dreißig Philister.

An den Abenteuern des Simson lässt sich gut ablesen, dass das Buch über die Richter eine Sammlung von Geschichten ist, die bei den Stämmen die Runde machten, bevor sie in der Bibel kanonisiert wurden. Der Kraftprotz ist eindeutig mehr Volksheld, mehr Till Eulenspiegel als religiöser Anführer. Man bemerkt, welche Kraftanstrengung es für denjenigen, der diesem Buch seine endgültige Form gab, bedeutet haben muss, Gott diese Schelmenstücke unterzujubeln. Simsons Piesackerei gegenüber den Philistern – er verbrannte ihr Getreide, indem er 300 Füchsen die Schwänze mit einer brennenden Fackel zusammenband, um sie dann durch die Felder zu jagen – und mit dem Mord an tausend ihrer Landsleute vollziehen sie den Willen Gottes. Na gut, belassen wir es dabei.

Simson ist auch in anderer Hinsicht ein atypischer »großer« Richter. Während die anderen ausdrücklich mit dem Volk gegen den Feind kämpfen, ist Simson immer allein. Er »richtet« auch eigentlich niemanden, genauso wenig, wie ihm jemand folgt. Er steht immer allein den Philistern gegenüber, und wenn wir etwas über die Haltung seiner Mitisraeliten lesen, dann sind diese eher misstrauisch als enthusiastisch.

Das wirkt sich dann so aus: Als Simson in den Felsspalten von Juda Zuflucht nimmt, drohen die Philister damit, in das Land einzufallen, falls der Held nicht ausgeliefert werde. Dreitausend Judäer ziehen als Abordnung in Kriegszeiten zu Simsons Felsspalte, um Schlimmerem vorzubeugen: *»Du weißt doch, dass die Philister uns beherrschen!«* Sie fragen Simson, ob sie ihn ausliefern dürften. Sie dürfen! Ganz allein und mit Stricken gefesselt steht Simson in der Wüste und wartet. Sobald die Philister erscheinen, fährt Gottes Geist in ihn. Die Stricke fallen wie verbranntes Linnen von seinen Armen, der Richter hebt einen Eselskiefer vom Boden auf und erschlägt damit tausend Mann.

Die Erinnerung an Simson bleibt im Laufe der Jahrhunderte vor allem haften aufgrund seiner fatalen Liebe zu einem anderen Philistermädchen, der schönen Delila, die ihm im Auftrag ihrer Landsleute das Geheimnis seiner

Kraft entlockt. Nicht weniger als zweimal bindet er ihr einen Bären auf, und nicht weniger häufig versucht sie vergeblich, ihn zu überrumpeln. Doch schließlich erzählt Simson ihr die Wahrheit. Das Geheimnis seiner Kraft verbirgt sich in der Tatsache, dass kein Schermesser jemals über seinen Schädel gekommen ist, genau so, wie es der Engel prophezeit hatte.

Mit diesem Wissen ist es Delila ein Leichtes, Simson die Haare abzuschneiden, als er sich zur Ruhe legt. Nun haben die Philister einfaches Spiel. Sie nehmen Simson gefangen, stechen ihm die Augen aus und lassen ihn im Gefängnis in der Tretmühle laufen. Aber inzwischen beginnt sein Haar aufs Neue zu wachsen.

Als sich die Philisterfürsten zu einem großen Opferfest versammeln, lassen sie ihren Gefangenen holen, um ihn zu quälen. Im Festsaal nimmt der blinde Held noch einmal all seine Kräfte zusammen und reißt die Säulen nieder. Das Dach stürzt ein, und so reißt der große Israelit mit seinem Selbstmord mehr Philister in den Tod, als er in seinem ganzen Leben umgebracht hat.

Wenn die Kapitel über Simson den rhapsodisch bruchstückhaften Charakter dieses biblischen Buches am besten widerspiegeln, dann stellt die Gideonepisode die stärkste Komprimierung des Themas dieses biblischen Buches dar: das gegenseitige Misstrauen zwischen Gott und dem auserwählten Volk.

Das beginnt schon, als der Engel ihn mit einem fröhlichen *»Der Herr steht dir bei«* begrüßt. Gideon, der seinen Weizen in einer Weinpresse dreschen muss, um ihn vor den midianitischen Herrschern zu verbergen, brummt etwas zurück, was sich anhört wie: »Wenn Gott mit mir ist, warum arbeite ich dann hier wohl heimlich?«

Selbst wenn er glauben will, dass Gott ihm durch den Engel befiehlt, Israel zu befreien, vertraut Gideon ihm nicht sofort. Er stellt Gott auf die Probe.

> *»Ich lege frisch geschorene Wolle auf den Dreschplatz. Lass doch morgen früh die Wolle vom Tau nass sein, den Boden ringsum aber trocken! Dann weiß ich, dass du Israel durch mich retten möchtest, wie du es gesagt hast.«*
>
> Richter 6,37

Gesagt, getan. Gott macht das Tierfell nass und hält den Boden rundherum trocken. »Verzeihung«, sagt Gideon, als er am nächsten Morgen das nasse Fell ausgewrungen hat, »nun musst du es noch mal umgekehrt machen.« Fell trocken, Erde nass. Erst als Gott erneut das Wunder vollbringt, ist Gideon überzeugt; Er wird die Midianiter angreifen.

Der Richter ruft nun so viele Männer wie möglich aus seinem eigenen Stamm Manasse und von den Nachbarn Asser, Sebulon und Naftali zu den Waffen. Als Gott das Heer aufmarschieren sieht, ist er über dessen Umfang erschrocken. So viele Soldaten? Dann könnten sich die Israelis womöglich nach dem Sieg selbst auf die Schultern klopfen, anstatt ihm zu danken. Er befiehlt Gideon, Männer zurückzuschicken. Zunächst dürfen die Ängstlichen abziehen. Das sind 22 000 Mann. Gott findet jedoch, dass die übriggebliebenen 10 000 immer noch zu viel sind, als dass man hinterher von einem unleugbaren Wunder sprechen könnte. Jetzt denkt er sich ein eigentümliches Kriterium aus, um die Streitkraft weiter zu reduzieren. Diejenigen, die beim Wassertrinken ihre Hand wie ein kleine Schale nutzen, die müssen abziehen. Diejenigen aber, die das Wasser mit ihrer Zunge auflecken *wie ein Hund*, dürfen bleiben. Dreihundert Israeliten, die Wasser trinken wie die Hunde, bilden Gideons Schar. Und wenn sie die Midianiter schlagen, muss jeder anerkennen, dass dort ein Wunder geschieht.

Einfach nur zu behaupten, dass Gideon sich mit Gott auf eine Diskussion einlässt, ist eine zu harmlose Umschreibung dieser Geschichte. Was beide tun, das nennt man Schachern. Das aber ruft andere Bibelpassagen in Erinnerung, wie die Unterredung zwischen Abraham und Gott am Vorabend der Verwüstung Sodoms, das Feilschen, von dem Chaim Potok sprach. Kein Wunder, dass die labile Beziehung zwischen Gott und Volk als Handel mit einem Bund formalisiert wurde. Diese Liebe musste sich eben zur Not auch erzwingen lassen.

# Wir wollen einen König!

*Saul unter Vormundschaft*

Selbst schuld, selbst schuld«, das ist der Refrain des Alten Testaments, und nirgends erschallt er lauter als in den Büchern Samuel, speziell in den Passagen, die die Ankunft des ersten Königs von Israel behandeln. Wir befinden uns nun in der Zeit um das Jahr 1030 v. Chr. Hier erfahren wir, wie die Priesterkaste aufgrund korrupten Verhaltens ihre Macht verlor und wie die Israeliten zur Strafe den König bekommen, den sie verlangt haben. Wir sehen, wie König Saul durch Ungehorsam die Gunst Gottes verspielt, seine Macht verliert und auf dem Schlachtfeld Selbstmord verübt. Im Zweiten Buch Samuel gefährdet Sauls Nachfolger David, Gottes Liebling, mit seinen Sünden seine privilegierte Position.

Ungehorsame Könige – Gott wird mit ihnen noch seine liebe Mühe haben.

Das Erste und Zweite Buch Samuel bilden eine Geschichte, die wahrscheinlich buchstäblich in zwei Stücke geschnitten wurde, da die Schriftrolle zu dick wurde, auf der sie niedergeschrieben war. Obwohl der Amtsantritt Sauls ein Schlüsselmoment der Geschichte Israels ist, trägt das Buch doch den Namen des Propheten, der ihn einsetzte, und nicht den Namen des Königs selbst, und das nicht ohne Grund.

An dieser Stelle müssen wir kurz bei der Frage innehalten, wer dieses Buch geschrieben hat. Die Person des Autors ist von entscheidender Wichtigkeit für den Blickwinkel auf die Geschichte Israels. Oder genauer gesagt, die Analyse des Blickwinkels liefert Hinweise auf die Identität des Autors, der ja anonym ist. Mit Ausnahme des Buches Ruth sind die ersten zehn Bücher des Alten Testaments, von Genesis bis einschließlich Könige, höchstwahrscheinlich von Priestern aus dem späten siebten bzw. frühen sechsten Jahrhundert redigiert und geschrieben worden. Richard Elliott Friedman deutet in *Who Wrote the Bible* auf den Propheten Jeremia und den Schreiber Baruch als Autorenkollektiv dieser Bücher. Andere Gelehrte wagen es nicht, eine so exakte Angabe zu machen, und bezeichnen den bzw. die Schreiber als »Deuteronomisten«, nach dem Buch mit den Gesetzen und vor allem der langen Rede, in der Moses den Israeliten ans Herz legt, sich nicht mit anderen Göttern einzulassen, was dann in das Kapitel mit dem Segen und dem Fluch (Deuteronomium 28) mündet.

Die deuteronomistischen oder jahwistischen Priester aus dem siebten Jahrhundert schufen eine Bibelausgabe unter Zuhilfenahme älterer Quellen, die sie ab und an auch im Text erwähnen (wie das «Buch des Rechtschaffenen« oder die Chronik Salomos), dennoch pressten sie die ganze Geschichte in das Korsett ihrer Vision: Jahwe ist der einzige Gott, und nur, wer sich an seine Gesetze hält, wird in Wohlstand leben. Das ist die Messlatte, die an die ganze Geschichte Israels angelegt wird, und an diesen Ansprüchen gemessen, versagen die meisten Könige von Saul bis zum letzten König, Sedekia. Und wenn dann einmal jemand diesen Normen Jahwes entspricht, dann meistens eher ein Prophet als ein König.

Samuel, der düstere Seher und Prophet, entspricht voll und ganz den Normen Jahwes, und Samuel bedient sich dieser göttlichen Weisungen auch als Scharfrichter. Er ist der Letzte, von dem es in der Bibel heißt, dass er das Volk »richtete«. Bei ihm beginnt die Epoche der Könige, auch wenn der erste der folgenden Monarchen noch auffällig einem altbackenem Richter ähnelt.

Auch Samuel wird (schon wieder) von einer lange Zeit unfruchtbaren Frau geboren. Das kleine Wunder geschieht im Heiligtum von Siloh. Dort befand sich der Tabernakel, in dem der heiligste Gegenstand der Israeliten bewahrt wurde, die Bundeslade mit den steinernen Tafeln. Silo, im Gebiet des Stammes Ephraim, war zu jener Zeit das Zentrum der israelitischen Religion. Die Priester dort stammten angeblich von Moses selbst ab.

Als kleiner Knirps wird er von seiner Mutter der Obhut Elis, Richter und Priester in Silo, anvertraut. So sparsam die Bibel manchmal auch mit persönlichen Informationen ist, über diese Adoption hören wir noch ein rührendes Detail: *Jedes Jahr nähte ihm seine Mutter ein neues Obergewand und brachte es mit, wenn sie mit ihrem Mann zum jährlichen Opfer nach Silo kam.*

Eli ist zwar fromm, doch seine beiden Söhne sind Schurken, die Opferfleisch stehlen, das für Gott bestimmt ist. Ihr Vater lässt das alles geschehen. Darum spricht Gott eines Nachts zu dem kleinen Samuel und offenbart dem Jungen in charakteristisch deftiger Sprache, was er mit Elis Familie vorhat:

*Darauf sagte der Herr: »Ich will in Israel etwas so Schreckliches tun, dass keiner es ertragen kann, davon zu hören. Bald werde ich Eli und seine Familie schwer bestrafen. Genau-*

*so wie ich es mir vorgenommen habe, lasse ich das Unglück über sie kommen.«*

1 Samuel 3,11–12

Selbst schuld – und als guter Priester akzeptiert Eli demütig sein Los: »*Es ist der Wille des Herrn, (…) er soll tun, was er für richtig hält.*« Kurz darauf besiegen die Philister die Israeliten auf dem Schlachtfeld und erbeuten die Bundeslade. Dabei kommen Elis Söhne um. Als der alte Mann hört, dass seine Söhne tot sind, fällt er rücklings vom Stuhl und bricht sich das Genick.

An der Bundeslade haben die Philister unterdessen wenig Freude. Der Bund ist natürlich auch nicht für sie gedacht. Gott straft jedes Dorf, in dem der heilige Gegenstand abgesetzt wird, mit Plagen, Ungeziefer, Pest und Geschwüren. Nach sieben Monaten beschließen die Wahrsager der Philister, das Unding zurückzuschicken. Mit fünf goldenen Geschwüren und fünf goldenen Mäusen – einem Hinweis auf die Plagen – wird die Lade auf einen Karren gesetzt und von Kühen nach Israel zurückgefahren.

Trotz dieser moralischen Niederlage bleiben die Philister viel mächtiger als ihre Nachbarn. Sie beherrschen die Küste, und ihr Einfluss erstreckt sich auch über das Binnenland. Flavius Josephus wird es viel später so ausdrücken: »Denn die Philister, welche Gaba bewohnten, hatten die Juden unterworfen, sie ihrer Waffen beraubt und in ihre Festungen Besatzungen gelegt, ihnen auch für die Folge die Fabrikation von eisernen Gegenständen verboten.« Den Kampf Israels gegen die Philister, erst unter Leitung Samuels und später unter Saul, charakterisiert Flavius dann auch als »Befreiungskrieg«.

Samuel teilt den ersten Schlag aus. Oder besser gesagt, Gott tut es. Er ist zufrieden mit seinem Volk, das auf Betreiben Samuels die Bildnisse von Baal und Astarte vor die Tür gesetzt hat. Auf dem Schlachtfeld lässt Gott es so stark donnern, dass die Philister in Panik flüchten, verfolgt von den Israeliten. Samuel markiert den Abzug der Philister mit einem Stein, den er Eben-Eser nennt – *bis hierher hat der Herr geholfen.*

So richtet Samuel die Stämme Israels, und als er älter wird, setzt er seine Söhne als Nachfolger ein. Die sind aber, wenn das überhaupt möglich ist, noch korrupter als Elis Brut, und darum bittet die Versammlung der Stammesältesten Samuel, einen König für Israel zu suchen, *wie auch alle unsere Nachbarvölker einen haben.*

Samuel ist entrüstet. Vielleicht nicht so sehr deshalb, weil das Volk seinen Söhnen ihre herausgehobene Stellung streitig macht, sondern vielmehr, weil er begreift, dass die Ära der von Gott inspirierten Richter hiermit endet. Das Volk verlangt nach der Ordnung der zentralistischen Monarchie anstelle des von Gott und seinen Gesandten geführten Stammesverbandes.

Gott hat seine Schlüsse bereits gezogen, als Samuel sich an ihn wendet.

> *»Gib ihnen, was sie wollen! Mit ihrer Forderung lehnen sie ja nicht dich ab, sondern mich. Sie wollen mich nicht mehr als ihren König anerkennen. Das passt zu ihnen! Seit ich sie damals aus Ägypten herausführte, war es immer dasselbe: Immer wieder haben sie mich vergessen und sind anderen Göttern nachgelaufen.«*
>
> 1 Samuel 8,7–8

Es werden zwar nicht viele Worte gemacht, aber die Tragweite ist deutlich. Den Wunsch der Israeliten, anderen Völkern zu gleichen, fasst Gott als Zurückweisung der Erwählung auf. Assimilierung ist Sünde. Aber Gott hat bereits eine angemessene Maßnahme im Sinn. Samuel soll deutlich machen, was die Nachteile einer Monarchie sind, und dann dürfen die Israeliten wählen. Das klingt nach dem Echo der letzten Rede von Josua: Wenn das Volk zwischen Segen und Fluch wählen darf, wählt es meistens unwissend, wie es ist, den Fluch. »Ein König«, so warnt Samuel, »wird eure Söhne zum Militärdienst oder als Landarbeiter anfordern. Er wird die besten Flecken des Landes für sich einfordern und zusätzlich einen Teil eures Viehs und eurer Sklaven.«

*Aber das Volk ließ sich von Samuel nicht umstimmen und weigerte sich, auf ihn zu hören. »Wir wollen einen König haben!«, riefen sie. »Wir wollen nicht anders sein als unsere Nachbarvölker!«*

Selbst schuld. Das Volk wird schon merken, dass sein Wunsch eine Strafe ist. Also macht sich Samuel auf die Suche nach dem König, den Gott ihm zeigt, Saul.

Was den Hintergrund und seine Handlungen anbelangt, erinnert Saul an einen Richter, so wie wir sie im vorangehenden Buch der Bibel kennengelernt haben – der Retter in der Not. Er ist der Sohn eines vermögenden Mannes aus dem Stamme Benjamin – »des kleinsten Stammes Israels«, wie Saul selbst sagt, als Samuel ihm die Königswürde anbietet. Er fügt bescheiden hinzu, dass sein Geschlecht das Unbedeutendste aller Benjaminiter sei.

Saul ist im Augenblick seiner Berufung mit einer nicht sonderlich königlichen Betätigung beschäftigt. Er sucht die verirrten Eselinnen seines Vaters und kann sie noch nicht einmal finden. In den ersten Kapiteln hat der neue König etwas entschieden Törichtes an sich. Er scheint kaum zu begreifen, was Samuel von ihm will. Das einzig Außergewöhnliche an Saul ist seine Konstitution. Er ist gut gebaut und überragt mit Kopf und Schultern jeden anderen Mann in Israel.

Auch nachdem er gesalbt und ihm gehuldigt worden ist, ähnelt Saul weiterhin kaum einem König. Für seine erste Kriegshandlung wird er gleich vom Acker weg herangezerrt. Als der König der Ammoniter den Ort Jabesch umzingeln lässt und den Einwohnern droht, sie zu verstümmeln, schicken die Belagerten Boten nach Gibea, wo Saul wohnt. Die Boten berichten, was passiert, und das Volk von Gibea beginnt aus Verzweiflung zu weinen. Dann kommt Saul *mit seinen Tieren* herbeigeeilt und fragt, was los sei. Diese ländliche Szene ähnelt der Berufung des Römers Cincinnatus, der nach Livius im Jahr 458 v. Chr. hinter dem Pflug weggeholt wurde, um Diktator von Rom zu werden, nur um nach dem Ende des Krieges weiter Furchen zu ziehen. Saul wird die Ammoniter vernichtend schlagen. Danach wird er von Samuel in seiner königlichen Würde bestätigt.

Jetzt gleichen die Israeliten also endlich allen anderen Völkern. In den Ländern um sie herum, so lesen wir in der Bibel, wimmelt es nur so von Königen. Aber was sind das für Fürsten? Dass Ägypten bereits seit Jahrhunderten mächtige Pharaonen hatte, steht wohl fest. Aber was müssen wir uns unter der Macht und Würde von Königen wie Horam von Geser, Og von Baschan oder Sihon von den Amoritern vorstellen? Waren es Stammesälteste, Generäle oder Scheichs? Und als Saul König von Israel wird, wissen wir dann, was das umfasst?

Von einem Palast beispielsweise kann keine Rede sein. Wenn Saul nicht auf dem Schlachtfeld ist, ist er im »Haus«. Das Haus dürfte in Gibea gestanden haben. Verschiedene Ausgräber – »mit der Bibel in der einen Hand und der Schüppe in der anderen«, wie skeptische Kollegen diese spöttisch beschreiben – haben auf verschiedene Orte als Gibea verwiesen. Jeba, ca. zehn Kilometer nördlich von Jerusalem, wird am häufigsten genannt.

Der Haushalt des Königs heißt ab und zu »Hof«, aber nicht mehr als drei Höflinge werden namentlich erwähnt: Ein gewisser Doëg aus Edom, Aufseher von Sauls Hirten. Dann gibt es einen Heerführer mit Namen Abner. Und wenn Saul sich mies fühlt, dann beschäftigt er einen Jungen namens David, um für ihn die Leier zu spielen.

Wir wissen nicht, wo und über wen Saul genau herrschte. Vom Propheten Samuel wird gesagt, dass er in ganz Israel und Juda *von Dan im Norden bis Beerscheba im Süden* anerkannt wurde. Dan liegt im Norden auf der Höhe von Tyrus, Beerscheba hingegen im Süden in der Negevwüste. Von Davids Königreich werden wir später dieselben Koordinaten erhalten. Aber über die Ausmaße von Sauls Reich lesen wir nichts. Vielleicht reichte seine Macht kaum weiter als das Gebiet seines eigenen Stammes Benjamin, und er war daher eher ein Stammesoberhaupt als ein König.

Die Jahreszahlen von Sauls Regierung sind genauso ungewiss. Der eine Bibelkenner legt sie in die Jahre 1031 bis 1011, ein anderer in die Jahre 1025 bis 1005, und ein Dritter sagt 1028 bis 1013. Es gibt keine außerbiblische Quelle, die Saul früher oder in derselben Zeit erwähnt. Sein Name ist bei Ausgrabungen weder auf Scherben noch auf Tafeln aufgetaucht. Also müssen wir uns für Sauls Geschichte ganz und gar auf die Bibel verlassen.

Laut Bibel führt Saul Krieg *gegen alle Feinde rings um Israel: gegen die Moabiter, die Ammoniter und die Edomiter, gegen die Könige von Zoba und gegen die Philister.* Der Kampf gegen die Philister wird am ausführlichsten beschrieben. Samuel hat Saul hierzu folgende Anweisung gegeben: *»Geh hinunter nach Gilgal und warte dort eine Woche auf mich. Ich werde dir nachkommen, um ein Opfer darzubringen.«* In Gilgal, vom Ufer des Toten Meeres aus nördlich gelegen, versammelt Saul Tausende Israeliten. Die Philister setzen ihnen Infanterie entgegen, *unzählbar wie der Sand am Meer*, und *dreitausend Streitwagen* – übertriebene Zahlenangaben, wie wir ihnen in der Bibel schon häufiger begegnet sind.

In Gilgal wartet Saul gehorsam auf Samuel. Sein Heer schmilzt jeden Tag weiter, denn die Israeliten blicken nicht zuversichtlich auf den Ausgang des Kampfes und desertieren in großer Zahl. Als Samuel auch am verabredeten siebten Tag nicht eintrifft, beschließt Saul, selbst die Brandopferzeremonie zu vollziehen, bevor ihm kein Soldat mehr bleibt. Darauf hat der gerissene Prophet nur gewartet.

*»Was hast du getan?«*, fragt Samuel, als er ganz plötzlich auftaucht. *»Was hätte ich tun sollen?«, sagt Saul. »Die Soldaten begannen schon davonzulaufen, weil du nicht pünktlich zur abgemachten Zeit hier warst. Deshalb habe ich es gewagt, selbst das Brandopfer darzubringen.«*

Nun hat Saul den König am Schlafittchen: *»Das war sehr dumm von dir!«* Ein Fehler, dass er sich nicht an die Abmachung mit Gott gehalten hat, sagt der Prophet, *»er wollte dir und deinen Nachkommen für alle Zeiten die Königsherrschaft über Israel geben.«* Dadurch aber, dass Saul selbst geopfert hat, hat er seine Position gefährdet. Samuel wird sich auf die Suche nach einem würdigen Ersatz machen. Hier sehen wir den Propheten in seiner politischen Gestalt: einen König salben, aber hinter den Kulissen weiterhin die Strippen ziehen.

Trotz der Worte Samuels ziehen Saul und sein Sohn Jonatan zusammen mit 600 übriggebliebenen Soldaten in den Kampf. Nur König und Prinz haben Speer und Schwert, die sie vielleicht einst erbeutet haben. Denn den Israeliten war es ja von den machthabenden Philistern nicht gestattet, selbst Eisen zu schmieden. Trotzdem siegen sie, vor allem durch das heldenhafte Auftreten Jonatans. Gottes Gnade ist offenkundig noch nicht ganz von Saul gewichen.

Samuel erteilt Saul einen neuen Auftrag – oder: Vielleicht muss man nach dem Streich mit dem Brandopfer sagen, Samuel spannt einen neuen Fallstrick für den einfältigen Saul. Die Israeliten sollen die Amalekiter – eines der vielen Völker, die in diesem kleinen Gebiet dicht an dicht wohnen – dafür büßen lassen, dass sie den Juden während des Auszugs aus Ägypten den Weg verstellt hatten. Samuel befiehlt, dass Saul das Urteil an diesem Volk mitleidslos vollstrecken müsse: *»Du sollst es restlos auslöschen! Verschone nichts und niemanden, sondern töte Männer und Frauen, Kinder und Säuglinge, Rinder und Schafe, Kamele und Esel.«* Saul siegt, die Amalekiter werden ausgerottet. Saul lässt lediglich den König Agag lebend gefangennehmen und verschont die besten Stücke Vieh – Saul bleibt eben ein Bauer.

So hat Saul wieder ein Gebot des Herrn übertreten. Jetzt lässt Gott Samuel wissen, dass er es bedauert, Saul als König eingesetzt zu haben. Am kommenden Morgen sucht der Prophet den König auf. »Ich höre Schafe blöken und Rinder brüllen«, sagt Samuel streng zu Saul, als dieser ihm fröhlich entgegenkommt. »Die wollten wir gerade opfern«, sagt

Saul. Daraufhin fasst Samuel fuchsteufelswild den Inhalt des jahwistischen Glaubens zusammen: *»Was denkst du, worüber freut sich der Herr mehr: über viele Brand- und Schlachtopfer oder über Gehorsam gegenüber seinen Weisungen? Ich sage dir eines: Gehorsam ist wichtiger als das Schlachten von Opfertieren. Es ist besser, auf den Herrn zu hören, als ihm das beste Opfer zu bringen.«*

Saul versucht noch, es wiedergutzumachen, fasst flehend nach Samuels Mantel und reißt dabei einen Streifen Stoff ab. Samuel verwendet dieses Requisit wie ein Zauberkünstler:

> *Da sagte Samuel: »Genauso hat der Herr dir heute die Herrschaft über Israel entrissen, um sie einem zu geben, der würdiger ist als du. Israels mächtiger Gott wird diesen Entschluss nicht zurücknehmen, er lügt niemals. Er ist nicht wie ein Mensch, der bereut, was er gesagt hat.«*
>
> 1 Samuel 15,28–29

Saul bläst daraufhin daheim Trübsal. *Der Geist des Herrn hatte Saul verlassen. Stattdessen schickte Gott einen bösen Geist, der den König immer wieder überfiel und ihm Furcht und Schrecken einjagte.* Einer seiner Höflinge versucht den König aufzumuntern und lässt einen Jungen holen, der gut musizieren kann. Er kommt mit einem gewissen David zurück.

David betritt in der Mitte des Ersten Buches Samuel die Bühne und übernimmt sofort eine Hauptrolle. Er ist ein empfindsamer Musikant, der aus dem Geist Sauls mit seinem Leierspiel das Dunkel verjagt. Er ist der junge Draufgänger, der den Riesen Goliath besiegt und direkt das Herz von Sauls Sohn Jonatan erobert. Er ist der Kriegsheld, dem von den Mädchen zugesungen wird: *»Saul hat tausend Mann erschlagen, David aber zehntausend!«*

Besonders diese Beifallsrufe kränken den König. Von diesem Augenblick an verschwindet der etwas tölpelhafte, bäuerliche Saul vom Anfang. Er wird launisch und argwöhnisch wie Shakespeares Macbeth, der den von ihm ermordeten Banquo herumspuken sieht. Sauls Verhältnis zu David ist obsessiv. Im Laufe der Zeit kann er der Leitung des Landes immer weniger Aufmerksamkeit schenken, da er wie Macbeth nur noch an die Ausschaltung seines Rivalen denken kann.

Saul versucht den populären Helden mit Ehrenerweisungen in die Falle zu locken. Ja, David darf Sauls Tochter heiraten, doch nur, wenn dieser einhundert Vorhäute von Philistern als Aussteuer mitbringt. David stirbt nicht in diesem Kampf, so wie es Saul gehofft hatte, sondern kehrt mit zweihundert Vorhäuten zurück. In allen Kämpfen mit den Philistern siegt David, was seine Popularität ebenso wie Sauls Argwohn weiter steigert. Der König, so steht es an verschiedenen Stellen, begreift, dass Gott mit David ist. Das heißt, dass er zwar merkt, dass es sich so verhält, verstehen aber tut er es nicht. Was für Gott und seinen Propheten eine Frage der Logik ist – Saul hat nicht gehorcht, Gott sagt sich von Saul los –, ist für den König unergründlich.

In bösen Launen versucht Saul zweimal, David mit einem Speer an die Wand zu spießen. Sauls Sohn Jonatan und seine Tochter Michal, Davids Frau, beschützen den Rivalen des Vaters und verhelfen ihm zur Flucht. David geht nach Nob, wahrscheinlich an den Ort, der das von den Philistern vernichtete Silo als religiöses Zentrum ersetzte.

Saul sitzt derweil unter einem Baum in seiner Hauptstadt und brütet über etwas. Er hat seine Diener und seine Familie in Verdacht, mit David gemeinsame Sache zu machen. Als er hört, dass der Flüchtling in Nob gewesen ist, bricht Saul dahin auf, um die Priester zu bestrafen. Er tötet dort 85 von ihnen. Nur einem, Abjatar, gelingt es zu entkommen. Saul zieht unermüdlich hinter David her, der in Begleitung einer kleinen, langsam schrumpfenden Gruppe von Männern in immer kärglicheren Gebieten seine Zuflucht suchen muss. Sie leben wie die Desperados in der Wüste und in den Bergen. In dieser Zeit stirbt der Prophet Samuel.

David erhält zweimal die Gelegenheit, Saul zu töten. Zunächst, als Saul zufällig seine Notdurft in der Höhle verrichtet, in der sich David und seine Mannen versteckt halten, und später, als sie sich in das Zeltlager des Königs schleichen. In beiden Fällen wird David von seinen Männern ermutigt, den König, ihren Feind, zu töten. In beiden Fällen weigert sich ihr Anführer. Saul ist der Gesalbte Jahwes. Es schickt sich nicht, diesen zu töten. David ist ein viel schlauerer Politiker als Saul. Er nimmt jedes Mal kleine Gegenstände mit, Beweise für seine Anwesenheit, damit Saul sehen kann, dass sein Leben tatsächlich in Davids Händen gelegen hat, dieser aber kein Übel im Schilde führt. Er ruft dem König aus sicherem Abstand zu:

*Wer bin ich schon, König von Israel, dass du mich verfolgst? Du jagst einen völlig unbedeutenden Mann! Der Herr soll unser Richter sein. Er soll entscheiden, wer von uns im Unrecht ist.*

1 Samuel 24,15–16

Saul vergießt beide Male bittere Tränen. Er hat bereits lange gemerkt, dass David der neue Auserwählte Gottes ist. Er steht dieser Koalition machtlos gegenüber.

Beim Untergang Sauls schließlich spielt David keine Rolle – als ob der biblische Autor den Wappenschild des Helden nicht mit einem Königsmord beflecken wollte. David ist in das Gebiet der Philister geflohen und wird dort nach einigem Zögern gastfreundlich aufgenommen. Als seine neuen Bundesgenossen nach Israel aufbrechen, bleibt David in ihrem Land zurück. Die Israeliten ziehen in die Berge – seit der Richterzeit immer wieder praktizierte Taktik, um die Philister des Vorteils ihrer Streitwagen zu berauben.

Als Saul das Heer der Philister sieht, gerät er in Panik. Er wendet sich an Gott, aber dieser spricht *weder durch Träume noch durch das Los, noch durch einen Propheten* mit seinem »Exgesalbten«. In seiner Verzweiflung sucht Saul vermummt Unterstützung bei einer Totenbeschwörerin, die in En-Dor wohnt. Im biblischen Hebräisch wird die Hexe von En-Dor als »Brunnenbesitzerin« bezeichnet. Durch einen Brunnen sollten die Geister der Verstorbenen in Kontakt zur Welt der Lebenden stehen.

Dieses Setting erinnert erneut sehr an *Macbeth*. Genau wie die drei Hexen vor dem schottischen Fürsten Geister aus einem Kessel erscheinen lassen, beschwört die Hexe von En-Dor auf Verlangen den Geist Samuels herauf. Als König hat Saul die Geisterbeschwörung verboten, aber offensichtlich nicht, weil sie Mumpitz ist: Diese Hexe versteht offenkundig ihr Handwerk.

*»Warum störst du meine Ruhe und lässt mich wieder heraufkommen?«* Samuel ist verdrießlich wie immer, und Saul

sagt, dass er niemanden sonst kenne, an den er sich wenden könne. »*Gott hat mich verlassen.*«

Samuel ist gnadenlos:

> *»Der Herr bestraft dich, weil du ihm damals nicht gehorcht hast, als er dir befahl, sein Urteil an den Amalekitern zu vollstrecken. Aber das ist noch nicht alles: Der Herr wird dich und mit dir ganz Israel in die Gewalt der Philister geben. Morgen schon werden du und deine Söhne bei mir im Totenreich sein. Außerdem wird der Herr dein ganzes Heer den Philistern ausliefern.«*
>
> 1 Samuel 28,18–19

Saul ist zwar verzweifelt – die freundliche Hexe versucht ihn mit einem guten Essen aufzumuntern –, aber er nimmt den Kampf mit den Philistern dennoch auf. Flavius Josephus, der im ersten nachchristlichen Jahrhundert in der von der griechischen Kultur beherrschten Welt schrieb und dachte, sah in Saul Züge eines tragischen Helden. »Denn obwohl er infolge der Weissagung des Propheten seinen Tod voraussah, wollte er ihm doch nicht entfliehen oder aus Liebe zum Leben sein Heer dem Feinde preisgeben und so seine Königswürde entehren, sondern er setzte sich mit seinem ganzen Hause mutig der Gefahr aus und hielt es für ruhmvoll, zugleich mit seinen Söhnen im Kampfe für sein Volk zu unterliegen.« Saul und drei seiner Söhne fallen bei dem Gefecht auf dem Berg Gilboa. In aussichtsloser Situation hat sich der König dort in seine eigene Waffe gestürzt.

Das Erste Buch Samuel bietet schon einigen Anlass dafür, die Geschichte von Saul als griechische Tragödie weit vor ihrer eigentlichen Blütezeit zu betrachten. Aus der Tatsache, dass Gott via Samuel die Israeliten vorab vor den

Schattenseiten der Königsherrschaft gewarnt hat, könnte man schließen, Gott habe Saul vorsätzlich eingesetzt, um die Israeliten für ihren Eigensinn zu bestrafen. Saul als Ödipus, hilflos mit seinem unumstößlichen Schicksal ringend.

Man könnte aber ebenso denken, dass Gott Saul hat salben lassen, damit er ein guter König über das auserwählte Volk würde. Dann hat Saul schlichtweg enttäuscht. Saul handelt nicht nach Vereinbarung. Saul ist ungehorsam. Sauls Untergang ist also seine eigene Schuld. Er hat sich seiner Erwählung als nicht würdig erwiesen, und Saul selbst weiß das. Das ist seine eigentliche Tragik.

# Das Sonntagskind

## *Und Gott fand (beinahe) alles gut*

Endlich, ein Mensch. Natürlich, der offiziellen Nummer eins sind wir bereits zu Beginn begegnet, in Genesis 1. Adam, dem Prototyp seiner Spezies. Aber die erste *Persönlichkeit*, die in der Bibel auftaucht, wird in 1 Samuel 16,12 als *gutaussehender junger Mann, braungebrannt und mit schönen Augen* eingeführt.

David heißt er, Sohn des Isai aus Bethlehem in Juda. Wir werden ihn in den biblischen Büchern Samuel, Könige, Chroniken und Psalmen als den Jungen kennenlernen, der die Leier so schön spielen kann, dass böse Geister die Flucht ergreifen, als den Draufgänger, der es erfolgreich mit einem riesenhaften Gegner aufnimmt, und als den unumstrittenen Anführer von Juda. Wir sehen ihn als Schildträger, Flüchtling und Söldner. Wir sehen, wie er König wird, ein König, der mit entblößtem Oberkörper tanzt und vor seinem Gott singt. Er wird in Hebron gesalbt, vereinigt das südliche Juda und das nördliche Israel und macht Jerusalem zu seiner Hauptstadt. Er erobert Frauen, tötet Männer. Er mauschelt, lügt und jubelt. Er wird um Geliebte und Kinder trauern.

Einer seiner eigenen Söhne erhebt sich gegen ihn; als er besiegt wird, jammert David: »*Wäre ich doch an deiner Stelle gestorben! Ach Absalom, mein Sohn, mein Sohn!*« Schließlich lesen wir, wie er hochbetagt stirbt – mit einem jungen Mädchen auf dem Schoß, welches vergeblich versucht, ihn zu wärmen.

David, so kann man ruhig sagen, ist *ein ganzer Kerl.*

Ein erfreulicher Nebeneffekt ist, dass David die erste Person in der israelitischen Geschichte ist, zu deren tatsächlicher Existenz auch außerhalb der Bibel Hinweise gefunden wurden. 1993 wurde auf einem Ausgrabungsgelände beim biblischen Dan, im Norden Israels, ein kleines Stück einer Basaltsäule mit einer schwerbeschädigten Inschrift entdeckt. Der Text ist in Aramäisch, der Sprache des alten Syrien. Diese Sprache ist mit dem Hebräischen nah verwandt, es gibt nur geschriebene Mitlaute, Leserichtung von rechts nach links. Auf der Säule standen drei Zeichen, die sofort die Aufmerksamkeit der Forscher auf sich zogen: *dwd* – David.

Die Aufregung wurde noch größer, als ein Jahr später ein zweites Stück der Stele gefunden und der Textumfang somit verdoppelt wurde. Diese Sätze standen darauf, wobei der Text zwischen den eckigen Klammern ergänzt wurde:

»Und ich tötete zwei [mäch]tige Köni[ge], die zweitau[send Wa]gen und zweitausend Reiter ausgerüstet haben. [Ich tötete Jo]ram, Sohn von [Ahab] König von Israel, und ich tötete [Ahas]ja, Sohn von [Joram Köni]g vom Hause David.«

Ein Personalausweis ist das sicher nicht. Dort steht kein direkter Verweis auf David. Und dennoch betrachten auch skeptische Forscher wie Finkelstein und Silberman dies als Beweis für die Existenz eines Königs David. Die beiden anderen Namen in der Inschrift, Joram und Ahasja, werden nämlich in der Bibel tatsächlich als Nachfahren des David erwähnt. Sie sind in den Jahren um 840 v. Chr. und somit etwa eineinhalb Jahrhunderte nach David Könige von Juda. Ahasja wird in der Bibel als Sohn und Nachfolger von Joram (bisweilen auch Jehoram genannt) aufgeführt, genauso, wie es die Inschrift behauptet. Jedoch wird Ahasja nach 2 Könige 9 vom israelischen Usurpator Jehu getötet und nicht von dem aramäischen König, der sich dieser Tat auf seiner Siegessäule rühmt. Vielleicht handelt es sich bei dem aramäischen König ja um König Hasaël von Aram, der in demselben Kapitel der Bibel erwähnt wird.

Ein König David hat also eine Dynastie in Juda und Israel begründet und genügend Ruhm bei seinen Feinden erworben, dass man rund eineinhalb Jahrhunderte später noch mit seinem Namen auf einem Kriegsdenkmal prahlen kann. David ist kein Erzvater, kein Prophet, kein Gesetzesstifter, und doch sind ihm Dutzende Kapitel der Bibel gewidmet. Wenn wir die ihm zugeschriebenen Psalmen dazunehmen, gibt es keinen Menschen, weder Abraham noch Moses, der so viele Seiten im Alten Testament füllt. David wirkt sogar noch bis ins Neue Testament, bis in das letzte Kapitel des letzten Buches hinein. »*Ich bin die Wurzel und der Nachkomme aus der Familie Davids. Ich bin der helle Morgenstern.*« Hier spricht Jesus, Davids Nachfahre in der siebenundzwanzigsten Generation. Als der Evangelist Markus das Paradies auf Erden ankündigt, nennt er es *Davids Reich*. Sogar in der Moderne heißt das sechszackige Symbol Israels »Davidstern«, obwohl es keinen einzigen Hinweis darauf gibt, dass zur Zeit Davids ein solches Symbol gebräuchlich war.

In welcher Beziehung diese Überlieferungen zum historischen David stehen, lässt sich nicht mehr ermitteln. Archäologen haben wenige Spuren eines zentral geführten und vereinigten Königreiches des zehnten Jahrhunderts in Israel gefunden. Sie haben im fruchtbaren und milden Norden viel mehr Siedlungen und Städte gefunden als im rauhen Süden, wo Davids Königsherrrschaft ihren Anfang nahm. Im Norden baute man Früchte und Oliven an, während man im Süden noch ausschließlich Viehwirtschaft trieb. Wenn im Gebiet des heutigen Israel im zehnten Jahrhundert v. Chr. 50 000 Menschen wohnten, ist das viel. Im Norden lebten vielleicht dreimal so viele Menschen wie im südlichen Juda. Auch Jerusalem dürfen wir uns nun wirklich nicht als Großstadt vorstellen. Dort dürften zwischen 1200 und 1500 Menschen gewohnt haben.

Es scheint so, dass David als judäischer König und Begründer seiner Dynastie von späteren judäischen Autoren der Bibel zu einem mächtigeren Fürsten hochstilisiert wurde, als er es tatsächlich war. Wenn dem tatsächlich so ist, dann haben sie das wirklich brillant gemacht. Der Davidzyklus liest sich wie ein Roman.

Davids Vorgeschichte steht im Verlobungsbuch Ruth, welches mitunter zwischen Richter und 1 Samuel plaziert wird, obwohl es ganz offensichtlich nicht in die Reihe der deuteronomistischen Bücher gehört und deshalb manchmal auch den »losen« Schriften wie dem Hohelied, Hiob und Prediger zugerechnet wird.

Im Buch Ruth lesen wir, wie eine judäische Familie von der Hungersnot zur Flucht nach Moab getrieben wird, wo die beiden Söhne moabitische Frauen heiraten. Die Männer sterben unerwartet, und die Mater familias beschließt, nach Juda zurückzukehren. Eine ihrer moabitischen Schwiegertöchter, Ruth, will unbedingt mit. *»Dein Volk ist mein Volk und dein Gott ist mein Gott.«* In Juda heiratet Ruth, nach wunderschönen Verführungsszenen auf dem Felde und auf der Dreschtenne, den Boas. Dieser Mann und diese Frau, rechtschaffen, fromm und treu, sind die Urgroßeltern Davids. Daran liegt es, hört man den Autor beinahe denken, dass Gott mit so viel Wohlgefallen auf ihn hinabschaut.

Seltsam eigentlich, wenn man kurz an die dem Anschein nach kleinen Vergehen zurückdenkt, durch die Saul seine Königswürde verspielte: Er brachte ein Brandopfer dar, das er nicht hätte darbringen dürfen. Er versäumte es, einen feindlichen Viehbestand zu schlachten, obwohl Gott das so wollte. Er ließ einen feindlichen König leben. Ojojoj!

Und dann kommt David. Dieser durchstreift mit etwa vierhundert Mann, *die sich in einer ausweglosen Lage befanden, die Schulden hatten oder verbittert waren,* die Wüste auf der Suche nach Beute. Er schließt sich mit seinen *Outlaws* den Philistern an, dem Erzfeind Israels. Er schläft mit der Frau eines treuen Dieners und schickt diesen anschließend in den sicheren Tod auf dem Schlachtfeld, damit er dessen Witwe heiraten kann. Er veranlasst eine Volkszählung, was Gott immer schon verabscheut hat, und muss dann seine Strafe selbst wählen: sieben Jahre Hungersnot, drei Monate auf der Flucht oder drei Tage die Pest. David wählt die kürzeste Strafe.

Aber trotz allem verspricht Gott diesem Sünder, *»deine Nachkommen aber werden für alle Zeiten Könige sein. Niemand wird sie je vom Thron stoßen.«* David ist ein Sonntagskind. Gott macht für ihn gerne eine Ausnahme von seinen Regeln.

Wir können die das Sündenregister auch als einen weiteren Beweis dafür auffassen, dass David eine historische Figur ist und dass die Geschichten nicht erst lange nach seinem Tod erstmalig aufgezeichnet wurden. Der Autor konnte daraus keine blütenweiße Königslegende machen, denn sein Publikum wusste es besser. Er fügte hier allerdings die Passagen über den Bund Jahwes mit dem Hause Davids hinzu, durch die seine Dynastie nachträglich eine göttliche Legitimation erhielt und auf die sich Davids Nachkommen bis zum Ende aller Tage berufen konnten.

In seinem Roman *Der König David Bericht* aus dem Jahr 1984 führt Stefan Heym, Autor unter der Diktatur der damaligen DDR, einen Schreiber an, der von König Salomo den Auftrag erhält, einen »autoritativen, alle Abweichungen ausschließenden Bericht« zu verfassen »über das Leben, die großen Werke und heroischen Taten meines Vaters, König David, welcher mich erwählt hat, auf seinem Thron zu sitzen«. Wie äußert sich nun der Schreiber zum Gegenstand seines Auftrags? »Natürlich behaupteten gewisse Leute, die Salbung des jungen David durch den Propheten Samuel sei nur eine Legende, verbreitet, um Davids Anspruch auf den Thron Sauls zu erhärten; solche Leute seien offensichtlich Feinde des Königs Salomo, des wahren Glaubens, und jeder gesetzlichen Obrigkeit; aber es sei ja meine Aufgabe als Redaktor des König-David-Berichts, das Material auf solche Weise zu bearbeiten, dass es keine Angriffsflächen bot.«

Eine Art, Angriffsflächen zu vermeiden, ist die Erhöhung von Davids Status, indem man ihm Heldentaten anderer zuspricht. Die wichtigste Heldentat Davids ist die Tötung des riesenhaften Philisters Goliath. Noch Jahrhunderte später werden sie in einem Atemzug genannt. In 1 Samuel 17 lesen wir, dass der riesenhafte Philister – immerhin über sechs Ellen groß, wobei man sich anscheinend nicht darüber verständigen kann, ob das nun im metrischen System

1,98 m, 2,80 m oder 3,25 m sind – vierzig Tage lang Sauls Heer herausfordert. Goliath stammt aus Gat, und der Schaft seines Speeres ist *so dick wie ein kleiner Baum.*

David nimmt lediglich seinen Stecken und seine Schleuder mit. Im Bach sucht er fünf glatte Steine und läuft so gerüstet auf Goliath zu. *»Bin ich denn ein Hund, dass du mir nur mit einem Stock entgegenkommst?«*, flucht der Philister. David entgegnet, dass *»der Herr weder Schwert noch Speer nötig hat, um uns zu retten. Er selbst führt diesen Krieg«*, und er schleudert den ersten Kiesel zwischen Goliaths Augen. Tot!

So weit die Bibel.

Sonderbar ist, dass etwas später, in 2 Samuel 21,19, auch ein Goliath aus Gat getötet wird, der auch einen Speer hat, ebenfalls so dick wie der Baum eines Webstuhles. Einziger Unterschied: hier heißt der Bezwinger Elhanan, der wie David aus Bethlehem stammt. Wer auf die Tradition Wert legt, der nennt die Passage mit Elhanan einen Schreibfehler, wie er ja häufig in der Bibel anzutreffen ist. Dann handelt es sich allerdings um einen recht zähen Schreibfehler, denn in die parallelen Königsgeschichte der später entstandenen Chroniken wurde das Duell zwischen David und Goliath nicht aufgenommen, wohl aber das zwischen Elhanan und Goliath. Skeptischere Gelehrte weisen auf die Gepflogenheit hin, wichtigen Figuren Heldentaten anderer zuzuschreiben – genauso, wie eine ganze Menge anonymer Psalmen David als Autor zugewiesen werden.

Die Bibel verschafft letztlich über diesen Sachverhalt keinen Aufschluss. Es ist wohl so, wie die Auftraggeber von Heyms Berichtschreiber sagen: »Und warum sollte David den Goliath nicht mit einem Kiesel aus dem Bächlein getötet haben?«

Nach seinem Duell mit Goliath und dem erfolgreichen Kampf gegen die Philister ist David ein Thronrivale. Sauls Argwohn ist berechtigt. Im Altertum ist der Erfolg auf dem Schlachtfeld ein Schlüssel zur Königswürde. Aber die Bibel zeigt ebenso viele Gründe für Davids Handeln, die man als gute Treueerweise auslegen muss. Der ganze Zyklus hat einen apologetischen Charakter. Der Abenteurer, der auf den Thron lauerte, wird durch den biblischen Autor mit einem Heiligenschimmer überzogen.

Nehmen wir nur einmal Sauls Tod als Beispiel. Zu dem Zeitpunkt, als Saul im Kampf mit den Philistern bei Gilboa fällt – was im Jahre 1011 v. Chr. gewesen sein dürfte –, kämpft David auf dem Gebiet der Philister gegen die Amalekiter. Heikle Frage: Ist David etwa zu den Erzfeinden der Israeliten übergelaufen? Nein, erklärt die Bibel: David hat einzig und allein aus Furcht vor Sauls Wut Zuflucht bei den Philistern gesucht. Als seine Beschützer gegen Saul zu Felde ziehen, bleibt David zurück.

Kommt der Tod Sauls dem Flüchtling nicht zupass? Nein, keinesfalls, wenn man der Bibel folgt. David bricht in ein selbstkomponiertes Klagelied aus: *»Die Helden sind tot, im Kampf gefallen.«* Er trauert um Saul, aber hauptsächlich um dessen Sohn: *»Mein Bruder Jonatan, wie schmerzt mich dein Verlust! Du warst mir lieber als der größte Schatz der Welt. Niemals kann die Liebe einer Frau ersetzen, was deine Freundschaft mir bedeutet hat.«*

Das Letztgenannte scheint eher ein bitterer Verweis auf Davids erste Frau als ein Hinweis auf Homosexualität zu sein. David ist ja mit Sauls Tochter Michal, also der Schwester Jonatans, verheiratet. Diese Heirat scheint für David vor allem eine Sprosse auf der Leiter zum Thron zu sein. Der Autor dieser Passagen schreibt, dass Michal David liebte, aber er verschweigt, ob ihre Liebe von ihm erwidert wurde. Die Bibel enthüllt oft am meisten durch das, was *nicht* in ihr geschrieben steht.

Später sehen wir, dass David noch öfter vorteilhaft heiratet. Als er sich auf der Flucht vor Saul in der Wüste aufhält, heiratet er auch Abigal, die taufrische Witwe eines sehr reichen Bauern vom Kaleb-Clan. So erlangt er eine Machtbasis im wichtigsten Stamm in Juda. Die Bibel erwähnt neun Frauen Davids und zusätzlich noch einmal zehn Konkubinen. Eheschließungen waren in einer Kultur, die die Polygamie guthieß, für gewöhnlich die Fortsetzung der Politik mit anderen Mitteln. Darum sollte der international ausgerichtete Salomo auch siebenhundert Frauen und dreihundert Nebenfrauen sammeln.

Nach Sauls Tod zieht David mit seinen Frauen und Mannen nach Hebron, der Hauptstadt Judas. Dort wird er von den Judäern zum König gesalbt – ein Priester ist hier offensichtlich nicht mehr nötig. Sieben Jahre und sechs Monate sollte David über Juda herrschen, während Sauls überlebender Sohn Eschbaal mit Hilfe des fähigen Generals Abner Israel regiert. Eschbaal gerät dann aber mit seinem Heerführer in Streit. Abner will eine Nebenfrau Sauls – und damit über seinem Stand – heiraten, für den König der Beweis dafür, dass dieser Schnösel selbst fürstliche Ambitionen hat.

Abner läuft zu David über, dem als König von Juda nun auch die Krone Israels in den Schoß fällt. Aber dann ist da wieder so eine kernige Bibelpassage, in der wir die Ereignisse kaum deuten können, so schnell geht es. Abner wird von Davids Obersten Joab ermordet. Hat David hier seine Hände im Spiel gehabt? Er verflucht Joab laut, aber er bestraft ihn nicht. Ohne Heerführer hat Eschbaal nicht mehr den Hauch einer Chance. Er wird von seinen eigenen Männern umgebracht, und die Stammesältesten Israels kommen, um David zu salben. Er ist zu diesem Zeitpunkt ca. 37 Jahre alt und wird über Juda und Israel zusammen noch 33 Jahre regieren.

Die Spannung zwischen beiden Landesteilen wird niemals gänzlich verschwinden. Finkelstein und Silberman schreiben, dass die beiden Gebiete schon weit vor dem vermuteten Einzug der Juden in Kanaan sehr unterschiedliche Entwicklungsphasen durchlaufen hatten, wobei der hügelige Norden, Israel, viel reicher und dichter besiedelt war als die Bergwüste Juda im Süden.

David macht einen politisch cleveren Zug, indem er anstelle des stark mit Juda in Verbindung gebrachten Hebron eine neue Hauptstadt wählt. Er erobert das zwischen Juda und Israel gelegene Jerusalem von den Jebusitern, einem jener bereits in Kanaan lebenden zähen Völker, die die Israeliten nicht vertreiben konnten. Mit Jerusalem macht David das, was Fürsten im Mittleren Osten zu der Zeit immer taten. Er gibt der Stadt seinen eigenen Namen, Davidstadt, und beginnt eine rege Bautätigkeit. Dabei erhält er Hilfe von König Hiram von Tyrus im heutigen Libanon. Das dürfte ein Hinweis darauf sein, dass David als Fürst auch aus internationaler Sicht fester im Sattel saß als Saul.

Hier sehen wir, wie ein Königreich geboren wird. Namen und Funktionen von Beamten begegnen uns: Joab ist der Befehlshaber, zwei Männer führen Davids Garde an, die übrigens aus Ausländern besteht, den Keretern und Peletern. Diese Namen lassen sich möglicherweise von den Völkern der Kreter und Philister ableiten. David beschäftigt einen Schreiber, einen Kanzler und jemand Zuständigen für den Frondienst, ein vornehmer Ausdruck für Zwangsarbeit, die der König den besiegten Völkern auferlegte. Die Völker von Edom und Moab, die von David erobert wurden, sind ihm tributpflichtig. Aber auch seine israelischen Landsmänner mussten für ihren Fürsten arbeiten. Und das ist genau das, wovor Samuel das Volk gewarnt hatte, als es ihn damals um einen König bat. Lediglich die Bewohner Judas waren von diesen Arbeiten befreit.

Mit oder ohne Zwangsarbeiter, David hat keinen Tempel für Jahwe errichtet. Damit hat nun der biblische Verfasser ein Problem. Der implizite Vorwurf lautet: Wenn David doch so fromm war, warum hat er dann den Tempel nicht erbaut? Die Antwort lautet: Jahwe wollte das nicht. Laut David hat Gott gesagt: »*Du hast große Kriege geführt und dabei viele Menschen getötet. Weil du so viel Blut vergossen hast, sollst du mir keinen Tempel bauen.*« Gewalttätig ist die Regierung Davids sicherlich, und es ist schon aufschlussreich, dass die Bibel zwei unterschiedliche Kategorien erwähnt, nämlich Krieg und Mord.

Die meisten Morde, die David gut zupasskommen, werden in der Bibel seinem Befehlshaber Joab in die Schuhe geschoben. Dieser ermordet nicht nur seine eigenen militärischen Rivalen Abner und Amasa, sondern auch Davids aufständischen Sohn Absalom. Der Zyklus rund um den Aufstand des Absalom ist eine der Perlen in der Krone des biblischen Verfassers.

Die Geschichte beginnt an einem Frühlingstag, also zu der *Zeit, in der die Könige ihre Feldzüge unternahmen*, als das israelische Heer unter Führung von Joab östlich des Jordans kämpft. David ist nicht dabei, er faulenzt auf dem Dach seines Palastes in Jerusalem. Ein paar Straßen weiter sieht er auf dem Dach eine Frau baden. Ihre Schönheit berührt ihn dermaßen, dass er sie zu sich rufen lässt und mit ihr schläft, obwohl sie verheiratet ist. Batseba heißt sie, und sie ist sogleich schwanger.

Ehebruch mit einer verheirateten Frau ist nach den Gesetzen des Moses eine Todsünde. Es steht zwar nicht explizit bei Samuel, aber die Strafe war dem ursprünglichen Publikum wohlbekannt. Und auch implizit ist die Spannung spürbar.

David lässt Batsebas Mann Uria vom Schlachtfeld holen und lädt ihn in den Palast ein. Sie sprechen ein wenig über den Krieg. Wie erstaunt muss dieser Offizier gewesen sein, dass der König ihn für so ein Schwätzchen von der Front kommen ließ. David sagt schließlich, *»geh nun nach Hause zu deiner Frau, bade dich und ruh dich aus!«*, eine kaum verhohlene Ermunterung. Aber Uria ist im Gegensatz zu seinem König vollkommen loyal. Seine Kriegskameraden liegen im Felde, könnte er da guten Gewissens mit seiner Frau schlafen? Er kriecht in ein Zelt nahe dem Palast. Am darauffolgenden Abend macht David Uria betrunken und versucht nochmals, ihn zu Batseba ins Bett zu bekommen. Doch auch dieser Versuch misslingt.

Jetzt hat der König ein Problem, denn seine Geliebte wird ein Kind bekommen und ihr Mann begreifen, dass es nicht von ihm ist. David hat nur noch einen Ausweg. Uria muss sterben.

Nirgends in dieser Geschichte steht, was David durch den Kopf geht, doch seine Motive werden glasklar durch die Handlungen, die er vollzieht. Der Leser versteht diesen Mann umso besser durch die Fehler, die er macht – *Menschliches, Allzumenschliches*.

David schickt einen Brief an den Hofmörder Joab. Darin bittet er den Heerführer, Uria bei der Bestürmung einer Stadt in die vorderste Linie zu stellen. Anschließend solle der General seine Truppen auf einmal zurückziehen, damit Uria allein unter den Feinden zurückbleibe und falle. So geschieht es, und David heiratet die schwangere Batseba.

Nach dieser Schandtat schickt Gott den Propheten Nathan zu David, und dieser trägt ihm eine Parabel vor. Ein reicher Mann bekam einst Gäste, aber er wollte keines seiner eigenen Tiere für sie schlachten und stahl darum ein Lamm von seinem armen Nachbarn. »Der Mann gehört getötet«, sagt David arglos entrüstet. »Der Mann, das bist du«, sagt Nathan.

David braucht nicht zu sterben, aber Gott hat wohl eine passende Strafe für ihn: *»Du musst erleben, wie ein Mann, der dir sehr nahesteht, dir deine Frauen wegnimmt und in aller Öffentlichkeit mit ihnen schläft.«* In der Auge-um-Auge-Zahn-um-Zahn-Systematik des Alten Testaments denkt sich Gott meistens Strafen aus, die die Sünde widerspiegeln.

Batsebas Kind stirbt kurz nach seiner Geburt. Praktisch unmittelbar danach bekommt es der König in seiner eigenen Familie mit einem ähnlichen Fall zu tun. Davids ältester Sohn Amnon vergewaltigt seine Halbschwester Tamar. Der König ist laut Bibel wohl böse, aber was kann er als ehebrüchiger Mörder seinem Sohn vorwerfen? Tamars Bruder Absalom verübt Rache, um die Ehre seiner Schwester wiederherzustellen. Er ermordet Amnon und flieht.

Absalom, berühmt für sein langes Haar, das *mehr als zwei Kilogramm* wog, verbirgt sich einige Jahre und darf dann auf Fürsprache von Joab nach Jerusalem zurückkehren. Nach einiger Zeit stachelt er das Volk gegen seinen Vater auf. Er spricht Menschen an, die sich von der Rechtsprechung des Königs benachteiligt fühlen. Als er glaubt, ausreichend Unterstützung zu haben, ruft er sich selbst in der alten Hauptstadt Hebron zum König aus.

Absalom marschiert auf Jerusalem, David flüchtet umgehend. Er lässt lediglich zehn Nebenfrauen in der Davidstadt zurück. Mit dem Rest seines Hofes, die beiden Priester Zadok und Abjatar eingeschlossen, zieht er in die Wüste. In Jerusalem erfüllt Absalom Gottes Prophezeiung an David. Er errichtet auf dem Dach des königlichen Palastes ein Zelt und schläft dort demonstrativ mit den zehn Nebenfrauen seines Vaters – *ganz Israel wurde Zeuge.*

Dennoch ist der alte König nicht geschlagen. Mit einer List wird Absalom in die Falle gelockt. Der biblische Autor hält David umständlich aus dem Gefecht gegen seinen Sohn heraus. Der König will gerne mit den Soldaten ziehen, aber die fürchten um sein Leben. *»Denn du bist für sie wichtiger als zehntausend von uns! Bleib lieber in der Stadt.«* Das macht David dann auch. Er ruft seinen Männern noch hinterher: *»Sorgt dafür, dass meinem Sohn Absalom nichts zustößt!«* Da ist man aber bei Joab gerade an den Richtigen geraten.

In der Hitze des Gefechts reitet Absalom mit seinem Maultier unter einer Terebinthe hindurch. Die Terebinthe – oder Terpentinbaum – ist für die Bibel das, was die Eiche für Märchen ist. Die langen Haare des Prinzen verfangen sich in den Ästen, das Maultier galoppiert weiter. Absalom bleibt zwischen Himmel und Erde hängen. Joab knüppelt anschließend den aufständischen Sohn zu Tode.

Als David die Nachricht hört, jammert er so laut, dass es Joab ärgert. Der Haudegen sagt:

*Es hätte dir nichts ausgemacht, wenn wir heute alle in der Schlacht gefallen wären – Hauptsache Absalom wäre noch am Leben! Du musst dich jetzt zusammennehmen und zu deinen Männern hinausgehen, um sie wieder zu ermutigen. Sonst laufen sie dir alle noch heute Nacht davon. Das schwöre ich dir, so wahr der Herr lebt!*

2 Samuel 19,7–8

Als David sich wieder zusammengerissen und seine Würde wiedererlangt hat, setzt er Joab ab und ernennt an dessen Stelle Amasa, den Befehlshaber Absaloms. Aber als die immer noch unzufriedenen Israeliten sich erneut erheben, entscheidet sich Amasa für ihre Seite. Joab, immer wieder Joab, verfolgt den Aufständischen und liquidiert ihn. Jetzt wird der Aufstand schnell niedergeschlagen. Doch die Tatsache, dass die »Nordlichter« nach dem missglückten Aufstand des Absalom so schnell wieder zum Aufruhr hetzen, ist ein deutlichen Zeichen für die Unzufriedenheit mit der judäischen Herrschaft. Das verspricht nicht viel Gutes für Davids Nachfolger.

Der erste Nachfolger ist Salomo, der zweite Sohn Batsebas, auch wenn Mutter und Sohn einen Trick nach Art von Jakob und Esau brauchen, um die Nachfolge sicherzustellen. Schließlich ist Batseba Davids x-te Frau, es gibt Prinzen im Überfluss.

Als David so alt wird, dass sogar das schönste Mädchen in Israel ihn nicht mehr warm halten kann – das deutlichste Zeichen des Verfalls bei diesem »Vielfraß« –, hat er noch einige letzte Anweisungen für seinen Sohn, wie zum Beispiel, dass er Gott gehorchen solle, selbstverständlich, und dass er sich an die Gesetze halten müsse. *»Nun habe ich noch einige Bitten an dich«*, sagt er.

*Du kennst Joab, den Sohn meiner Schwester Zeruja, und du weißt auch, was er mir angetan hat. Die beiden israelitischen Heerführer Abner, den Sohn Ners, und Amasa, den Sohn Jeters, hat er mitten im Frieden kaltblütig ermordet. Dadurch hat er seine Kleider mit unschuldigem Blut besudelt. Du bist doch ein weiser Mann, Salomo. Joab ist inzwischen recht alt geworden. Sorge du nun dafür, dass er für seine Verbrechen hingerichtet wird, bevor er eines natürlichen Todes stirbt!*

1 Könige 2,5–6

Wie ein Pate auf seinem Sterbebett unterzeichnet der König das Todesurteil des Heerführers, der den falschen Prinzen wählte. Oder entledigt er sich lediglich eines Zeugen seiner allzu menschlichen Sünden?

# Halleluja

*Die Partitur der Bibel*

Eine melodiöse Männerstimme erklingt. Sie erscheint zugleich dunkel. Nicht düster, nein, dunkel. Als ob man im Schatten säße. Es ist kühl, und überall im Haus herrscht Ruhe. Ein Saiteninstrument setzt auf dem ersten Buchstaben des zweiten Satzes ein. Pling. *Aa-do-ó-o-nai.*

»Der Herr ist mein Hirte«, singt die Stimme auf der CD *La musique de la bible révélée*. Psalm 23, aber auf Hebräisch. Ab und zu hört auch derjenige, der kein Hebräisch versteht, ein bekanntes Wort heraus: *Adonai* (Herr) oder *Beth* (Haus). »Du begrüßt mich wie ein Hausherr seinen Gast und gibst mir mehr als genug. Deine Güte und Liebe werden mich begleiten mein Leben lang; in deinem Haus darf ich für immer bleiben. Wörtlich: *Ich kehre zurück in das Haus des HERRN bis an das Ende aller Tage.*«

Psalm 23, ein »Psalm Davids« laut Überschrift, wird mit seinem tröstenden Text mit der biblischen Passage über den jungen David in Verbindung gebracht, der für den Trübsal blasenden Saul singt:

*Und geht es auch durch dunkle Täler,*
*fürchte ich mich nicht, denn du, Herr, bist bei mir.*
*Du beschützt mich mit deinem Hirtenstab.*

Psalm 23,4

*Immer wenn der böse Geist über Saul herfiel, griff David zur Harfe und begann zu spielen. Und immer wieder brachte die Musik Saul Erleichterung. Er fühlte sich besser, und der böse Geist ließ ihn in Ruhe.*

1 Samuel 16,23

Und jetzt können wir ihn dank der französischen Komponistin, Musikerin und Musikwissenschaftlerin Suzanne Haïk Vantoura (1912–2000) sogar singen hören. Ihr ganzes Leben lang arbeitete sie an einer Rekonstruktion der Klänge, die zum alten jüdischen Kult gehörten. Sie las die Bibel wie eine Partitur. Anhand von Zeichen – te'amin –, die am Ende des neunten Jahrhunderts n. Chr. erstmalig in hebräischen Manuskripten der Bibel auftauchen, baute sie an einem Klangsystem von Akzenten. Das Buch, das sie darüber schrieb, heißt genau wie die CD, *La musique de la bible révélée*. Die von ihr notierte Musik wurde aufgeführt und aufgenommen.

Nicht jeder ist von der Arbeit Haïk Vantouras überzeugt, aber sogar die Skeptiker müssen zugeben, dass ihre Methode Musik ergibt. Es handelt sich dabei eben nicht nur mal um ein Stückchen Musik und dann wieder einfach nur irgendwelche Geräusche. Nein, es ist immer Musik. Ihre erste Rekonstruktion war das für gewöhnlich als »Lied am Meer« betitelte Lied, das Moses und die Israeliten in Exodus 15 singen, als Gott das Schilfmeer vor ihnen trockenfallen und die Ägypter hinter ihnen vom Meer verschlingen lässt. *Aber als dein Atem blies, verschlang sie das Meer.*

Die Bibel ist voll von solchen Liedern, in denen die erleichterten Israeliten einen Sieg bejubeln (Deboralied, Richter 5), ihre Not klagen (Hiob 3) oder einfach Gott verherrlichen (die drei Gesänge aus Lukas 1 und 2, die besonders unter ihren lateinischen Benennungen »Magnificat«, »Benedictus« und »Nunc dimittis« bekannt geworden sind). Aber es sind insbesondere die Psalmen, die in der schlichten Bearbeitung Haïk Vantouras Assoziationen bei den Zuhörern wecken. Wenn man hört, wie Psalm 23 gesungen wird, dann ist der Gedanke an Saul und David nahezu unvermeidlich. Man hört einen jungen Mann, der sich selbst auf der Leier begleitet und mit klarer Stimme Gott lobt:

*Du begrüßt mich wie ein Hausherr seinen Gast*
*und gibst mir mehr als genug.*

Psalm 23,5

Langsam scheint der Saal, in dem er mit dem König sitzt, Gestalt anzunehmen. Der rotblonde David spielt auf seiner Leier, und wenn man still ist, dann ist es, als ob man den von Gott verlassenen Saul seufzen hören könnte.

Die Bibel ist an vielen Stellen lebendig, spannend und ergreifend, aber kein Buch erweckt die Welt des alten Israels so unmittelbar zum Leben wie die Psalmen. Die Poesie der Lieder entführt den Leser in die Wüste – *in der Wüste spaltete er Felsen und gab ihnen Wasser aus der Tiefe in Hülle und Fülle.* Wir riechen den Geruch von Opfern – *nun bringe ich dir die wertvollsten Opfertiere: fette Widder, Rinder und Ziegenböcke.* Wir sehen das Gedränge am Tempel – *wie schön war es, als wir noch unsere Gedanken austauschen konnten, während wir mit den anderen Pilgern auf dem Weg zum Tempel waren!* Ein alter Mann stöhnt – *unser Leben dauert siebzig, vielleicht sogar achtzig Jahre. Doch worauf wir stolz sind, ist nur Mühe, viel Lärm um nichts! Wie schnell eilen die Jahre vorüber! Wie rasch fliegen sie davon!* Verbannte verzweifeln – *wie hätten wir im fremden Land Lieder zur Ehre Gottes singen können?*

Wir schauen durch die Psalmen sogar auf ein noch älteres Land. Wenn in einer Überschrift steht *Nach der Melodie: »Die Taube verstummt in der Fremde«*, dann begreifen wir, dass die Psalmendichter sich wiederum von anderen Dichtern inspirieren ließen. Die Erkenntnis ist ergreifend, dass wir dank der Psalmen ab und zu den Schimmer einer Welt erblicken, die sogar die Bibel nicht erschließt.

Dieser Gedanke verdeutlicht auch die Grenzen der Arbeit von Haïk Vantoura. Ihre Musik klingt wie eine glaubwürdige Rekonstruktion, aber die Essenz der Psalmen ist, dass sie gerade nicht von jeher in einer einzigen musikalischen Form festliegen. Die Essenz ist ihre Fähigkeit, durch die Jahrhunderte hinweg immer wieder die Fantasie des Gläubigen anzusprechen. Das gelingt ihnen gerade dadurch, dass die Poesie Raum für die individuelle Fantasie lässt. Wenn die Musik der Psalmen vom Zeitpunkt ihrer Komposition, also größtenteils in den Jahrhunderten zwischen 800 und 300 v. Chr., überliefert worden wäre, wären diese genauso versteinert wie so manche alte Bibelübersetzung. Dann hätten sie bereits schnell ihre Wirkung eingebüßt.

Die Psalmendichter hätten, wie jeder andere Künstler auch, sicher gewollt, dass ihr geistiges Kind so bewahrt worden wäre, wie sie es ursprünglich beabsichtigt hatten. Es ist Glück im Unglück, dass das nicht geschehen ist. Dadurch haben die Psalmen immer, bis auf den heutigen Tag, ihre Funktion als Schlagadern des Glaubens erfüllen können.

Das Buch der Psalmen – vom Griechischen ψαλμοί: Lieder für Saiteninstrumente – zählt in der Bibelübersetzung »Hoffnung für alle« 150 Kapitel. Einige Glaubensströmungen zählen lediglich 149, da sie die Psalmen 42 und 43 zusammenfassen, die hinsichtlich Form und Inhalt auf einer Linie liegen. Hundert Psalmen beginnen mit einer »Überschrift«, wobei bei den meisten der Name David genannt wird. Der Sinn dieser Überschriften ist unklar. Anfänglich nahm man an, dass »von David« bedeutete, dass der lyrische König aus dem zehnten Jahrhundert tatsächlich deren Verfasser sei. Das hält man jetzt aber für unwahrscheinlich. Die meisten Psalmen stammen aus der Zeit nach dem Babylonischen Exil (586–538 v. Chr.), auch wenn einige wohl bis in die Zeit Davids zurückgehen. Von diesem König sagt man auch, dass er das Jubelwort »Halleluja« geprägt habe. Dabei handelt es sich um eine Verkürzung der Worte für »Preiset den Herrn«. Genau wie in den anderen biblischen Büchern philosophischerer Art, wie Prediger und Sprüche, ist der Einfluss der umgebenden Kulturen deutlich erkennbar. Eine wiederentdeckte ägyptische Hymne für den Sonnengott Aton erinnert stark an Psalm 104:

*Du spanntest den Himmel aus wie ein Zeltdach,*
*über den Wolken hast du deine Wohnung errichtet.*
*Ja, die Wolken sind dein Wagen,*
*du fährst auf den Flügeln des Windes dahin.*

Psalm 104,2–3

Dabei ist der Hinweis nötig, dass die ägyptische Hymne aus dem 14. Jahrhundert v. Chr. stammt, als die Israeliten noch keinerlei Spuren in der Weltgeschichte hinterlassen hatten.

Die biblischen Lieder reichen von rein weltlicher Liebespoesie aus Psalm 45 *(alle deine Gewänder duften nach kostbarem Parfüm)* bis hin zu absolut verzweifelten Klageliedern, unter denen sich das in seiner lateinischen Übersetzung sprichwörtliche *De profundis* aus Psalm 130 befindet: *Herr, ich bin völlig am Ende. Darum schreie ich zu dir!* Zwischen diesen beiden Extremen deckt das Buch der Psalmen beinahe den ganzen Inhalt der Bibel ab von der Schöpfung bis hin zur Ankündigung eines besonderen Kindes. Auch Gott kommt hier in all seinen biblischen Bildern vor. Er wird in nahezu jedem Psalm angesprochen, mal als guter Hirte, dann wieder als Rächer, als Schild für den Gläubigen, als Schöpfer des Himmels und der Erde, als ein beinahe heidnischer Gott, der über die Wolken fährt und mit anderen Kreaturen um die Allmacht kämpfen muss, und dann wieder als ein Vorbote des neutestamentlichen Gottes, der die Liebe ist (»Gott ist die Liebe«).

*Deine Liebe habe ich ständig vor Augen*
*und deine Treue bestimmt mein Leben.*

Psalm 26,3

Im Neuen Testament wimmelt es nur so von Bezügen zu den Psalmen. Das ist wiederum ein Zeichen, wie wichtig die Lieder im Laufe der Jahrhunderte bei der Glaubensverbreitung gewesen sind. Die frühesten Lieder dürften der Masse der Gläubigen den Weg zu Jahwe gewiesen haben. Bilder spielten ja keine Rolle bei dieser Religion, und wie viele Israeliten konnten schon in den Jahrhunderten der Königszeit lesen?

Auch nach dem Babylonischen Exil, als die Juden ihr festes Zentrum der Religionsausübung verloren hatten, dürften die Psalmen Halt geboten haben, wie wohl Psalm 137 *(An den Flüssen Babylons)* zeigt.

An der Form der Psalmen lässt sich ihre Funktion als religiöses Handbuch ablesen. Die Dichter verwendeten verschiedene Reimarten und andere Gedächtnisstützen, damit man die Texte leichter behalten konnte. Psalm 25 ist im Hebräischen ein Akrostichon mit jeweils dem folgenden Buchstaben des Alphabets zu Beginn einer neuen Zeile, wobei die erste Zeile mit dem Aleph beginnt. Psalm 119, mit 111 Zeilen der längste, ist ein einziges langes Lehrstück rund um drei Worte: Vorschriften, Gesetze, Regeln.

Zu der Zeit, als die Christen ihre eigene Kirche aufbauten, war die Musik die Art und Weise, den neuen Glauben zu verbreiten – ganz gewiss, sobald sie die Missionstätigkeit bei Völkern aufnahmen, die weder Hebräisch, Aramäisch noch Griechisch sprachen. Im Neuen Testament finden wir ab und zu Anweisungen: *Lasst die Botschaft von Christus ihren ganzen Reichtum bei euch entfalten. Unterweist und ermahnt euch gegenseitig mit aller Weisheit und dankt Gott von ganzem Herzen mit Psalmen, Lobgesängen und Liedern, die euch Gottes Geist schenkt,* schreibt der Apostel Paulus in seinem Brief an die Kolosser. An die Bewohner von Korinth schreibt er: *Wenn ihr zusammenkommt, hat jeder etwas beizutragen: Einige singen ein Loblied, andere unterweisen die Gemeinde im Glauben. Einige geben weiter, was Gott ihnen offenbart hat, andere reden in unbekannten Sprachen, und wieder andere legen das Gesprochene für alle aus.*

So sind die Psalmen mit ihrer Botschaft individueller Frömmigkeit hilfreich geblieben. Plinius der Jüngere (ca. 61–114 n. Chr.), Statthalter von Bithynien-Pontus im Norden der heutigen Nordtürkei, berichtete dem Kaiser Trajan über die Christen. Sie seien es gewohnt, so schreibt er, »an einem bestimmten Tag vor Sonnenaufgang zusammenzukommen und im Wechselgesang eine Hymne für Christus wie für einen Gott anzustimmen.« Ein Jahrhundert später schrieb der Kirchenvater Tertullian (ca. 160–230 n. Chr.) in seiner Verteidigung der Christen, dem *Apologetikum*, dass die Christen, wenn sie ihre Hände gewaschen hätten und die Lampen gebracht worden seien, nach dem Essen sängen: »Jeder wird eingeladen, Gottes Lob zu singen, sei es aus der Heiligen Schrift, sei es den eigenen Gedanken folgend.«

Auch beim folgenden großen Glaubensaufbruch, der Reformation des 16. Jahrhunderts, wurde Musik eingesetzt, um die Botschaft in die Köpfe der Menschen zu bekommen. Sowohl Luther als auch Calvin fertigen neue Reimfassungen der Psalmen und anderer Gesänge an, um das Lied in die Kirche zurückzubringen.

Seit 2002 ist eine Gruppe von Hebraisten, Theologen und Komponisten in den Niederlanden damit beschäftigt, alle Psalmen in neuer Reimfassung neu zu vertonen. Das Projekt heißt »Psalmen voor Nu« (Psalmen für die Gegenwart) und beabsichtigt, dafür zu sorgen, dass die neuen Kompositionen »den Ton der Musikkultur der Menschen des 21. Jahrhunderts treffen«. Suzanne Haïk Vantoura dürfte sich möglicherweise im Grabe umdrehen, aber wer weiß, vielleicht können die verjüngten Psalmen in der Kirche den Boden gutmachen, den sie im letzten Jahrhundert an moderne Lieder und Gesänge verloren hatten. *Herr, unser Gott! Zeige uns deine Güte! Lass unsere Mühe nicht vergeblich sein! Ja, lass unsere Arbeit Früchte tragen!*

# Eine Blaupause für den wahren Glauben

*Der Tempel des Salomo*

Salomo, Davids Sohn, ist der Sonnenkönig Israels. Er führt keinen einzigen Krieg, und doch ist Israel unter seiner Regentschaft größer denn je. Er ist reich und weise wie ein orientalischer Märchenkönig. Und er baut den Tempel, den sein Vater nicht bauen durfte.

In langen Kapiteln in den biblischen Büchern Könige und Chroniken, von denen ersteres um 600 v. Chr. geschrieben wurde und letzteres im späten vierten Jahrhundert von einem Autor, der das Buch der Könige vor sich auf dem Tisch liegen hatte, erscheint Salomo in drei Gestalten: Märchenkönig, weiser Regent und Tempelerbauer.

Die erste Gestalt ist die des Königs, der in seiner Hauptstadt einen Tempel und einen Palast von bisher ungeahntem Reichtum erbauen lässt. An seinem Hofstaat verspeiste man laut 1 Könige 5,2–3 täglich *etwa vier Tonnen feines Weizenmehl und acht Tonnen anderes Mehl, zehn gemästete Rinder, 20 Rinder von der Weide und 100 Schafe. Dazu kamen noch Hirsche, Gazellen, Rehe und gemästetes Geflügel.* Das alles genoss man von vergoldeten Tellern, *denn Silber war zu Salomos Zeiten geradezu wertlos.* Silber war in diesen Jahren in Jerusalem genauso *so gewöhnlich wie Steine, und das kostbare Zedernholz gab es in so großen Mengen wie das Holz der Maulbeerfeigenbäume im jüdischen Hügelland.*

Das ist der König, dessen Flotte alle drei Jahre eine Ladung Gold, Silber, Elefantenstoßzähne, Affen und Pfauen heimbrachte. Das ist der König mit den tausend Gemahlinnen – um genau zu sein, *700 Frauen, die aus fürstlichen Häusern kamen, und 300 Nebenfrauen.* Darunter befanden sich, laut Bibel, viele ausländische Frauen, denn der König fand sie nun einmal reizvoll. Sie werden ihm später große Probleme bereiten, wie wir noch sehen werden.

Man darf sich nicht wundern, wenn einem dieser Märchen-Salomo Jahrhunderte später in den *Erzählungen aus 1001 Nacht* wiederbegegnet, wobei sein Name zu Süleyman arabisiert wurde. In der Geschichte vom Fischer und dem Geist beispielsweise findet ein Mann eine Vase im Meer, auf der das Siegel von »Süleyman ibn Davud« – Salomo, Davids Sohn – prangt. In der Vase steckt der Geist eines Mannes, der gegen König Salomo, »den Propheten Allahs«, revoltiert hatte.

Die Legenden rund um Salomo haben sich im Lauf der Jahrhunderte in der Literatur des ganzen Mittleren Ostens einen festen Platz erworben, wie die Legenden rund um Alexander den Großen in der hellenistischen Welt und die rund um König Karl den Großen oder König Arthur im mittelalterlichen Europa. Salomo wird häufig als Herrscher über Dämonen (Dschinns) mit seinem magischen Ring dargestellt. Im ersten nachchristlichen Jahrhundert ist die Erinnerung an den märchenhaften Salomo auf jeden Fall in der Gegend, die man Juda nennt, noch lebendig, wie aus einer Passage bei Flavius Josephus hervorgeht. Der hebräische Geschichtsschreiber erzählt, dass Salomo mit magischen Formeln Krankheiten heilen und Dämonen beschwören konnte. Er schreibt, dass er selbst gesehen habe, wie der Jude Eleazar böse Geister austrieb. »Er hielt unter die Nase des Besessenen einen Ring, in dem eine von den Wurzeln eingeschlossen war, welche Salomo angegeben hatte, ließ den Kranken daran riechen und zog so den bösen Geist durch die Nase heraus.«

In der Bibel klingt insbesondere der Besuch der Königin von Saba nach einer orientalischen Geschichte. Die Königin, deren Namen wir nicht erfahren, kommt aus ihrem Land, nach Meinung der meisten Gelehrten dem heutigen Jemen, mit einer reichbeladenen Kamelkarawane nach Jerusalem. Dort stellt sie Salomons Weisheit auf die Probe, indem sie ihm Rätsel zu lösen gibt – übrigens ein Märchenmotiv par excellence –, die der König allesamt zu lösen weiß. Die Königin bringt Räucherwerk, Gold, Edelsteine und Sandelholz von beispielloser Qualität mit. Salomo lässt daraus Balustraden für den Tempel machen. Er *erfüllte der Königin von Saba jede Bitte und beschenkte sie noch reich darüber hinaus.* Dann reist die Königin wieder in der Überzeugung zurück, dass Gottes Liebe für Israel grenzenlos sein müsse.

Es ist nicht so überraschend, dass das Treffen zwischen dem potenten König und der exotischen Königin in der Literatur des Mittleren Ostens bis hin zum Koran ein Eigenleben entwickeln sollte. In dem Salomo zugeschriebenen Hohelied singt die Braut »dunkel bin ich und schön«, was einige Leser von selbst an die unzweifelhaft braune Königin des südlichen Saba erinnerte. Auch im Koran aus dem siebten Jahrhundert n. Chr. knistert das Treffen vor Erotik. In Sure 27, Vers 44 steht, dass die Königin ihre Röcke hebt, als sie in den Thronsaal eintritt, da sie denkt, dass dort Wasser stünde. »Nein«, so erklärt Salomo, »der Boden ist aus poliertem Glas.« So aber hat der Liebhaber ausländischer

Frauen zweifellos bereits einen Blick auf ihre nackten Beine werfen können.

Ist das möglich? Kann der Sohn eines Hirtenjungen der weiseste und reichste König auf Erden werden? Kann aus der Einöde, in der sich David noch in Felsspalten vor Saul verbergen musste, eine Generation später eine pulsierende Karawanserei auf den Schnittpunkten der großen Handelsrouten des Orients geworden sein? In das Jerusalem Salomos strömt das Gold aus Ophir wie von selbst hinein. Die Nachkommen ägyptischer Sklaven sind jetzt selbst Herren über Zehntausende Sklaven.

Die skeptischen Gelehrten Finkelstein und Silberman zerpflücken die Bibelpassagen über Salomo als eine Sammlung nachträglich fabrizierter Legenden. Glaubt man ihnen, ist Juda zu Salomos Zeit nicht viel mehr als ein kahles Land mit Ziegenhirten. Fünftausend, wenn es hochkommt, schätzen sie. Jerusalem ist ein Bergdorf, und weder David noch Salomo hatten die Mittel, eine Herrschaft *über alle Königreiche vom Euphrat über das Gebiet der Philister bis zur ägyptischen Grenze* zu sichern, wie die Bibel behauptet.

Man kann sich vorstellen, dass der Autor des Buchs über die Könige mit diesem Problem rang. Würden seine Leser ihm glauben? In 1 Könige 3 löst er dieses Problem auf märchenhafte Art. Er beschreibt einen Traum, in dem Gott Salomo ein großzügiges Angebot macht. *»Erbitte von mir, was du willst!«*

Höhere Mächte, die Sterblichen so einen Vorschlag machen – das verheißt meistens nicht viel Gutes. Von König Midas bis hin zur Fischersfrau Ilsebill haben die Menschen immer wieder die falsche Wahl getroffen. Sie bitten um

Gold, Juwelen, Macht und werden sich zu spät der Konsequenzen ihrer Habsucht bewusst. Salomo ist da vernünftiger. Er preist Gott ausführlich und bittet ihn bescheiden um *»ein Herz, das auf dich hört, damit ich gerechte Urteile fällen und zwischen Recht und Unrecht unterscheiden kann«*. Gott gibt dem Salomo, was er erbittet, und da er so gut gewählt hat, erhält er Reichtum, Macht und Gesundheit obendrein. *»Wenn du so lebst, wie es mir gefällt, wenn du mir gehorchst und meine Gebote befolgst wie dein Vater David, dann werde ich dir auch ein langes Leben schenken.«*

So kennen wir Gott. Wenn – dann.

Salomo erbringt sogleich mit einem sprichwörtlich gewordenen Urteil in einer scheinbar unlösbaren Sache den Beweis für seine übermenschliche Weisheit. Zwei Prostituierte treten eines Tages vor den König. Sie haben kurz nacheinander entbunden. Das Kind der einen ist gestorben, während das Kind der anderen lebt. Aber die Mutter des toten Kindes behauptet, dass das lebende Baby zu ihr gehört. Salomo lässt sein Schwert holen und befiehlt: *»Teilt das lebendige Kind in zwei gleiche Teile und gebt dann jeder der beiden Frauen eine Hälfte!«* Die Mutter des toten Kindes stimmt dem gleichgültig zu. Die Mutter des lebenden Kindes schreit: *»Bitte, Herr, tötet das Kind nicht, ich flehe Euch an! Lieber soll sie es bekommen!«* Woraufhin Salomo erkennt, wer die echte Mutter sein muss.

Die Geschichte vom Salomonischen Urteil ist uns in Varianten auch in anderen Kulturen bekannt. Das verrät schon einiges über die Legendenbildung rund um den König, die offensichtlich schon früh begann. Dieser Umstand verweist aber auch auf die zunehmende Wechselwirkung zwischen

Israel und den umliegenden Ländern. Zwischen dem Jordan und dem Mittelmeer kreuzen sich nicht nur Handelsrouten, vielmehr stoßen auch die Kulturen der großen Reiche von Ägypten, Mesopotamien, der Phönizier und der Aramäer, deren Hauptstadt Damaskus David erobert hatte, aneinander. In all diesen Ländern war die Schriftkultur viel früher entwickelt als in Juda und Israel.

Aus Salomos Zeit stammt der älteste überlieferte hebräische Text. Aber auch dieser weist Spuren einer anderen Kultur auf. Der sogenannte Gezer-Kalender ist eine kleine steinerne Tafel, auf der jemand im zehnten Jahrhundert den Jahreszyklus und alle Ernten von Herbst bis Sommer notiert hat. Die Sprache ist Hebräisch, das Alphabet jedoch phönizisch.

Den Einfluss der Nachbarkulturen erkennt man in der Bibel ferner im Buch der Sprüche, das wie das philosophische Buch Prediger, das sinnliche Hohelied und einige Psalmen Salomo zugeschrieben wird (im Buch Könige steht, *er verfasste 3000 Sprichwörter und dichtete 1005 Lieder*). Die sogenannte Weisheitsliteratur war, wie Chaim Potok schreibt, »ein Teil der kulturellen Luft, die beinahe jeder im Nahen Osten einatmete«.

So sind wir bei der zweiten Gestalt Salomos angekommen, nämlich der des Königs, der tatsächlich irgendwann zwischen 970 und 923 v. Chr. inmitten der Fürsten von Sidon, Tyrus und Ägypten regiert haben muss. Er handelt auf dieselbe weltliche Art wie viele seiner Nachbarn. Mit Ellbogeneinsatz, Betrug und Blutvergießen räumt Salomo seine Rivalen aus dem Weg. Er macht den wichtigsten Thronanwärter, seinen älteren Halbbruder Adonia, unschädlich und ergreift die erstbeste Gelegenheit, ihn zu töten. Der Priester Abjatar, der für Adonia Partei ergriffen hatte, wird verbannt. Salomo ermordet weiterhin einige Menschen, mit denen sein Vater noch ein Hühnchen zu rupfen hatte, darunter auch dessen erfolgreichen Heerführer Joab. Falls wir glauben sollten, dass er das bloß als gehorsamer Sohn macht, dann hat der biblische Verfasser für uns noch eine wichtige Sichtweise in petto: *Nun hatte Salomo die Zügel der Herrschaft fest in der Hand.*

Laut Auskunft der Bibel führte Salomo keinen einzigen Krieg. *Zu Lebzeiten Salomos ging es ganz Israel und Juda gut. Von Dan im Norden bis Beerscheba im Süden lebte das Volk in Frieden. Jeder konnte ungestört in seinem Weinberg arbeiten und unter seinem Feigenbaum sitzen.* So steht es in 1 Könige 5,5, und das ist in Hinblick auf die turbulente Geschichte bis zu diesem Zeitpunkt ein beinahe unglaublich friedliches Bild. Der König festigt seine internationale Position durch eine bewährte Methode: Er schließt politisch vorteilhafte Ehen. Eine seiner tausend Frauen ist die Tochter des Königs von Ägypten. Dies ist das erste Mal seit dem fatalen Zug durch das Schilfmeer, dass in der Bibel wieder ein Pharao erwähnt wird. Für damalige Verhältnisse heiratet sich Salomo mit dieser Braut gesellschaftlich nach oben.

Innenpolitisch führt Salomo eine administrative Neugliederung durch, wahrscheinlich um die zarte Einheit zwischen Israel und Juda zu fördern. Er setzt zwölf Statthalter ein, um die Landesteile zu lenken, deren Grenzen nicht mit denen der alten Stammesgebiete übereinstimmen. Auch eine solche Neugliederung ist ein Mittel, um die Macht des Königs und der Dynastie zu festigen. Die alten Eliten werden so umgangen, und das dürfte hie und da zumindest für Unmut gesorgt haben. Nur Juda erhält keinen Statthalter – nicht der einzige Hinweis darauf, dass der Süden dem Norden vorgezogen wird. Der König scheint seine judäische Herkunft bei wichtigen Entscheidungen nicht zu verleugnen.

Die Bewohner des nördlichen Teils von Salomos Reich müssen genau wie die unterworfenen Nachbarvölker Zwangsarbeit bei den vielen Bauaktivitäten des Königs leisten. Er erweitert die Städte Hasor, Megiddo und Gezer. In Jerusalem werden die Stadtmauer und das letzte Bollwerk der Festung Davids fertiggestellt. Er lässt in der Hauptstadt seinen Palast und den Tempel bauen.

> *480 Jahre waren vergangen, seit die Israeliten Ägypten verlassen hatten. Es war das vierte Regierungsjahr König Salomos. Im Monat Siw, dem zweiten Monat des Jahres, begann König Salomo mit dem Bau des Tempels für den Herrn.*
>
> 1 Könige 6,1

Von allen in der Bibel aufgeführten Bauwerken ist Salomos Tempel in Jerusalem das wichtigste. Von ihm ist nichts mehr übrig.

Vor dem Bau eines Tempels für Jahwe bittet Salomo laut Bibel bei den nördlichen Nachbarn um Hilfe, den Phöniziern, den Untertanen von König Hiram von Tyrus. Obwohl die, wie wir wohl vermuten dürfen, Baalsanhänger sind, liefern sie den Israeliten Zedernholz von den Hängen des Libanon. Bronze und Kupfer für die Einrichtung wird durch einen Namensvetter des Königs Hiram geliefert. Er gießt u. a. das riesenhafte kupferne Becken, das in der Bibel »das Meer« genannt wird und vor dem Tempel stand. Er fertigt auch die großen, freistehenden Säulen Jachin und Boaz, die jeweils seitlich des Eingangs aufgestellt wurden. Der griechische Autor Herodot sah im fünften Jahrhundert v. Chr. in einem sehr alten Tempel im phönizischen Tyrus zwei solcher freien Säulen stehen. Das deutet darauf hin, dass der Einfluss der Phönizier über das Ausleihen von Holzfällern und Handwerkern hinausging.

Auch die Archäologie hat Hinweise dafür geliefert, dass die Phönizier die eigentlichen Architekten des salomonischen Tempels waren. Im Jahre 1957 wurde in Hazor ein phönizischer Tempel aus dem 13. Jahrhundert v. Chr. ausgegraben. Dieser Tempel weist dieselbe Dreiteilung wie derjenige Salomos auf: Ein Vorhof mit zwei Säulen, ein großer Saal und ein Hintersaal, als heiligster Ort. An den Wänden und den Säulen waren ähnliche Verzierungen angebracht: Palmen, Granatäpfel, Ochsen, Löwen und geflügelte Sphinxe, die in der Bibel Cherubim heißen.

Der hinterste Raum von Salomos Tempel, das Allerheiligste, muss wohl einen verblüffenden Anblick geboten haben, wenn auch nur für die Priester, die ihn betreten durften.

> *Dieser Teil des Tempels war zehn Meter lang, zehn Meter breit und zehn Meter hoch. Salomo ließ den ganzen Raum mit reinem Gold auskleiden. Vor dem Allerheiligsten stand ein Altar aus Zedernholz. Auch er wurde mit Gold überzogen, ebenso der gesamte Innenraum des Heiligtums.*
>
> 1 Könige 6,20–21

Einzigartiger noch als der Reichtum des ganzen Bauwerks dürfte für Fremde, die einen Abstecher dorthin unternahmen, zu dieser Zeit die Tatsache gewesen sein, dass im Tempel von Jerusalem keine Götterbilder standen. Im Allerheiligsten wurde kein Bild angebetet. Dort wurden lediglich zwei einfache Steine aufbewahrt mit dem Gesetzestext, den Gott selbst für Moses geschrieben hatte. Sie lagen wiederum in der Bundeslade, dem greifbaren Beweis der Vereinbarung, die Gott und sein auserwähltes Volk geschlossen hatten. Der Vertrag war den Israeliten heilig.

Trotz der empfindlichen politischen Verhältnisse des 20. Jahrhunderts wurden in Jerusalem doch archäologische Ausgrabungen durchgeführt. Diese haben keine Spur von Salomos Tempel und seines Palastes zutage gefördert. In der Bibel und in anderen Quellen können wir dafür eine gute Begründung finden. Jerusalem wurde 586 v. Chr. gründlich von den Babyloniern verwüstet, nachdem einer der späteren Nachfolger Salomos, König Sedekia von Juda, sich gegen Nebukadnezar von Babylon aufgelehnt hatte.

Im biblischen Buch Jeremia – einem Zeitgenossen Sedekias – wird die Verwüstung folgendermaßen beschrieben:

> *Im 19. Regierungsjahr König Nebukadnezars von Babylonien, am zehnten Tag des fünften Monats, traf Nebusaradan in Jerusalem ein. Er war der Oberbefehlshaber der königlichen Leibwache und ein enger Vertrauter Nebukadnezars. Er ließ den Tempel des Herrn, den Königspalast und alle großen Häuser in Flammen aufgehen.*
>
> Jeremia 52,12–13

Bleibt aber die Frage, ob Salomo den Tempel erbaut hat, der im Buch der Könige beschrieben wird.

Hat es jemals einen Salomo in all dieser Herrlichkeit gegeben?

Salomo als Erfüller des Willens Gottes kommt dem Autor sehr gut zupass. Wir sahen im Kapitel über Saul und Samuel, dass der sogenannte Deuteronomist ca. 600 v. Chr.

lebte, und das waren bewegte Zeiten. Große ausländische Mächte bedrohten seinerzeit Jerusalem, und inzwischen versuchten die Propheten, die Könige zu religiösen Reformen zu bewegen. Die Schriften des Deuteronomisten lesen sich wie ein Reformprogramm.

Einer der wichtigsten Bestandteile der Reform war die Schaffung eines Monopols des Tempels von Jerusalem. Außerhalb seiner Mauern, auf den häufig erwähnten »Höhen«, durfte nicht länger geopfert werden. Es ist durchaus vorstellbar, dass die Eiferer für den Tempel ihren Argumenten Nachdruck verleihen wollten, indem sie diese einem legendären König aus glorreicher Vergangenheit in den Mund legten.

Es ist gewiss möglich, dass Salomo den Tempel tatsächlich im zehnten Jahrhundert erbaut hat, dann allerdings in einer etwas einfacheren Ausführung als in der Bibel geschildert. Die dortige Beschreibung entspricht dem Zustand des Tempels im sechsten Jahrhundert. Auch das dürfte eine Form der *invented tradition* sein. Der Deuteronomist könnte diesen Teil seines Werkes nach der Verwüstung des Tempels geschrieben haben. Das würde die ausgedehnten Passagen erklären, die er dem Bau, der Einrichtung und der Einweihung des Tempels widmet. Es ist fast so, als ob der Autor nicht nur seine Erinnerung an den Tempel lebendig halten, sondern auch als ob er eine Art Blaupause an nachfolgende Generationen weiterreichen wollte, als ob er damit rechnete, dass der Tempel dereinst wiedererrichtet werden könne.

Die Maße des Tempels wurden durch die Jahrhunderte hinweg wie ein mystisches Geheimnis betrachtet. Gesellschaften wie die der Freimaurer haben allzu gern suggeriert, sie seien in dieses Geheimnis eingeweiht. Im Buch

Könige steht, der Tempel, den Salomo für den Herrn baute, war sechzig Ellen lang, zwanzig breit und dreißig hoch. Dieses alte Längenmaß wird in der Regel mit 69 Zentimetern berechnet. Das hieße, dass der Tempel ca. 41 mal 14 mal 20 Meter maß.

Als das Bauwerk fertig ist, folgt die Einweihung des Tempels. Der König versammelt das Volk und ruft Gott an. Nachdem er den exakten Status des Tempels geklärt hat – es ist ein Ort, an dem nur der *Name* Gottes wohnen sollte: *»Ist nicht sogar der Himmel zu klein, dich zu fassen, geschweige denn dieses Haus, das ich gebaut habe?«*, –, folgt eine Rede, in der Salomo vor dem Altar kniend den uralten Bund in ein neues Licht stellt. Der Gehorsam gegenüber dem Gesetz des Moses bleibt selbstverständlich die Basis. Aber jetzt wird der Gehorsam an die Nutzung des neuen Tempels gekoppelt. *»Wenn es einmal lange Zeit nicht regnet, weil sie gegen dich gesündigt haben, wenn sie dann zu diesem Tempel gewandt beten und dich wieder als ihren Gott loben, so höre sie im Himmel!«*

Salomo zählt eine komplette Kasuistik der Gnade Gottes auf. Verzweifelte erhalten nur Hilfe, wenn sie im Tempel oder zumindest in seine Richtung beten. Sünder können erst im Tempel zu echter Einkehr gelangen. Fremde können sich nur richtig bekehren, wenn sie sich an diesen Tempel wenden.

Der Tempel, der Tempel, der Tempel! Das wird im Buch der Könige regelrecht eingebimst: Echte Frömmigkeit kann der Gläubige allein im Tempel von Jerusalem zeigen. Einmal aus politischer Perspektive betrachtet, könnte man sagen, dass Salomo mit dem Tempel versucht, sein Königreich zu zentralisieren, wie er das auch mit der Einsetzung der Statthalter bereits tat. Aber das ist nicht der Blickwinkel der Bibel. Der Autor des Buches der Könige sieht den Tempel ausschließlich aus religiöser Perspektive. Der Tempel ist der Brennpunkt des wahren Glaubens. Darum konzentriert sich Gottes Reaktion auf Salomos flehentliche Einweihungsbitte auf das neue Gebäude.

»*Diesen Tempel, den du gebaut hast, habe ich als einen heiligen Ort erwählt, an dem ich für immer wohnen will*«, sagt Gott zu Salomo.

> *Doch wenn ihr oder eure Nachkommen mir den Rücken kehrt und meine Gebote und Weisungen nicht mehr befolgt, wenn ihr anderen Göttern nachlauft und sie anbetet, dann werde ich euch aus diesem Land vertreiben, das ich euch gegeben habe. Israels Unglück wird sprichwörtlich sein. Alle Völker werden euch verspotten. Auch von dem Tempel, den ich jetzt zu einer heiligen Stätte erklärt habe, werde ich mich wieder abwenden. Nur ein Trümmerhaufen wird von ihm übrig bleiben.*
>
> 1 Könige 9,6–8

Solche Drohungen werden in der Bibel niemals vergebens ausgesprochen. Sie werden immer wahrgemacht. Ebenso, wie wir wissen, dass die definitive Komposition des Buches der Könige aus der Zeit nach der Zerstörung des Tempels datiert, so ist diese Äußerung weniger als Prophezeiung für die erste Lesergeneration, sondern vielmehr als eine nachträgliche Erklärung zu verstehen. Warum hat Gott die Zerstörung des Tempels zugelassen? Um die Israeliten für ihre Sünden zu bestrafen – und besonders für die ihrer schlechtesten Könige. Die ganze Geschichte der Könige von Juda und Israel wird daran gemessen, in welchem Maße sie Gott gehorchen. Im Tempel zu opfern ist der einzig gültige Lackmustest für die Frömmigkeit des fraglichen Königs.

Salomo selbst fällt am Ende seines Lebens bei dieser Prüfung bereits durch. Seine Frauen aus Moab, Ammon, Edom, Sidon und dem Hethiterreich verehren ihre eigenen Götter, so, wie ihr Ehegemahl gelobt hatte, seinen Gott zu verehren. Immer häufiger aber wendet auch Salomo sich an Astarte, die Göttin der Sidoner, und an Milkom, *den schrecklichen Götzen der Ammoniter.* Er lässt in nahezu unbegreiflich krassem Widerspruch zum Anspruch seines eigenen Tempels auf einem Hügel in der Umgebung Jerusalems einen Opferplatz zur Ehre von *Kemosch, dem widerlichen Götzen der Moabiter, und einen anderen für Moloch, den schrecklichen Götzen der Ammoniter,* errichten.

Eines Tages hat Gott genug. Er schickt den Propheten Ahija aus Silo mit einem neuen Mantel auf den Weg. Gleich außerhalb Jerusalems begegnet ihm ein gewisser Jerobeam, Bauaufseher Salomos. Ahija erklärt ihm, dass Gott böse auf Salomo ist. Dann zerreißt er seinen Mantel in zwölf Stücke und gibt Jerobeam davon zehn. Die zehn Stücke symbolisieren die nördlichen Stämme Israels. Über sie soll Jerobeam anstelle von Salomos Sohn herrschen. Dass der rechtmäßige Erbe Rehabeam auch noch ein Stückchen vom Mantel behalten darf, hat er allein der Tatsache zu verdanken, dass sein Opa David nun einmal Gottes Liebling war. *»So will ich Davids Nachkommen dafür bestrafen, dass sie mir den Rücken gekehrt haben«*, lässt Gott durch Ahija ausrichten. Allerdings fügt er hinzu: *»Doch das wird nicht für immer so bleiben.«*

Denn es bleibt immer die Hoffnung auf Gnade.

# Und wandelten nicht auf dem Weg des Herrn

## *Könige auf dem Prüfstand*

Die Bibel, so schreibt der französische Hochschullehrer Joseph Dheilly, ist »völlig prophetisch«. »Es ist der Eine Gott, der die Geschichte durch die Vollendung seines Planes unter den Menschen erschafft.« Mit diesem Grundgedanken hat sich der Verfasser der historischen Bücher der Bibel an seinen Schlussakkord gesetzt, das Buch der Könige. Angenommen, dieser Verfasser war – wie im Kapitel über Saul angedeutet – der Prophet Jeremia aus dem siebten Jahrhundert mit einem oder mehreren seiner Jünger, so holt die Geschichte den Verfasser im Laufe des Buchs der Könige ein, und es scheint zuweilen so, als werde es immer schwieriger, sie Gottes Plan zu unterwerfen.

Die Verfasser des Buchs der Könige (und ein paar Jahrhunderte später die der Chroniken) schreiben über 38 Könige, aber sie kümmern sich nicht oder kaum um die Dinge, die wir üblicherweise in Annalen vorfinden. Kriege, Bauwerke, Erdbeben, von denen wir aus anderen Quellen wissen, dass sie aus jenen Jahrhunderten datieren, bleiben hier oftmals unerwähnt. Es geht in erster Linie um die Frömmigkeit von Herrscher und Volk, gemessen an den Maßstäben der Gesetze Moses' aus dem Deuteronomium. Glauben sie ausschließlich an Jahwe? Und verehren sie ihn ausschließlich im Tempel in Jerusalem? Meistens nicht. Der König geht seinen eigenen Weg und wandelte nicht auf dem Weg des Herrn, wie es bei König Amon von Juda heißt (in einer Übersetzung von 1951). Das am häufigsten vorkommende Urteil über die Könige lautet: Er *tat, was der Herr verabscheute*.

Ab und zu ist ein Guter dabei, und so stoßen wir auch im Buch der Könige auf den vertrauten Rhythmus von Segen und Fluch. Es gibt Könige, für die Gott das Land segnet, es gibt Könige, die er verflucht. Immer rascher lösen Segen und Fluch einander ab und – o Wunder – gerade im Leben des Jeremia vollendet sich die Erfüllung des göttlichen Planes. Im Jahr 640 oder 639 v. Chr. tritt König Josia sein Amt an. Er ist zu diesem Zeitpunkt acht Jahre alt und hört – im Gegensatz zu seinem völlig heidnischen Großvater Manasse – brav auf die Ermahnungen der Propheten. Unter Josias Regierung beginnt eine Zeit ganz im Sinne der Lehrsätze.

In Josias 18. Regierungsjahr findet ein Hohepriester im Tempel eine Rolle, auf der – wie sich herausstellt – das Gesetz Moses' steht, wahrscheinlich das Buch, das wir als Deuteronomium kennengelernt haben. Als der König den Text vorgelesen bekommt, zerreißt er seine Kleider. Alle Frömmigkeit ist vergebens, denn solange man nicht dem Buchstaben des Gesetzes folgt, wird Gott sich nicht seines Volkes erbarmen. Nun beginnt Josia eine leidenschaftliche Reform, bei der ein für alle Mal kurzer Prozess mit der Verehrung anderer Götter gemacht wird, von der die Israeliten nie genug bekommen konnten. Manche Gelehrte sehen hierin die faktische Geburt des Monotheismus.

Das Kapitel über die Reform des Josia liest sich wie ein Musterbeispiel der Glaubensgewohnheiten der Israeliten. Im Tempel werden Baal, Aschera und die Himmelskörper verehrt, es wird zu *Astarte, der widerlichen Göttin der Sidonier, sowie dem moabitischen Götzen Kemosch und Milkom, dem schrecklichen Götzen der Ammoniter,* gebetet. Im Hinnomtal verbrannten Menschen ihre Kinder als Opfer für Moloch. Es gab Geisterbeschwörer, Wahrsager, Hausgötter und verschiedene Abgötter. Josia lässt die heidnischen Gegenstände und Opferstätten auf- und forträumen. Der Tempel wird gereinigt und wiederhergestellt. Die große Säuberung endet, wie es sich gehört, mit einem riesigen Fest zu Passah. Hat der deuteronomistische Verfasser wohl nach dem Passahfest seine Buchrolle fortgelegt? Plan vollendet. Gott zufrieden. Jetzt noch lange und glücklich leben. Die Fortsetzung muss ihn aus der Fassung gebracht haben.

Im Jahr 609 v. Chr., da ist Josia seit 31 Jahren König, zieht ein ägyptisches Heer gegen den König von Babylon, der neuen Großmacht im Osten. Die Ägypter marschieren durch Palästina, und Josia geht ihnen mit einer Armee entgegen. »*Was habe ich dir getan, König von Juda?*«, warnt ihn der Pharao. »*Nicht dich greife ich an.*« Die Armeen stehen sich bei der Festungsstadt Megiddo am Rande der Jesreelebene gegenüber. Die riesige ägyptische Kriegsmacht gegen die Israeliten mit ihren hitzköpfigen Königen. Josia, der große Reformer, 40 Jahre alt, in der Blüte seines Lebens und vielleicht doch so arrogant zu glauben, dass Gott immer an seiner frommen Seite steht, gibt das Zeichen zum Angriff und fällt direkt – steht in 2 Könige 23,29. Er *wurde von den feindlichen Bogenschützen getroffen,* ergänzt 2 Chronik 35,23. In den Klageliedern, die in der Regel ebenfalls Jeremia zugeschrieben werden, klagt der Prophet über den sinnlosen Tod des Josia, und er scheint Gott, der seinem eigenen Volk dieses Unglück antat, einen kaum verhohlenen Vorwurf zu machen: *Er spannte seinen Bogen und stellte sich auf, die Hand bereit zum Schuss. Wie ein Feind hat er alle getötet, die uns lieb und teuer waren.*

Wie, um Himmels willen, sollte der Prophet dieses Ereignis mit dem großen Plan in Übereinstimmung bringen? Gott ist zu einem Gegner geworden. An der Kreuzung von Geschichte und Vorsehung lässt er Josia verunglücken wie einen Geisterfahrer.

Bisher bestimmte die Bibel unseren Blick auf die Geschichte des jüdischen Volkes. Es gab höchstens Textfragmente und archäologische Funde als Bestätigung von oder als Kontrapunkt zu biblischen Episoden. Ab der ersten Hälfte des neunten vorchristlichen Jahrhunderts ändert sich dies. Hier donnert die Weltgeschichte in das Gelobte Land, und die Israeliten nehmen ihren Platz in der Geschichte ein. Die Namen der israelitischen Herrscher tauchen immer häufiger in anderen schriftlichen Quellen auf. Von diesem Punkt an können wir die in der Bibel beschriebenen Ereignisse regelmäßig mit ihrem Echo bei anderen Völkern vergleichen.

Historiker können auf diese Weise genauer bestimmen, was zwischen dem Tod König Salomos um 931 und der Verwüstung Jerusalems 586 v. Chr. geschehen sein muss. Die fast traditionellen Kämpfe mit den Moabitern, Edomitern und Philistern – vertraute Instrumente der Rache Gottes – machten Vernichtungskriegen mit internationalen Großmächten wie Ägypten, Aram, Assyrien und Babylonien Platz.

Durch diese außerbiblischen Quellen zeigt sich auf einmal deutlich, wie unwillig die Geschichte ist, sich dem Plan Gottes zu fügen. Es ist, als ob der Herr ebenso wie David und Salomo vom Windschatten zwischen dem zwölften und zehnten Jahrhundert profitiert hat, um den Plan mit seinem auserkorenen Volk zu vollenden.

Im Buch der Könige sehen wir, wie der Deuteronomist die historischen Ereignisse zurechtziehen und -stauchen muss, um sie in seinen Plan einzupassen. Wir sehen plötzlich, was er weglässt. Und wir spüren seine Verzweiflung, als sich gegen Ende des Buches alles zusammenzufügen scheint und der Plan dann komplett durch Josias sinnlosen Tod durchkreuzt wird. Dann bleibt ihm nichts anderes übrig, als nach dem sehr glücklichen und frommen letzten Kapitel über Josia einen Satz mit einem bleischweren »Trotzdem« zu beginnen: *Trotzdem war der Herr weiterhin voller Zorn über Juda*. Und dann muss er der Geschichte ihren eigenen, gottlosen Lauf lassen.

Wir haben bereits gesehen, wie Salomo vom Weg des Herrn abwich und fremden Göttern Tempel errichtete. Nach seinem Tod, so sagte der Prophet Achia voraus, werde sein Reich zerrissen. Salomos Sohn Rehabeam reiste von Jerusalem nach Sichem, um in der alten Hauptstadt des nördlichen Landesteils der israelischen Elite die Rechtmäßigkeit seiner Ansprüche zu vermitteln. Offensichtlich war es noch nicht selbstverständlich, dass ein Prinz judäischen Blutes König von Israel wurde. Der Führer der Israeliten, Jerobeam, Salomos Aufseher über die Fronarbeiter beim Ausbau Jerusalems, trat dem Thronprätendenten entgegen und sprach: *»Dein Vater war ein strenger Herrscher. Schonungslos hat er uns das Äußerste an Steuern und Frondiensten abverlangt. Wir erkennen dich nur als König an, wenn du uns nicht so schwer unterdrückst wie dein Vater!«*

Der wackere Bauhandwerker protestierte damit gegen die Belastungen und die Zwangsarbeit bei Salomos Bauprojekten, die auf den Israeliten schwerer lasteten als auf den Judäern, wenn nicht sogar ausschließlich. Die alten Berater seines Vaters sagten Rehabeam, dass er nachgeben müsse. Seine jungen Freunde aber brausten sofort auf. Wie bitte, Joch erleichtern? Weißt du, was du ihnen sagen musst? Dass selbst dein kleiner Finger dicker ist als der Schwanz deines Vaters! Dass du sie noch härter anfassen wirst als er!

Rehabeam nahm den hitzigen Rat an, auch wenn er doch so taktvoll war, nicht öffentlich auf das Glied seines Vaters zu verweisen. Er sagte: *»Es stimmt, mein Vater war nicht gerade zimperlich mit euch, aber ich werde noch ganz anders mit euch umspringen! Er ließ euch mit Peitschen antreiben, ich aber werde Peitschen mit Stacheln nehmen!«*

Das war für die Israeliten die Höhe. »Auf zu deinen Zelten, o Israel«, rief das Volk. So stand es zumindest in alten Bibelübersetzungen; neue Übersetzungen verwenden dieses geflügelte Wort – wie viele andere auch – nicht mehr. Damit zerfiel das glorreiche Königreich Davids und Salomos in zwei Teile, Juda im Süden, Israel im Norden.

Jerobeam wurde der erste König von Israel. Aber er war sich seiner Sache doch nicht so sicher. Wenn wir dem Verfasser des Buchs der Könige Glauben schenken dürfen, hatte Jerobeam Angst, dass seine Untertanen wie gewohnt weiterhin zum Tempel in Jerusalem gehen und sich dort automatisch dem König von Juda zugesellen würden. *»Dann werden sie auch bald wieder König Rehabeam von Juda als ihren König anerkennen. Ist es aber erst einmal so weit, dann bringen sie mich um.«*

Darum beschloss Jerobeam, zwei goldene Figuren in der Form von Stierkälbern zu machen. Er stellte eine in Bethel, an der Grenze zu Juda, auf, und eine in Dan, im Norden seines Reiches, und verkündete: *»Seht, ihr Israeliten, hier sind eure Götter, die euch aus Ägypten geführt haben!«*

Ein goldenes Kalb als Gott, an was erinnert das? Natürlich an Aaron, den Bruder Moses', der während des Exodus in der Wüste die Ungeduld der Israeliten zu zügeln suchte, indem er ihnen ein goldenes Stierkalb schmolz. Mit der Gründung eines neuen Kultes riss Israel demnach beim eifersüchtigen Jahwe eine alte Wunde auf. Guter Grund für eine Strafe also – und die wird im Buch der Könige und in den Chroniken dann auch in aller Breite geschildert. Dass Israel 722 v. Chr. durch die Assyrer von der Bildfläche gefegt wird, ist für den Verfasser des Buches der Könige selbstverständlich. *Sie betrogen sich selbst und liefen toten Götzen nach.*

Dabei stellt sich die Frage, ob es tatsächlich ein neuer Kult war. Die nicht auserkorenen Völker in und um Israel pflegten von alters her gehörnte Götter zu verehren, und die Israeliten selbst vielleicht auch. Baal, dargestellt als ein Mischwesen aus Mensch und Rind, ist in der Bibel der wichtigste Rivale Jahwes. Wir werden gleich sehen, dass es zu einem Prophetenwettstreit kommen muss, um die Überlegenheit Jahwes ein für alle Mal festzustellen.

Es kann sehr gut sein, dass der aus Juda stammende biblische Autor um 600 v. Chr. einen von ihm selbst verabscheuten, zeitgenössischen Kult ganz bewusst einem urisraelischen Schurken aus ferner Vergangenheit zuschrieb. Die Israeliten sind die *bad guys* in den Büchern der Könige und der Chroniken. Das hängt zweifellos mit der Kälberverehrung zusammen.

Aber man muss auch bedenken, dass sowohl das Buch der Könige als auch die Chroniken von Judäern geschrieben worden sind. Die Sicht der Leute aus dem Süden auf die Geschichte des Nordens ist mit Vorurteilen behaftet. Die 19 Könige Israels werden ausnahmslos als heidnische Mörder abserviert.

Kann es sich hier um gewöhnliche Eifersucht handeln? Nach der Trennung ist Israel mit Abstand das wichtigere und wohlhabendere der beiden Königreiche. Archäologische Funde aus diesen Jahrhunderten zeigen, dass Juda bis in die zweite Hälfte des achten vorchristlichen Jahrhunderts ein rauhes und dünnbevölkertes Gebiet war, in dem vor allem Viehbauern wohnten. Jerusalem war noch ein Dorf. Israel kannte bereits seit langem eine spezialisierte Landwirtschaft mit Wein- bzw. Olivenanbau, und es gab sogar eine Olivenöl verarbeitende Industrie. Es gab Städte, es gab Handelsbeziehungen, es wurde geschrieben.

In der Bibel drückt eine großartige Passage diesen Unterschied aus. König Amazja von Juda (ca. 805–776 v. Chr.) erzielt einen großen Sieg über die Edomiter, die südöstlich des Toten Meeres leben. Hierdurch übermütig geworden, fordert er auch den König Israels heraus. König Joas von Israel schickt eine souveräne Botschaft zurück:

> *»Ein Dornstrauch auf dem Libanongebirge sagte einmal zu einer mächtigen Zeder: ›Gib meinem Sohn deine Tochter zur Frau!‹ Doch die Tiere auf dem Libanon liefen über den Dornstrauch und zertrampelten ihn. Ist dir der Sieg über die Edomiter zu Kopf gestiegen? Bleib lieber zu Hause und genieße deinen Sieg! Warum willst du ins Unglück rennen und ganz Juda mit hineinreißen?«*
>
> 2 Könige 14,9–10

Der rechthaberische Amazja greift dennoch an. Juda verliert, Jerusalem wird geplündert und der König gefangengenommen. Es wirkt fast wie eine Vorankündigung von Josias sinnlosem Sturmlauf.

Noch ein signifikanter Unterschied: Israel und seine Könige tauchen viel häufiger als Juda auf den Monumenten und Stelen der benachbarten Völker auf. Von Omri, der 884 v. Chr. König von Israel wurde, wissen wir aus anderen Quellen, dass er für Israel eine neue Hauptstadt baute, Samaria. Er konsolidiert seine Macht, unterhält internationale Kontakte und gründet eine Dynastie. Auf assyrischen Inschriften heißt Israel danach *bit humria*, das Haus des Omri. Im Buch der Könige erhält dieser David des Nordens genau elf Verse, in den Chroniken wird er in einem einzigen Nebensatz erwähnt. Es ist der Neid. Über Juda wusste der König von Assyrien nicht mehr anzumerken, als dass es *weit weg* liegt.

Die Kehrseite des ausländischen Interesses für Israel ist, dass dieses mit Krieg einherging. Das arme Juda war ein Land, durch das so manche Armee zog. Das reiche Israel war ein Land, für das Armeen selbst den langen Weg vom Euphrat her auf sich nahmen. Für die Judäer und gewiss für ihre Propheten galt dies als weiterer Beweis dafür, dass Gott die abgefallenen Auserwählten in Israel immer noch beobachtete. Ab und zu schickte er auch einen Propheten dorthin, wie den wundertätigen Elia und seinen Nachfolger Elisa.

Als das Land einmal unter einer von Jahwe gesandten Dürre stöhnte – es ist die Zeit, in der Omris Sohn Ahab König von Israel ist –, fordert Elia vierhundertfünfzig Baalspriester heraus. Auf dem Berg Karmel organisiert er ein Duell, um festzustellen, welcher Gott der mächtigste sei. Es wird für beide Götter ein Opfer auf einem Scheiterhaufen bereitgelegt. Der Gott, der in der Lage ist, das Feuer zu entzünden, ist wahrlich der Herr.

Erst sind die Anhänger Baals an der Reihe: Vierhundertfünfzig Priester rufen den ganzen Morgen vergeblich ihren Gott an, und um die Mittagstunde beginnt Elia, sie zu verhöhnen.

> *»Bestimmt ist er gerade in Gedanken versunken, oder er musste mal austreten. Oder ist er etwa verreist? Vielleicht schläft er sogar noch, dann müsst ihr ihn eben aufwecken!«*
>
> 1 Könige 18,27

So laut die Baalspriester auch rufen, so blutige Wunden sie sich auch zufügen (der Bibel zufolge eine gängige Methode, um in Ekstase zu geraten), das Feuer will nicht brennen. Nun ist Elia an der Reihe. Er legt sein Opfer nieder, gießt sogar Wasser über das Holz, um seine Probe noch eindrucksvoller zu machen, und Jahwe verzehrt es mit himmlischem Feuer. Die Menge gerät außer sich. Alle Baalspriester werden an Ort und Stelle niedergemetzelt.

Wenn es um solche Geschichten ging, war der Deuteronomist ab und zu sehr gerne bereit, über Israel zu schreiben. Wegen Elia. Aber auch wegen der ausgesprochenen Schlechtigkeit des Königs. *Es gab tatsächlich keinen König, der sich in solchem Maße dem Bösen verschrieben hatte wie Ahab. Seine Frau Isebel hatte ihn dazu verführt.*

Isebel – wie die sprichwörtlich falsche Jezebel in der neuen Übersetzung heißt – ist die Tochter des Königs von Sidon, einem Teil des heutigen Libanon. Laut Chaim Potok ist sie »eine merkwürdige Art von Heidin: eine fanatische Missionarin für ihren Gott«. So, wie die biblischen Propheten versuchen, die Bevölkerung dem wahren Gott zuzuführen, so tut Isebel dies für Baal. Sie bringt so viele Jahwe-Propheten wie möglich zu Tode. Es ist eines der seltenen Gucklöcher, die sich in der Bibel auf den Kult der Jahwe-Rivalen finden. König Ahab baut, zweifellos auf Isebels Veranlassung, in Samaria einen Baalstempel. Der Nachbar Nabot, der seinen schönen Weinberg nicht verkaufen möchte, wird von der Königin falsch beschuldigt und gesteinigt, und dann sagt sie zu ihrem Mann: »Jetzt kannst du den Weinberg in Besitz nehmen.«

Solch niederträchtige Geschichten werden in der Bibel in der Regel nur erzählt, um zu sehen, wie die Hauptfigur gestraft wird. Und das geschieht prompt. Der Prophet Elisa, Nachfolger des Elia, sagt voraus, dass die Hunde Isebels Blut lecken werden. Er salbt einen Gegenkönig, Jehu. Dieser verübt 842 oder 841 v. Chr. einen Putsch. Nachdem er den König getötet hat, reitet Jehu schnurstracks nach Jesreel, wo sich Isebel aufhält. Die Königin bleibt eiskalt.

*Sie schminkte sich die Augen, frisierte ihr Haar und lehnte sich aus dem Fenster. Als Jehu zum Palasttor hereinkam, rief sie hinunter: »Wie fühlt man sich denn so als Königsmörder? Du bist wie Simri, der seinen Herrn umgebracht hat!« Jehu sah hinauf und rief: »Wer im Palast hält zu mir?« Zwei oder drei Hofbeamte schauten heraus. »Werft sie herunter!«, befahl Jehu ihnen. Da stürzten sie die Königin aus dem Fenster. Bei ihrem Aufprall spritzte das Blut an die Mauer und an die Pferde. Jehu fuhr über ihre Leiche hinweg, ging in den Palast und stillte erst einmal seinen Hunger und Durst.*

2 Könige 9,30–34

Man kann vom Deuteronomisten sagen, was man will – dass er Scheuklappen trägt, dass er voreingenommen ist –, aber er hat gewiss ein Gefühl für Dramatik. Dass Ahab sich 853 v. Chr. elf anderen Königen der Küstenländer anschließt, um den Assyrern zu widerstehen, davon liest man dann in der Bibel wieder nichts. Dafür müssen wir uns an eine assyrische Inschrift halten, aus der deutlich wird, dass die Israeliten an dieser Koalition den größten Anteil hatten: Zweitausend Kampfwagen und zehntausend Soldaten. Die Assyrer scheinen die Schlacht gewonnen zu haben, aber ihr Vormarsch wurde doch verlangsamt.

Das militaristische Assyrien, Wiege des mobilen Rammbocks und des Katapults, taucht um die Mitte des neunten Jahrhunderts am Horizont der Bibel auf. Jedes Frühjahr machen sich die Könige von Ninive oder Assur auf, um ihr Reich weiter auszudehnen. Aus den Quellen – besonders der Assyrer selbst – entsteht ein Bild, das an die Raubzüge der Hunnen im Mittelalter erinnert. Feinde werden verstümmelt, aufgespießt, geschunden, oder es werden ihnen die Augen ausgestochen. Wenn sie Glück hatten, durften sie Vasallen werden.

So sehen wir auch zum ersten Mal einen israelischen König abgebildet – das älteste Porträt, das gefunden wurde. Es ist Jehu, der die Füße des Königs von Assyrien küsst. Er trägt einen Mantel und eine Kopfbedeckung, und sein Bart berührt den Boden, so tief beugt er sich. Die Assyrer haben sich nicht lange bitten lassen. Im Text auf dem Relief steht: »Der Tribut des Jehu, Sohn des Omri: Silber, Gold, eine goldene Schüssel, eine goldene Vase, goldene Becher.«

Gut ein Jahrhundert später endet die Geschichte des Königreichs Israel, als König Hosea (732–722) den Tribut nicht länger zahlen will. In wenigen Jahren rast das assyrische

Heer durch sein Land. Die Hauptstadt Samaria wird eingenommen, Hosea gefangengenommen, und die übrigen Einwohner werden deportiert.

So weit nichts Besonderes für die Bibel. *Dies alles war geschehen, weil die Israeliten gegen den Herrn, ihren Gott, gesündigt hatten.*

Das Ende des reichen, aber abtrünnigen Israel passte vorzüglich in die deuteronomistischen Schriften. Die Geschichte Judas war problematischer. Von den neunzehn Königen Judas waren laut dem Buch der Könige lediglich sieben gerade noch passabel. Die meisten schlechten Könige waren nicht völlig schlecht. Nur brachten sie Gott auch schon mal außerhalb des Tempels ein Opfer. Es gab auch ein paar Schurken unter ihnen, wie Ahas, der von 744 bis 728 v. Chr. regierte. Er *brachte in den Höhenheiligtümern, auf den Hügeln und unter den dichtbelaubten Bäumen seine Opfer dar.* Er verbrannte sogar seinen eigenen Sohn als Opfergabe.

Die Eroberung Samarias und die Deportation der israelischen Bevölkerung nach Assyrien veranlasste viele Bewohner des Nordens zur Flucht in den Süden. Am Ende des achten Jahrhunderts explodierte auf diese Weise die Bevölkerungszahl Judas von einigen Zehntausenden auf rund 120 000 Einwohner. Archäologische Ausgrabungen haben eine enorme Ausdehnung Jerusalems in dieser Zeit nachgewiesen. Eine große Mauer umgab den neuen westlichen Stadtteil. Es entstanden größere Häuser und reicher verzierte Grabmäler. Aus anderen Dörfern wurden Städte.

Gerade in dieser Zeit des Wohlstandes hatte Juda einen König, der wirklich das tat, *was dem Herrn gefiel:* Hiskia.

Der Deuteronomist dosiert seine lobenden Äußerungen sehr genau. Hiskia (715–686 v. Chr.) *tat, was dem Herrn gefiel. In allem folgte er dem Beispiel seines Vorfahren David.* Später kommt wohlgemerkt Josia, *folgte dem guten Beispiel seines Vorfahren David und ließ sich durch nichts davon abbringen.* Hiskia beginnt sozusagen die Reform, die Josia zwei Generationen später vollenden sollte. Er entfernte die Altäre im Land, er hieb die sogenannten Ascherapfähle um, die Jahwes Gefährtin geweiht waren, und er schlug die kupferne Schlange in Stücke, die der Tradition nach der Stab des Moses gewesen war und sich für die Israeliten im Laufe der Jahrhunderte zu einer Opferstätte entwickelt hatte. Hiskia feierte die Vollendung seiner Reform mit der feierlichen Wiedereröffnung des Tempels und einem gemeinsamen Passahfest für Juda und Israel. Hätte er in jener Zeit gelebt, so hätte der Deuteronomist hierin womöglich die Vollendung von Gottes Plan gesehen. Denn siehe, die Assyrer, zweifellos angelockt von Judas neuem Wohlstand, fielen in das Land ein. Es gelang ihnen jedoch nicht, die Hauptstadt einzunehmen. König Sanherib von Assyrien nahm bei diesem Feldzug nach eigener – auf einem Tonzylinder verewigten – Aussage sechsundvierzig große, ummauerte und vierzig kleine Städte ein. Ihm zufolge war König Hiskia »in seiner Hauptstadt Jerusalem eingesperrt wie ein Vogel in seinem Käfig«. Vergeblich versucht eine assyrische Delegation unter der Leitung des sogenannten Rabsake, die Moral der Belagerten zu unterwandern.

Sanherib ließ sich dem Text auf dem Zylinder zufolge schließlich abfinden: mit dreißig Talenten Gold, achthundert Talenten Silber, Edelmetall, Edelsteinen, Juwelen, mit Bänken und Stühlen, die mit Elfenbeineinlagen verziert waren, Elefantenhäuten und -stoßzähnen, kostbaren Holzarten, Hiskias Töchtern, seinem Harem und seinen Musikanten.

Zwei sehr schlechte Könige später – Manasse war der schlimmste, er frönte der Zauberei und errichtete einen Ascherapfahl im Tempel des Jahwe, sein Sohn Amon war nicht viel besser – kommt endlich Josia auf den Thron, der Liebling des Deuteronomisten. Einige Jahre lang scheint es so, als würde alles gut.

Wenn der Verfasser des Buches der Könige tatsächlich dieselbe Person ist wie der Prophet Jeremia, dann ist seine Charakterisierung durch den Bibelgelehrten Jack Miles in *God: A Biography* als »der depressive Prophet« sehr zutreffend. Die letzten Kapitel des Zweiten Buches der Könige sind ohne jegliche Freude geschrieben worden. Der Verfasser registriert die Abtrünnigkeit des israelischen Volkes und sieht, wie die Ägypter von Josias Tod profitieren, indem sie Marionetten auf den Thron setzen.

In dem Buch der Bibel, das seinen Namen trägt, sagt Jeremia die Ankunft der Babylonier voraus. Als sie tatsächlich die Macht übernehmen und ihre eigenen Marionetten einsetzen, mahnt Jeremia die Bevölkerung, sich zu unterwerfen. Gott hat ihm gesagt: *»Ich selbst lege allen Völkern ringsum ein eisernes Joch auf den Nacken: Sie werden Nebukadnezar, dem König von Babylonien, dienen müssen.«* Der letzte König von Juda, Sedekia, beginnt jedoch einen sinnlosen Aufstand gegen Nebukadnezar II. von Babylon. Es läuft genauso wie mit Amazja und Josia. Die Judäer werden von den Babyloniern hinweggefegt. Bevor ihm die Augen ausgestochen werden, muss Sedekia mit ansehen, wie seine Söhne ermordet werden. Es ist das Jahr der Katastrophe – manche datieren es auf 587 v. Chr., andere auf das Jahr 586. Die Einwohner Jerusalems werden in alle Ecken des babylonischen Reiches verschleppt, der Tempel wird verwüstet, die Bundeslade verschwindet im Halbdunkel der Geschichte, ohne dass der biblische Verfasser etwas darüber schreibt: der Beginn geheimnisumwobener Ideen, die jahrhundertelang Konjunktur hatten – bis hin zu Steven Spielberg.

In 2 Könige 22,17 hatte Gott Josia eine Prophezeiung zukommen lassen. Natürlich hatte Gott gesehen, dass Josia sich vor ihm gedemütigt hatte, als er seine Kleider zerriss. So musste Josia auch nicht miterleben, wie Gott die Judäer bestrafen sollte, weil sie vor anderen Göttern gekniet hatten. Auch wenn der König fromm gewesen war, so waren doch die Sünden, die das Volk vor seinem Amtsantritt begangen hatte, zu groß, um sie vergeben zu können. *»Mein Zorn über diese Stadt ist wie ein Feuer, das nicht mehr erlöscht.«* Es ist der verzweifelte Versuch des Verfassers, Geschichte und Vorsehung nachträglich miteinander in Übereinstimmung zu bringen.

# Nichts als Unheil

*Die undankbare Aufgabe der Propheten*

Ein bisschen Wahnsinn muss immer dabei sein. Ein Prophet läuft nicht einfach durch die Stadt. Er läuft durch die Stadt mit einem Joch auf den Schultern oder in einem härenen Gewand oder nackt. Oft tanzt er sogar durch die Stadt. Wenn Gott es von ihm verlangt, verkleidet sich der Prophet als Hirte, der sich nicht um seine Schafe kümmert. Wenn Gott es von ihm verlangt, liegt er 390 Tage auf seiner linken Seite und anschließend 40 Tage auf seiner rechten und isst Gerstenkuchen, die er selbst auf einem Feuer aus menschlichen Exkrementen backt. Obwohl – Letzteres geht vielleicht etwas zu weit. Also bittet der Prophet Gott um Erlaubnis, ob das Feuer vielleicht auch mit Pferdeäpfeln oder Kuhfladen gemacht werden dürfe: Es wird gestattet.

In ihren Visionen sehen Propheten fliegende Buchrollen, glühende Kohlen, kippende Kochtöpfe, die über dem Land ausgeschüttet werden, dürre Gebeine, die wieder lebendig werden, und Gott, der mit Pferd und Wagen über die Wellen fährt. Stirbt ein Prophet, dann kann er selbst in einem Feuerwagen gen Himmel geflogen werden. Das hat zumindest jener andere Prophet gesehen, der zu diesem Zeitpunkt bei ihm war.

In dem Monty-Python-Film *Das Leben des Brian* sehen wir auf dem Jerusalemer Markt ein paar Männer vor Publikum orakeln. Ein Unheilsprophet steht dort, ein Mahner und ein

Suchender: »… also ich wollte sagen, dass etwa zu dieser Zeit die Verwirrung durch die, ähm, und die Verwirrung wird all jene verwirren, die nicht wissen, ähm, und niemand wird wirklich genau wissen, wo diese kleinen Dinge zu finden sind, die verknüpft sind mit einer Art von Handarbeitszeug, das durch die Verknüpfung verknüpft ist.«

Wenn dieses Zitat nicht besonders ehrerbietig erscheinen mag, dann sollte man sich vergegenwärtigen, dass den Propheten in der Bibel – ihrem Buch immerhin – auch nicht immer gerade viel Respekt entgegengebracht wird. General Jehu wird in einem Kabinett von einem Propheten zum König gesalbt. Als er zu seinen Dienern zurückkehrt, fragen die:

> *»Ist alles in Ordnung? Was wollte dieser Verrückte von dir?« Jehu antwortete ausweichend: »Ach, ihr kennt doch diese Sorte Menschen und ihr Geschwätz!« Doch sie gaben sich nicht zufrieden: »Mach uns doch nichts vor! Was wollte er? Los, heraus mit der Sprache!« Schließlich berichtete Jehu, was der Mann ihm gesagt hatte und dass er ihn auf Befehl des Herrn zum König über Israel gesalbt hatte. Da zogen die Heerführer schnell ihre Mäntel aus und legten sie vor Jehu als Teppich auf die Treppe. Dann bliesen sie in das Signalhorn und riefen: »Es lebe Jehu, unser König!«*
>
> 2 Könige 9,11–13

Diese Ambivalenz – ein Prophet ist ein quasselnder Verrückter, bis das eintritt, was er sagt – klingt im ganzen Alten und Neuen Testament durch. Die Israeliten hatten sich eine Standardantwort für die Unheilsbotschaften und Paradiesankündigen ausgedacht, die ihnen auf dem Markt, vor dem Tempel oder beim Stadttor an den Kopf geworfen wurden: *Die Zeit vergeht, aber die Visionen der Propheten erfüllen sich nie!*

Der Prophet Ezechiel schrieb missmutig dieses zynische Sprichwort auf und musste von Gott erst einmal wieder aufgerichtet werden:

> *»Du bist für sie wie einer, der Liebeslieder singt, eine schöne Stimme hat und gut auf der Harfe spielt. Sie hören deine Botschaft, aber sie handeln nicht danach. Doch wenn eintrifft, was du ihnen angekündigt hast – und es wird ganz sicher eintreffen –, dann erkennen sie, dass ein Prophet unter ihnen gelebt hat.«*
>
> Ezechiel 33,32–33

Wer waren diese Propheten, die in der Mitte des auserwählten Volkes umhergingen, und was taten sie dort? Das Hebräische kennt verschiedene Begriffe zu ihrer Bezeichnung. Am häufigsten verwendet wird das Wort *nabi*, das von dem Verb »sprechen« kommen oder eben »Berufener« bedeuten kann. Dann gibt es den *rôèh*, den Seher, den *chozeh*, der Visionen bekommt, und den *chôlèm*, der Träume hat. Damit wird angedeutet, auf welche Art und Weise Gott ihnen seine Botschaft offenbart.

Die großen Führer Abraham und Moses werden als Propheten bezeichnet, weil sich der Geist Gottes durch sie kundtut. Bei Moses ist zu lesen, dass er noch 70 weitere Menschen nennen soll, über die Gott seinen Geist ausschütten kann – je mehr, desto besser, das ist die Botschaft. Wir sind Samuel, Elia und Elisa begegnet, nicht nur Propheten, sondern auch große Wundertäter, die heilen, nähren und die Naturgesetze nach ihrem Willen beeinflussen können. Elia ist derjenige, der am Ende seines Lebens die Erde per

Feuerwagen verlässt. Über die Wunderpropheten machten schon jahrhundertelang Geschichten die Runde, bevor diese schließlich in der Bibel schriftlich festgehalten wurden, dies möglicherweise durch Jeremia, den Propheten des späten siebten Jahrhunderts, der ja als der Deuteronomist identifiziert worden ist.

Im weiteren Verlauf des Alten Testaments sehen wir, wie einige Propheten selbst das Wort ergreifen. Nach ihnen sind fünfzehn Bücher der Bibel benannt. Drei »große« Propheten: Jesaja, Jeremia und Ezechiel. Und zwölf »kleine«, deren gesamte Prophezeiungen auf eine einzige Rolle passten und darum manchmal gemeinsam als ein einziges Buch aufgefasst werden: Hosea, Joel, Amos, Obadja, Jona, Micha, Nahum, Habakuk, Zefanja, Haggai, Sacharja und Maleachi. Sie tun keine Wunder. Sie prophezeien in der strengen Bedeutung des Wortes. Sie stellen fest, was an der Welt um sie herum nicht gut ist, und sagen voraus, dass Gott seine Peitsche darüber schwingen wird – wenn das Unheil kommt, *und es kommt!* – und wie die Welt aussehen wird, wenn Gott schließlich wieder zufrieden ist. Man kann in den Passagen von Jesaja, Hosea und Sacharja die Fingerübungen für den Schlussakkord der Bibel sehen, die Offenbarung des Johannes, der in der Zukunft sieht, wie die Stadt *erstrahlte im Glanz der Herrlichkeit Gottes. Sie leuchtete wie ein Edelstein, wie ein kristallklarer Jaspis.*

Die fünfzehn Schriftpropheten aus dem Alten Testament unterscheiden sich in Herkunft und Charakter stark voneinander. Amos war ein Bauer, der berufen wurde, Jeremia und Ezechiel waren Priester, Jesaja könnte eventuell von königlichem Blute gewesen sein, und Zefanja war äthiopischer Abstammung. Über die spärlichen Mitteilungen hinaus, die sie selbst machen, sind von ihnen nicht viele biographische Fakten überliefert. Hosea schreibt, dass er sich »nach Gottes Willen mit einer Hure verheiraten musste«. Sein Buch hat einen sehr wehmütigen Ton. Das des Jeremia ist rundheraus verzweifelt, daher auch seine Klagelieder. Jesaja ist der strenge Unheilsprophet. Ezechiel scheint ab und zu am Rande einer Psychose zu balancieren.

Das Auftreten dieser Propheten fällt wiederholt mit einer großen Krise in der Geschichte der Israeliten zusammen. Als sie in der zweiten Hälfte des achten Jahrhunderts v. Chr. von den Assyrern bedroht werden, tun Amos, Hosea, Micha und Jesaja ihre Prophezeiungen kund. Als die Babylonier vor den Toren stehen, am Ende des siebten, Anfang des achten Jahrhunderts, sind die meisten anderen aktiv. In solch schlimmen Zeiten müssen die Vorwürfe und Unheilsbotschaften der Propheten hart getroffen haben. Diese Propheten schreien von Verdammnis und einer düsteren Zukunft.

*Schneide dir in Trauer die Haare ab, Juda,*
*bis du kahl bist wie ein Geier!*
*Denn deine Bewohner, deine geliebten Kinder,*
*werden in ein fremdes Land verschleppt!*

Micha 1,16

Sie können zarte Aussichten beschwören.

*So sicher, wie morgens die Sonne aufgeht*
*und im Herbst und Frühjahr der Regen die Erde tränkt,*
*so gewiss wird er kommen und uns helfen.*

Hosea 6,3

Manchmal betrifft ihre Prophezeiung die ganze Welt und alle Menschen:

*Seht, das Unheil trifft ein Volk nach dem anderen,*
*ein gewaltiger Sturm zieht auf vom Ende der Erde!*

Jeremia 25,32

Manchmal ihre Nachbarn:

*Ja, klagt nur, ihr Händler aus der Unterstadt,*
*denn ich vernichte alle Kaufleute,*
*die dort ihr Silber abwiegen!*

Zefanja 1,11

Sie können um das bittere Los Jerusalems trauern:

*Verzweifelt streckt Zion ihre Hände aus,*
*doch keiner ist da, der sie tröstet!*

Klagelieder 1,17

Genauso leicht verfluchen sie die Stadt:

*Die anderen Völker werden euch deswegen verachten, und das habt ihr euch selbst zuzuschreiben. Ihr sollt erkennen, dass ich der Herr bin.*

Ezechiel 22,16

Und ein einzelner Prophet aus dem Alten Testament kann eine Vorhersage machen, die bis in das Neue Testament hinein für Aufregung sorgt:

*Jetzt gibt euch der Herr von sich aus ein Zeichen: Eine Jungfrau wird schwanger werden und einen Sohn bekommen. Immanuel wird sie ihn nennen.*

Jesaja 7,14

Die meiste Aufmerksamkeit der Propheten gilt den Königen, zu denen sie ein kompliziertes und unbequemes Verhältnis haben. Der erste König, Saul, ist von Samuel gesalbt worden, und so hat der Prophet in Juda ein Staatssystem eingeführt, in dem sich weder er noch andere Propheten jemals ganz zu Hause fühlen werden. In der anarchistischen Theokratie der Stammesgesellschaft hatten die Propheten das letzte Wort. Das war mit dem Amtsantritt der Könige vorbei. Auch der König erhielt direkten Zugang zu Gott. Gleich, nachdem Saul gesalbt worden ist, begegnet er auf der Straße einigen Propheten, die sich im Zustand der Ekstase befinden – es drängt sich das Bild der tanzenden Derwische auf –, und Saul macht sofort mit. Die Menschen, die ihn als Bauernjungen kennen, sind verblüfft: *»Gehört Saul auch zu den Propheten?«*

Der König ist ein Konkurrent. Gott hat auch ihn auserwählt. Die Propheten können fortan nicht mehr tun, als zuzuschauen und ab und zu rufen, dass das alles »Blödsinn sei«, so, wie Samuel sich an diesen Saul heranmacht. In der Monarchie stellen die Propheten keine Macht mehr dar, höchstens eine Gegenmacht. In kritischen Augenblicken erheben sie sich gegen den König.

Genauso wie die meisten Fürsten des Altertums treffen auch israelische Könige wichtige Entscheidungen nach Einholung von Prophetenrat. Auf Tontafeln aus der Zeit von König Hammurabi von Babylon (erste Hälfte des achten Jahrhunderts v. Chr.) taucht bereits der Begriff Prophet auf. Die Ägypter hatten dafür eine vielsagende Hieroglyphe: ein sich schüttelndes Männlein, vermutlich, um den Zustand der Ekstase anzudeuten, in dem sich Propheten in der Regel befinden, wenn etwas vorhergesagt werden muss. So, wie sich die Pythia von Delphi selbst beweihräucherte, bis sie in den offenkundigen Zustand geriet.

Auch an den Höfen in Jerusalem und Samaria stoßen wir regelmäßig auf Propheten als Mitglieder des Rates. Als König Achab von Israel und König Josafat von Juda gemeinsam gegen die Aramäer in den Kampf ziehen wollen – in der Mitte des neunten Jahrhunderts –, bittet Josafat darum, zuerst einige Propheten um Rat zu fragen. Achab lässt vierhundert herbeiholen, die im Thronsaal in Ekstase geraten und den Israeliten den Sieg voraussagen. Achab hat genug gehört und will losziehen, aber Josafat ist nicht zufrieden. Gibt es nicht noch einen weiteren Propheten, den sie befragen können? Den gibt es schon, sagt Achab grantig. *»Aber ich hasse ihn, denn er kündigt mir immer nur Unglück an, nie etwas Gutes! Es ist Micha, der Sohn Jimlas.«*

Vierhundert Propheten sagen, dass der Krieg gut ausgehen wird, und doch wollen Josafat und eigentlich auch Achab nicht fort, bevor sie diesen einen gehört haben, der nichts Gutes vorhersagt. Micha kommt. Er hat sich schon häufiger mit König Achab überworfen und sagt zunächst weise: *»Natürlich, greift nur an!«* – um die Sache hinter sich zu haben. Der König ist jedoch nicht zufrieden mit einem Propheten, der ihm nach dem Munde redet; davon hat er bereits vierhundert. Achab zwingt Micha vorherzusagen, dass er auf dem Schlachtfeld sterben wird. Erst dann ist der König zufrieden. *»Siehst du?«*, sagt er zu Josefat. Er lässt Micha in den Kerker werfen. Wenn er lebend zurückkehrt, soll jeder wissen, dass Micha ein falscher Prophet ist und dass der König im Recht ist, wenn er ihn töten will. Aber Achab stirbt durch einen verirrten Pfeil, und das Buch der Könige lässt offen, ob Micha freigelassen wird oder nicht. Es steht auch nirgends, dass der Nachfolger Achabs die vierhundert Propheten seines Vaters entlassen hat.

Das ungeklärte Schicksal Michas ist keine Berufswerbung. Die Bekanntgabe von Unglück und Schicksalsschlägen macht niemanden populär, ebensowenig wie das Umherlaufen auf der Straße oder im Tempel, während man Flüche ausstößt. Jesus wird nicht umsonst sagen: »*Nirgendwo gilt ein Prophet weniger als in seiner Heimat und in seiner eigenen Familie.*« Sie zeigen sich in der Bibel nicht als angenehme Gesellschaft, und man hielt sich lieber von ihnen fern. Als Elisa eines Tages in Bethel ankommt, läuft eine Gruppe von Kindern auf ihn zu und beginnt ihn zu ärgern. »*Glatzkopf, fang uns doch! Glatzkopf, fang uns doch!*« *Elisa verflucht die Kinder im Namen des Herrn. Da kamen zwei Bärinnen aus dem Wald heraus, fielen über die Kinder her und zerrissen zweiundvierzig von ihnen.*

»Den Propheten ist jegliches Relativierungsvermögen fremd«, schreibt der niederländische Bibelübersetzer Frits van der Meij. Seiner Meinung nach fehlt den Büchern der Propheten jedweder Humor. Sie prangern lauthals die Habgier der Reichen an *(faul und fett und schlechter als schlecht)* und die Prunksucht der Frauen:

*Ja, es kommt der Tag, da nimmt der Herr den vornehmen Frauen allen Schmuck weg: die Fußspangen, die Stirnbänder und die Halsketten mit ihren kleinen Halbmonden, die prachtvollen Ohrgehänge, die Armreifen und die Schleier, die kostbaren Diademe, die Fußkettchen und Gürtel, die teuren Parfüme und alle Amulette, die Finger- und Nasenringe, ebenso ihre Festkleider, Umhänge, Mäntel, Täschchen und Spiegel, die Unterwäsche, die Kopftücher und die weiten Überwürfe.*

Jesaja 3,18–23

In einem Land, in dem die Einwohner gerade beginnen, ein wenig wohlhabend zu werden, handelt man sich damit natürlich Probleme ein.

Jeremia wird um das Jahr 609 v. Chr. von Priestern im Tempel von Jerusalem gefangengenommen. Er hat die Ankunft eines Feindes aus dem Norden angekündigt. Er hat die Stadt wegen ihres Ehebruchs mit dem Gott Baal angeklagt und gesagt, der Tempel werde gemeinsam mit der Stadt verwüstet werden. Seiner Meinung nach erfinden andere Propheten nur beruhigende Visionen, um der Bevölkerung falsche Hoffnungen zu machen. »*Dieser Mann verdient den Tod!*«, sagen seine Kollegen. »*Er hat unserer Stadt ein böses Ende angekündigt, ihr habt es ja selbst gehört!*« Jeremia wird schließlich durch einen mächtigen Beschützer gerettet. Sein Kollege Uria hat weniger Glück. Nach einer etwas zu harten Prophezeiung flieht er nach Ägypten, aber dort spüren ihn gedungene Mörder im Auftrag König Jojakims auf und erstechen ihn.

Kein Wunder, dass die meisten Propheten nicht auf ihre göttliche Auserwählung warteten. Wir sehen, wie sie mit ihrer Berufung ringen, so wie Jakob mit dem Engel rang.

Dies spricht Jesaja, als er berufen wird: »*Ich bin verloren! Denn ich bin ein Sünder und gehöre zu einem Volk von Sün-*

*dern.«* Ein Engel reinigt ihm die Lippen mit einem glühenden Stück Kohle.

Dies spricht Jeremia, als er berufen wird: *»O nein, mein Herr und Gott! Ich habe keine Erfahrung im Reden, denn ich bin noch viel zu jung!* Sag das nicht und gehorche, lautet Gottes simple Antwort.

Amos leugnet knallhart gegenüber einem misstrauischen Priester, dass er ein Prophet ist. *»Ich bin kein Prophet, der sich bezahlen lässt, und ich komme auch aus keiner Prophetenschule. Ich bin Viehhirte und pflanze Maulbeerfeigenbäume an.«* Aber er leugnet nicht, dass er berufen ist.

Jona läuft sogar sofort davon, als er berufen wird. *»Geh in die große und mächtige Stadt Ninive, und kündige ihren Einwohnern an, dass ich sie strafen werde. Denn ich kenne ihre Bosheit.« Jona machte sich auf den Weg – aber in die entgegengesetzte Richtung! Er floh vor dem Herrn und kam zunächst in die Hafenstadt Jafo. Dort fand er ein Schiff, das gerade nach Tarsis segeln sollte.*

So leicht kommt Jona natürlich nicht davon. Auf hoher See zieht ein Sturm auf, und die Besatzung seines Fluchtschiffes wirft den unwilligen Propheten in die Wellen, die sich unverzüglich glätten. Jona wird von einem großen Fisch verschluckt – Jona im Wal –, der ihn nach drei Tagen und Nächten wieder ausspuckt. Nun bleibt dem unwilligen Propheten nichts anderes übrig, als nach Ninive zu gehen.

Dort prophezeit er, dass die Stadt in vierzig Tagen ausradiert werden wird. Und da geschieht etwas Unerwartetes: Die Einwohner glauben Jona aufs Wort. Sie hüllen sich in Bußgewänder und fasten, dass es nur so eine Art hat. Als Gott das sieht, ist er zufrieden und bläst die Verwüstung ab. Jona ist empört. Wenn Gott doch gnädig ist, warum musste er dann ganzen Weg von Israel nach Ninive reisen? Gott erteilt dem unwilligen Propheten eine Lektion in Demut. Er lässt in der Wüste einen Baum wachsen, der Jona Schatten spendet. Am darauffolgenden Tag lässt er den Baum wieder verdorren. Jona ist wieder verwirrt.

*Du hast dich mit dieser Staude keinen Augenblick abmühen müssen, nichts brauchtest du für sie zu tun. In einer Nacht ist sie gewachsen, und in der nächsten ging sie zugrunde. Trotzdem hättest du sie gerne verschont. Ich aber sollte Ninive nicht verschonen, diese große Stadt, in der mehr als 120 000 Menschen leben, die Gut und Böse nicht unterscheiden können, und dazu noch so viele Tiere?*

Jona 4,10–11

Die Unsicherheit hinsichtlich des Ergebnisses seiner (oder manchmal auch ihrer) Vorhersagen konnte für einen Propheten mehr als nur den Unterschied zwischen Ruhm oder Hohn bedeuten. Ein Prophet, der nicht im Namen Gottes sprach, musste gemäß den mosaischen Gesetzen getötet werden. Im Deuteronomium findet sich ein schöner Zirkelschluss, mit dem der echte vom falschen Propheten unterschieden wird.

*Ihr fragt euch vielleicht: Woher wissen wir, ob jemand im Auftrag des Herrn spricht? Nun, wenn ein Prophet im Namen des Herrn etwas ankündigt, und es trifft nicht ein, dann waren seine Worte nicht vom Herrn. Er hat eigenmächtig geredet, und ihr braucht ihn nicht ernst zu nehmen.*

Deuteronomium 18,21–22]

Manchmal begegnen sich die echten und die falschen Propheten, und dann ist es wirklich nicht einfach, sie auseinanderzuhalten. Im Buch des Jeremia wird beispielsweise das Wort des Titelhelden Jeremia dem des Hananja gegenübergestellt, einem Propheten aus Gibeon. Jeremia findet, die Einwohner Jerusalems müssten sich der babylonischen Gewaltherrschaft beugen, weil Gott dies so wolle. Hananja behauptet das Gegenteil: Gott werde Israel in zwei Jahren von den Babyloniern erlösen. Die deportierten Landsleute kehrten aus ihrer Verbannung zurück und nähmen alle aus dem Tempel geraubten Schätze mit.

Diese öffentliche Debatte über die gegenüber den Besatzern angeratene Politik muss sich irgendwann zwischen 597 und 587 v. Chr. abspielen, denn Juda ist bereits in der Verbannung, aber der Tempel des Salomo steht noch; dort findet diese Konfrontation statt. Jeremia sagt: *»Gewiss kann ein Prophet auch Glück und Frieden voraussagen, doch ob er wirklich vom Herrn gesandt ist, wird sich erst zeigen, wenn seine Weissagung eintrifft!«* Hananja nimmt das Joch von Jeremias Schultern (er war der Prophet, der damit umherlief, um das Volk zur Unterwerfung anzustiften) und bricht es entzwei. *»So spricht der Herr: ›Genauso werde ich innerhalb von zwei Jahren das Joch Nebukadnezars zerbrechen.‹«*

Später sucht Jeremia seinen Gegner erneut auf. *»Der Herr hat dich nicht gesandt«, sagt er. »Du verführst das Volk dazu, auf deine Lügen zu vertrauen!«* Jeremia kündigt Hananjas Tod an, und dieser stirbt noch im selben Jahr.

Wir sehen hier, dass man nicht immer recht zu haben braucht, um sich Prophet nennen zu dürfen. Wer prophezeit, ist ein Prophet, ob er er nun so treffsicher ist wie Jeremia oder das Ziel so sehr verfehlt wie Hananja. Eines aber ist sicher: Der wahre Prophet stößt in der Bibel auf mehr

Widerstand als der falsche. Wie Micha schon sagt: »*Ich weiß sehr wohl, was für Propheten ihr euch wünscht: solche, die euch nach dem Mund reden, die das Blaue vom Himmel herunterlügen und euch ankündigen, Wein und Most würden in Strömen fließen!*«

Aber die biblischen Propheten sehen Krankheit, Dürre und vor allem Kriege um sich herum und versuchen fieberhaft, dieses Elend mit Gottes Vorsehung zu vereinbaren. Die Erklärung finden die Propheten zumeist in der Tatsache, dass die Israeliten weiterhin hartnäckig andere Götter neben Jahwe oder an seiner Stelle verehren. Damit machen sie sich wenig Freunde.

Weil die Judäer im achten Jahrhundert aus ihrem eigenen Gold oder Silber Figuren schmelzen und sich davor verneigen, wird Gott, so Jesaja, *den assyrischen König vom Euphrat ins Land holen und als »Rasiermesser« benutzen*. Ein Jahrhundert später sieht Jeremia, dass die Judäer immer noch hölzerne Figuren mit Blattsilber aus Tarsis oder mit Gold aus Ufaz arbeiten, in Blau- und Rotpurpur kleiden und diese dann verehren. Gott sagt durch ihn voraus: »*Ich liefere die Bewohner von ganz Juda dem König von Babylonien aus; er wird die einen in sein Land verschleppen und die anderen hinrichten lassen.*«

Beide Vorhersagen treffen ein – wobei angemerkt werden muss, dass die Prophezeiungen aufgeschrieben wurden, nachdem sie sich erfüllt hatten.

»*Mein Entschluss steht fest*«, sagt Gott zu Jeremia, und der darf dies dann Israel verkünden. Das sind gerade jene Menschen, die ihn eingesperrt haben, die ihm Stockschläge verabreicht, ihn in den Wasserkeller gesperrt, ihn ausgehungert und versucht haben, ihn zu ermorden. Würden die auf ihn hören, bevor sich seine Prophezeiung bewahrheitete?

Der Bibelgelehrte Robert Alter schreibt: »Gott weist den Weg, die Geschichte gehorcht.«

Die Propheten kennen den Weg auch, aber ihnen gehorcht man nur selten.

# Lektionen in Unbeugsamkeit

## *Die babylonische Verbannung*

Das Jahr 586 v. Chr. ist ein Wendepunkt in der Geschichte des jüdischen Volkes. Die Einnahme Jerusalems und vor allem die Vernichtung des Tempels sind traumatische Ereignisse. Und die Tatsache, dass es ausgerechnet das babylonische Reich ist, der Prototyp der Prunksucht und Gottlosigkeit, durch das Jerusalem fällt, macht es noch zusätzlich unerträglich. Mit dem Tempel verschwindet das Zentrum der jüdischen Religion. Die biblischen Bücher bis einschließlich zu den Büchern der Könige arbeiten fast systematisch auf diesen dramatischen Höhepunkt hin: Jahr um Jahr haben die Propheten vorhergesagt, dass der Ungehorsam nicht länger ungestraft bleiben kann. Aber das treulose Volk will nicht hören. Und wenn sich dann das Unglück schließlich tatsächlich vollzieht, ist die Bestürzung einer Resignation gewichen. Die Juden scheinen wie betäubt zu sein.

Im neunten Regierungsjahr von König Zedekia belagert Nebukadnezar, König des erneuerten babylonischen Reiches, Jerusalem. Die Stadt verteidigt sich anderthalb Jahre lang zäh, aber vergeblich. In Zedekias elftem Regierungsjahr *(doch schließlich waren alle Vorräte aufgebraucht und die Einwohner litten unter einer schweren Hungersnot)* wird in die Mauer eine Bresche geschlagen. Die Belagerer dringen in die Stadt ein und stecken die Häuser, den Palast und den

Tempel in Brand. Sie holen den König ein, dem es noch gelungen war zu entkommen, töten vor seinen Augen seine Söhne und stechen ihm anschließend die Augen aus. Mit allen denen, die in Jerusalem übriggeblieben sind, führen sie ihn nach Babylon in die Verbannung.

Über die Umstände, unter denen Jerusalem gefallen ist, sind wir sowohl durch die Bibel als auch durch nichtbiblische Quellen gut informiert. Das Königreich Juda ist vom Ende des siebten bis zum Anfang des sechsten Jahrhunderts zwischen den Großmächten aufgerieben worden. Die letzten beiden Könige Judas, Jojakim und Zedekia, hatten noch versucht, inmitten all der internationalen Konflikte eine gewisse Autonomie zu wahren. Aber im Grunde waren sie eigentlich schon nicht mehr als Vasallen des Königs von Babylon.

> *Jerusalem klagt: »König Nebukadnezar hat mich zerfleischt und aufgefressen. Wie ein Drache hat er mich verschlungen, hat sich den Bauch vollgeschlagen mit dem, was ich besaß – und mich dann weggeworfen wie ein leeres Gefäß!«*
>
> Jeremia 51,34

Über diesen babylonischen Herrscher ist recht viel bekannt. Er war der zweite König des wiedererstandenen babylonischen Reiches. Sein Vater hatte sich mit Erfolg von der assyrischen Hegemonie in Mesopotamien gelöst und die Königsstadt Ninive verwüstet. Er selbst schlug die Ägypter endgültig im Jahr 605 in der Schlacht bei Karkemisch. Ab diesem Moment war Babylon die einzig verbliebene Großmacht in der Region.

In seinen eigenen Inschriften lobt Nebukadnezar seine Bauaktivitäten in der Hauptstadt in den höchsten Tönen. Er machte aus Babylon das prachtvolle Zentrum eines Weltreiches, das von der neunzig Meter hohen *ziqqurat* (Zikkurat) dominiert wurde, die in der biblischen Geschichte als der Turm zu Babel erhalten geblieben ist. Er ließ das berühmte Ischtar-Tor bauen, das mit ergreifend schönen Abbildungen auf glasierten Fliesen dekoriert war. Das Tor und die Prozessionsstraße sind seit dem Ende des 19. Jahrhunderts in Berlin zu besichtigen. Darüber hinaus wurden im Auftrag des Königs die hängenden Gärten von Babylon angelegt, eines der Sieben Weltwunder der Antike. Es wird erzählt, dass er diese in Auftrag gab, weil seine aus dem Bergland stammende Frau sich nicht an eine Stadt aus Backsteinen gewöhnen konnte.

Babylon muss Anfang des sechsten Jahrhunderts eine einzige große Baugrube gewesen sein.

Gegenüber den unterworfenen Völkern, also auch im Falle der Juden, führten die Babylonier eine recht gemäßigte Assimilationspolitik. Die übliche Behandlung für ihre Feinde war die Deportation. In den eroberten Gebieten wurden Kolonisten angesiedelt. Und sie versuchten, die Verbannten für ihre eigene Kultur zu gewinnen, indem sie diese ihre Sprache lehrten und diese verpflichteten, sich an ihren religiösen Bräuchen zu beteiligen.

In einem Zeitraum von sechzehn Jahren sind viele tausend Juden nach Babylon abgeführt worden. Die Schätzungen über die genauen Zahlen gehen auseinander. Dem Propheten Jeremia zufolge waren es insgesamt 4600. Wahrscheinlich sind eine ganze Menge Juden zurückgeblieben, aber Jeremia erzählt, dass nur die Allerärmsten bleiben durften, *um die Äcker und Weinberge zu bestellen.* Wir dürfen davon ausgehen, dass die jüdische Elite nach Babylon gebracht und das Land komplett seiner früheren Führer beraubt wurde.

An den Strömen Babylons wurden die Verbannten eigentlich nicht schlecht behandelt. Sie konnten sich zwar von ihrer Siedlung Tel-Abib am Fluss Kebar (einem kleinen Seitenfluss des Euphrat) aus nicht völlig frei bewegen, aber sie lebten bestimmt nicht wie Sklaven. Man konnte eher von einer Art Hausarrest sprechen. Ihnen wurde darüber hinaus gestattet, beieinanderzubleiben. Flavius Josephus schreibt: »Viele jedoch blieben [nach 538, als die Verbannung aufgehoben wurde] in Babylon, weil sie ihr Besitztum nicht verlassen wollten.« Insgesamt wird das Leben nicht völlig erbärmlich gewesen sein. Dennoch pflegte eine ziemlich große Gruppe in all den Jahren der Verbannung das Heimweh nach ihrem Land und ihrer Stadt. Wir lesen davon in einem melancholischen Psalm:

*Wir saßen an den Flüssen Babylons*
*und weinten, wenn wir an Zion dachten.*
*Unsere Lauten hängten wir an die Zweige der Pappeln,*
*wir hatten aufgehört, auf ihnen zu spielen.*

*Unsere Peiniger hielten uns gefangen*
*und wollten Lieder von uns hören;*
*sie verlangten von uns,*
*dass wir Freudengesänge anstimmen.*
*Höhnisch forderten sie:*
*»Singt doch eins von euren Zionsliedern!«*
*Doch wie hätten wir im fremden Land*
*Lieder zur Ehre Gottes singen können?*

*Jerusalem, wenn ich dich jemals vergesse,*
*dann soll meine rechte Hand lahm werden!*
*Die Zunge soll mir am Gaumen kleben bleiben,*
*wenn ich nicht mehr an dich denke,*
*wenn du, Jerusalem,*
*nicht mehr meine größte Freude bist!*

Psalm 137,1–6

Der Text ist universell. Er beschreibt das Schicksal von javanischen Zwangsarbeitern unter japanischer Besatzung ebenso wie das der schwarzen Sklaven auf den amerikanischen Plantagen. Heimweh gibt es zu allen Zeiten und in allen Völkern.

Mit der Verbannung beginnt die Verteilung des jüdischen Volkes über die ganze Welt: die *Diaspora*, was nach einem griechischen Wort »Zerstreuung« bedeutet. Das Ende der Verbannung im Jahr 538 bereitet dem kein Ende. Fortan leben Juden in den entferntesten Ecken des babylonischen (später des persischen) Weltreiches. Durch diese Verbreitung verändert sich der Charakter der Geschichte des jüdischen Volkes. Es ist nicht mehr die Geschichte der zwölf Stämme Israels, die autonom in einem Gebiet zusammenleben (wenn auch untereinander gespalten in zwei zerstrittene Königreiche), sondern es wird nun mehr als zuvor zur Geschichte einer Religion. Der amerikanische Orientalist Cyrus H. Gordon schreibt: »Im Allgemeinen hielt man (…) an der Nationalität seiner Vorväter fest. Also blieben diese Verbannten Juden, auch wenn sie keine nationale Existenz mehr besaßen, fern von ihrem eigenen Land lebten und nicht einmal mehr ihre eigene Sprache sprachen. Die Folge war, dass der Schwerpunkt sich auf die religiöse Gemeinschaft verlagerte.«

Der Staat wird zu einer Kirche.

Über die Art und Weise, in der Juden in der Verbannung an ihrer eigenen Kultur festhielten, lesen wir in den biblischen Büchern Esther und Daniel. Diese beiden Bücher unterscheiden sich in mancherlei Hinsicht voneinander, schon allein aufgrund der Tatsache, dass sie in sehr verschiedenen Zeiten und unter der Herrschaft zweier unterschiedlicher Könige spielen. Gemeinsam ist ihnen aber, dass sie beide Erbauungsgeschichten sind, Symbolgeschichten, die den Verbannten Mut machen sollen. Es sind Geschichten, die zeigen, wie berühmte Helden der Vergangenheit in der Verbannung ihren Glauben bewahrt haben.

Der erste Teil des Buches Daniel beschreibt die Abenteuer von vier jüdischen Jungen, die von König Nebukadnezar an seinen Hof geholt werden, *Israeliten aus dem judäischen Königshaus und den vornehmen Familien,* die *gesund* sind, *Weisheit und Bildung mitbringen und eine rasche Auffassungsgabe besitzen* und deshalb *zum Dienst (am) Hof geeignet* sind. Der König versucht, die jüdische Elite für sich zu gewinnen, das gehörte zur Standardpolitik der erzwungenen Assimilation. Er beauftragt seinen Haupteunuchen: Die Jungen *sollen unsere Sprache schreiben und sprechen lernen! Gib ihnen jeden Tag Speise und Wein von der königlichen Tafel, sie sollen das Gleiche essen und trinken wie ich. Nach dreijähriger Ausbildung können sie in meinen Dienst treten.*

Die Absicht ist klar: Daniel und seine Freunde sollen Babylonier werden. Mit dem Namen »Chaldäer«, in deren Sprache die Jungen unterrichtet werden, bezeichnet die Bibel die Bewohner des Zweistromlandes. Aber sie leisten Widerstand. Sie weigern sich, ihre Namen anzupassen oder das babylonische Essen zu sich zu nehmen, sie beten weiterhin ihren eigenen Gott an, und sie verneigen sich nicht vor den Standbildern der Abgötter in den Staub.

Der Aufbau der verschiedenen Geschichten ist immer wieder der gleiche: Man versucht, die Jungen zu zwingen, ihren religiösen Pflichten zu entsagen, aber sie geben nicht nach. Daraufhin werden sie zum Tode verurteilt. Aber sie bewältigen sogar die schrecklichsten Katastrophen. In einem Backofen geröstet, in eine Löwengrube geworfen, das kann ihnen nichts anhaben, sie tauchen lebend wieder auf. Das Buch Daniel gibt dem jüdischen Leser, wo auch immer auf der Welt, ein Beispiel für unbeugsames Verhalten, in dem das Festhalten am Gesetz im Mittelpunkt steht.

Dort, wo es nötig ist, greift Gott unmittelbar und mit harter Hand zum Schutz seines Volkes und seiner eigenen Ehre ein. Eines Abends, am Ende eines großen Banketts für tausend Machthaber, erteilt König Belsazar, Sohn und Nachfolger des Nebukadnezar, in betrunkenem Zustand den Auftrag, man solle *die goldenen und silbernen Gefäße holen, die sein Vater Nebukadnezar aus dem Tempel in Jerusalem geraubt hatte. Alle sollten daraus trinken: er selbst, seine Gäste, seine Frauen und Nebenfrauen*. Dann aber, inmitten dieses schändlichen Trinkgelages, während die Perser ihre *Götter aus Silber und Gold, aus Bronze und Eisen, aus Holz und Stein* preisen, geschieht etwas Phantastisches:

> *Plötzlich erschien an der getünchten Wand des Festsaals eine Hand. Gerade dort, wo das Licht des Leuchters auf die Wand fiel, schrieb sie einige Worte nieder. Als Belsazar die Hand sah, wurde er vor Schreck kreidebleich. Er begann am ganzen Leib zu zittern.*
>
> Daniel 5,5–6

Keiner der königlichen Ratgeber kann den Text entziffern. Aber Daniel erkennt die Zeichen an der Wand: Dort steht *»Mene mene tekel u-parsin«*. Und die Auslegung lautet: *Die Tage deiner Herrschaft sind gezählt, Gott setzt ihnen ein Ende! (…) Gott hat dich gewogen und für zu leicht befunden.* Die Worte *Mene mene tekel u-parsin* sind die Namen von Maßen und Gewichten. Bei der Interpretation geht es um ein Wortspiel. In der gleichen Nacht stirbt der lasterhafte König Belsazar.

Das Buch Daniel ermahnt, es gibt Beispiele für frommes, unbeugsames Verhalten, vor allem aber spendet es Trost. Es inspiriert die Gläubigen durch eine Aufeinanderfolge apokalyptischer Visionen. Ob es nun ein riesiges Standbild auf einem tönernen Sockel ist, das durch einen losen Stein vernichtet wird, oder ein Widder, der von einem Ziegenbock niedergetrampelt wird, der in rasendem Lauf aus dem Westen angestürmt kommt – die Visionen folgen immer einem Standardmuster. Dieses Muster ist auch noch in der berühmtesten aller Visionen erkennbar, der Offenbarung des Johannes auf Patmos: Erst wird eine historische Vorschau gegeben, in der die Aufeinanderfolge großer Weltreiche dargestellt wird, dann bricht eine Periode bitteren Kampfes und grausamer Kriege an und schließlich wird auf Erden ein Reich gegründet – *ohne menschliches Zutun* –, das bestehen bleiben wird. Die Botschaft ist klar. Kurz zusammengefasst: Die Zeit ist nahe, halte durch, denn es kommen bessere Zeiten. Es ist nur noch unsicher, wann.

> *»Geh jetzt, Daniel! Bewahr diese Botschaft sorgfältig auf! Das Buch soll versiegelt bleiben, bis das Ende kommt. Gott wird viele Menschen auf die Probe stellen, er wird sie läutern, damit ihr Glaube sich bewährt. Doch alle, die von Gott nichts wissen wollen, werden sich weiterhin gegen ihn auf-*

*lehnen. Sie werden diese Botschaft nicht verstehen, die Weisen aber werden sie begreifen. (…) Glücklich ist, wer aushält.«*

Daniel 12,9–10,12

Daniel ist das Beispiel eines Juden in der Verbannung, der trotz aller Gefahren und Verführungen weiterhin das Gesetz befolgt. Im Buch Esther, das ungefähr ein Jahrhundert später (um 480 v. Chr.) am Hofe des persischen Königs Ahasveros spielt, begegnen wir zwei Juden in der Diaspora. Der Wiederaufbau des Tempels in Jerusalem durch den Schriftgelehrten Esra und seinen Adjutanten Nehemia hat da bereits wieder begonnen, aber über die bekannte Welt verstreut leben fromme und weniger fromme Juden, die doch alle Juden bleiben und folglich das Gesetz achten. In der Königsstadt Susa lebt die bildschöne Esther unter dem Schutz ihres ehrgeizigen Onkels Mordechai. Er macht am Hof Karriere, und sie bringt es, nach einer Reihe komischer Verwicklungen, sogar zur Königin. Mordechai ist das Beispiel eines assimilierten Juden. Er und seine Nichte haben ihre Namen angepasst. Es steht geschrieben: *Mordechai hatte eine Kusine namens Hadassa, die auch Esther genannt wurde. Ihre Eltern lebten nicht mehr, deshalb hatte Mordechai sie als Pflegetochter angenommen.* Ihre neuen Namen erinnern sehr stark an die der beiden wichtigsten orientalischen Götter, Ischtar und Marduk. Mordechai fügt sich den persischen Sitten. Als Esther dem König als Ehekandidatin vorgestellt wird und dabei einen umwerfenden Eindruck auf ihn macht *(der König gewann Esther lieber als jede andere Frau. In seinen Augen stellte sie alle anderen Mädchen weit in den Schatten)*, deutet nichts darauf hin, dass Mordechai etwas gegen die geplante Hochzeit mit einem Unbeschnittenen einzuwenden hätte. Im Gegenteil, er unterstützt sie und rät ihr, ihre Herkunft sicherheitshalber zu verschweigen.

Mordechai passt sich an. Aber nur bis zu einem gewissen Punkt. Vor einem Menschen niederzuknien, das geht zu weit. Mordechai weigert sich, seinem Rivalen Haman die Ehre zu erweisen, indem er sich vor ihm verbeugt, wie es alle übrigen Höflinge tun. Haman ist der engste Vertraute des Königs, und so trotzt Mordechai also der höchsten Autorität in seiner Welt. Mit seinem abweichenden Verhalten riskiert er die Todesstrafe: Der zwanzig Meter hohe Pfahl, an den er gehängt werden soll, steht schon bereit. Als aber die Not am größten ist, werden er und sein Volk durch das unerschrockene Auftreten Königin Esthers gerettet, der es gelingt, nicht nur ihren Onkel, sondern das ganze Volk vor dem Untergang zu retten.

Mordechai bleibt ein Jude, auch wenn er sich seiner Umgebung angepasst hat. Die Tatsache, dass er sich weigert, sich zu verneigen, könnte die Erklärung dafür sein, dass das ansonsten weltliche Buch Esther in den Kanon aufgenommen worden ist. Das ging nicht ohne Widerstand vor sich: In strenggläubigen Kreisen wurde es nicht ohne weiteres akzeptiert. Vermutlich auch nicht in der äußerst orthodoxen Gemeinde von Qumran, die zurückgezogen in einer Grotte am Toten Meer lebte. In den berühmten Schriftrollen vom Toten Meer fehlt das Buch Esther.

In späteren Zeiten ist eine zweite, in griechischer Sprache geschriebene Version des Buches angefertigt worden, in der das Ganze mit einer tiefreligiösen »Hülle« versehen wurde. Und in der jüdischen Liturgie erfüllt das Buch (in seiner ursprünglichen hebräischen Form) eine wichtige Funktion. Es ist eine der sogenannten *Festrollen*. Es wird während des großen Volksfestes Purim verlesen, bei dem das Volk der Rettung aus der Not gedenkt, als es vom Untergang bedroht durch Königin Esther gerettet wurde.

Und schließlich: So, wie der Psalm *An den Flüssen Babylons* den schwarzen amerikanischen Sklaven in ihrer Not Trost schenkte, so ist Esther unterdrückten Völkern – und nicht nur Juden – eine Stütze geworden. Königin Esther ist ein Beispiel für Mut und Durchsetzungskraft. Sie heiratete den König eines fremden Landes und konnte durch die Position, in die sie gelangte, ihr Volk vor dem Untergang retten. Darin steckt unverkennbar eine nationalistische Tendenz. Dieser Nationalismus war, wie sich gezeigt hat, von universeller Bedeutung. Es scheint so, als sei Maria Walewska, der polnischen Geliebten Napoleon Bonapartes, das Buch Esther von ihren Ratgebern vorgelesen worden, die der Ansicht waren, sie müsse auf die Avancen des mächtigen Liebhabers eingehen.

Auf die Frage, ob es für das junge polnische Mädchen wirklich ein Trost gewesen ist, dass es im Dienste am Vaterland dem Beispiel der großen Königin Esther folgen durfte, gibt die Geschichte keine Antwort.

# Aller Weisheit Anfang

*Hiob, Prediger und die anderen*

Im Oktober 1965 nahm die amerikanische Popgruppe The Byrds den Song »Turn! Turn! Turn!« auf. Es war ein Text aus dem biblischen Buch Prediger, vertont von dem berühmten Banjospieler Pete Seeger:

To every thing – turn, turn, turn,
There is a season – turn, turn, turn,
And a time to every purpose under heaven.

Pete Seeger schrieb den Song bereits in den 1950er Jahren, veröffentlichte ihn aber erst 1962. Er wurde in der Antikriegsstimmung, die mit der Eskalation des Vietnamkrieges zusammenhing, ein Hit. Die abschließenden Zeilen – mit einer charakteristischen Ergänzung am Ende – lauten:

A time to gain, a time to lose,
A time to rend, a time to sew,
A time to love, a time to hate,
A time of peace,
I swear it's not too late!

Das alte Buch Prediger im Einsatz beim Kampf für den Weltfrieden.

Das Buch Prediger gehört zur sogenannten *Weisheitsliteratur*. Zu diesem Genre werden auch die Bücher Hiob und Sprüche gezählt sowie die apokryphen Bücher Weisheit und Jesus Sirach. Sie reihen sich ein in eine jahrhundertealte Tradition im Mittleren Osten, von Mesopotamien bis Ägypten, die bis in das dritte Jahrtausend v. Chr. zurückreicht. Ihre Datierung ist in allen Fällen schwierig, schon deshalb, weil die Anthologie der »Weisheitsliteratur«, so wie wir sie kennen, wahrscheinlich in einem langwierigen Prozess entstanden ist.

Sprüche und Prediger werden König Salomo zugeschrieben, dem legendären weisen König Israels. Dass er tatsächlich der Autor ist, gilt in wissenschaftlichen Kreisen als sehr unwahrscheinlich; lediglich einige Fragmente des Buches Sprüche stammen möglicherweise aus dem zehnten Jahrhundert v. Chr. Die Anthologie als Ganzes stammt aus der Zeit nach der Verbannung. Unter der Weisheitsliteratur ist das Buch Sprüche das älteste, das Buch Weisheit das jüngste.

An der Basis des jüdischen Denkens steht die Annahme, alle Weisheit komme von Gott. *Alle Erkenntnis beginnt damit, dass man Ehrfurcht vor dem Herrn hat.* In den Sprüchen wird die Weisheit anschaulich in der Gestalt einer Frau dargestellt, die ihre Schüler zu sich ruft:

> *Die Weisheit ruft laut auf den Straßen, auf den Marktplätzen erhebt sie ihre Stimme. Im Lärm der Stadt macht sie sich bemerkbar und ruft allen Menschen zu: »Ihr Dummköpfe! Wann kommt ihr endlich zur Vernunft? Wie lange noch wollt ihr spötteln und euch mit einem Lächeln über alles hinwegsetzen? Ist euch jede Einsicht verhasst?«*
>
> Sprüche 1,20–22

Die Weisheit hält ihrer Zuhörerschaft vor, sie – die Weisheit – sei schon da gewesen, bevor alles geschaffen wurde, eine Auffassung, die die ersten Verse des Johannesevangeliums in Erinnerung ruft: *Am Anfang war das Wort. Das Wort war bei Gott und das Wort war Gott selbst.* Die Weisheit war schon da, als Gott die Berge entstehen ließ, die Erde und die Felder schuf und die Meere eingrenzte. Sie war sein Liebling, sein Quell der Freude, jeden Tag aufs Neue. Wer ihr nachfolge, so sagt sie, der gelange in die Gunst Gottes: *Wer mich findet, der findet das Leben und wird von Gott geliebt. Wer mich aber verachtet, der zerstört sein Leben; wer mich hasst, der liebt den Tod.*

Damit gelangen wir zum zweiten Grundprinzip in der biblischen Weisheitsliteratur. Am Anfang der Jahwe-Verehrung steht der Bund, den er mit seinem Volk geschlossen hat. Zu einem Vertrag gehören Regeln. Wer sich an Gottes Regeln hält, wird seine Unterstützung erhalten. Wer es nicht tut, kann auf seinen Zorn zählen. Und der ist schrecklich, wie wir wissen. Das Bündnis ist ein Abkommen, bei dem es um Geben und Nehmen geht. In juristischen Begriffen könnte man es als *quid pro quo* beschreiben. Oder wie ein etwas angestaubtes Sprichwort sagt: »Wer Gutes tut, wird auch Gutes erfahren.«

Wenn man auf diese Weise im Leben steht, ist es buchstäblich lebensnotwendig zu wissen, wie man sich verhalten soll. Was man tun darf, was man lassen soll. Das Buch der Sprüche ist als praktische Anleitung für richtiges Verhalten zu lesen, gedacht für Jugendliche, aber nicht nur für sie. Am Anfang des Buches wird die »Zielgruppe« beschrieben:

*Die folgenden Lebensweisheiten sind in Sprüche gefasst von Salomo, dem Sohn Davids und König von Israel. Wenn du sie beachtest, wirst du lernen, dich im Leben zurechtzufinden. Sie helfen dir, dich selbst zu beherrschen, und machen dich fähig, gute Ratschläge zu erkennen und anzunehmen. Durch sie gewinnst du Einsicht; du lernst, aufrichtig und ehrlich zu sein und andere gerecht zu behandeln. Wer jung und unerfahren ist, wird urteilsfähig, er bekommt das Gespür für gute Entscheidungen. Selbst wer darin schon geübt ist, kann noch dazulernen. Neue Gedankenanstöße helfen ihm, die Sprichwörter der weisen Lehrer zu verstehen und ihre Bilder und verschlüsselten Sprüche zu enträtseln. Alle Erkenntnis beginnt damit, dass man Ehrfurcht vor dem Herrn hat. Nur ein Dummkopf lehnt Lebensweisheit und Selbstbeherrschung ab.*

Sprüche 1,1–7

Das Buch enthält Hunderte von weisen Aussprüchen. In den Augen eines modernen Lesers sind sie schon etwas brav: *Wer nachlässig arbeitet, wird arm; fleißige Hände aber bringen Reichtum.* Manchmal aber reizen Inhalt oder Form zum Nachdenken: *Die Tür dreht sich in der Angel – und der Faule in seinem Bett!* Des Weiteren fällt auf, dass ziemlich oft von nörgelnden Frauen die Rede ist: *Lieber in einer einsamen und trostlosen Wüste leben als mit einer schlechtgelaunten Frau, die ständig nörgelt!* Und schließlich gibt es Aussprüche, die inzwischen als weithin bekannte Redensarten in die Alltagssprache Einzug gehalten haben: *Wer anderen eine Grube gräbt, fällt selbst hinein.*

Neben den weisen Aussprüchen begegnet man im Buch der Sprüche vor allem Ermahnungen und praktischen Tipps für ein gottgefälliges Leben. Das Buch ist von didaktischer Beschaffenheit und im Prinzip konservativ. Die Weisheit früherer Jahre wird gesammelt, überliefert und festgehalten. Je älter die Weisheit, desto größer ihre Autorität. Daher auch der Hinweis auf Salomo als Autor. Oft folgt auf die Ermahnung eine Erklärung. Diese Erklärung kann ausgesprochen pragmatisch sein. *Wenn dein Feind hungrig ist, dann gib ihm zu essen; ist er durstig, gib ihm zu trinken. So wirst du ihn beschämen, und der Herr wird dich belohnen.*

Der größte Teil der Sprüche ist vermutlich von »Berufsweisen« verfasst worden. Man könnte diesen Teil – im Unterschied zu Volksweisheiten – »Kunstsprüche« nennen. Vielleicht arbeiteten am königlichen Hof Sprüchemacher, vielleicht waren sie auch dem Tempel verbunden. Wie dem auch sei, die Moral ist völlig klar: Lebe gemäß den akzeptierten Normen und Werten, dann wird es dir gut gehen. Lebe einfach, arbeite hart, vertraue, hilf den Armen, sprich freundlich, lästere nicht, sei gehorsam, höre auf Vater und Mutter und vor allem, hüte dich vor der verführerischen Frau eines anderen, denn *für eine Hure bezahlst du nur so viel wie für ein Brot, aber wenn du mit einer verheirateten Frau die Ehe brichst, gefährdest du dich selbst.*

Bevor man an ein Leben nach dem Tode glaubte, ging der ordentliche und tüchtige Mensch davon aus, dass Belohnung oder Strafe zu Lebzeiten stattfänden. Es ging daher gerade darum zu wissen, wie man sich verhalten sollte. Wer Gutes tut, wird auch Gutes erfahren:

*Nun, ihr Israeliten! Was verlangt der Herr, euer Gott, von euch? Nichts anderes, als dass ihr ihn achtet und immer seinen Wegen folgt, dass ihr ihn liebt und ihm von ganzem Herzen mit aller Hingabe dient. Richtet euch nach seinen Geboten und Ordnungen, die ich euch heute gebe! Dann wird es euch gut gehen.*

Deuteronomium 10,12–13

Die Vorstellung war allgemein akzeptiert, wie man nicht nur in den Gesetzen, sondern auch in den Schriften der Propheten (oft auch in umgekehrtem Sinn – wer sich nicht an das Gesetz hält, dem ergeht es schlecht), in den Sprüchen und Psalmen (wieder-)erkennt:

*Doch wer Gott liebt, gleicht einer immergrünen Palme,*
*er wird mächtig wie eine Zeder auf dem Libanongebirge.*
*Er ist wie ein Baum, der im Vorhof des Tempels*
*gepflanzt wurde und dort gedeihen kann.*

Psalm 92,13–14

Was aber, wenn es mit dem Gerechten einmal nicht gut ausgeht?

Diese Frage hat Gläubige zu allen Zeiten verwirrt. Wenn man an mehrere Götter glaubt, dann ist im Pantheon doch immer Platz für einen rachsüchtigen Onkel oder einen abtrünnigen Sohn, dem man die Schuld an allem Unrecht geben kann. Glaubt man aber nur an einen einzigen Gott, der alles geschaffen hat und obendrein noch per definitionem gerecht ist, dann hat man ein Problem mit dem Bösen in der Schöpfung.

Im Buch Hiob steht genau dieses Problem im Mittelpunkt. Es war einmal im fernen Land von Us ein Mann, der

Hiob hieß. Er war in jeder Hinsicht gut und gerecht, lebte gottesfürchtig. Er mied das Böse, und so ging es ihm denn auch gut. Er hatte Söhne und Töchter, denen er eine untadelige Erziehung angedeihen ließ. Er hatte Herden mit Rindern und Eseln, Schafen, Ziegen und Kamelen.

Plötzlich aber suchte ihn eine Unglücksserie heim.

Wie in einer klassischen Tragödie kommen in der Erzählung düstere Botschafter, um das Unheil anzukündigen: Hiob verliert alles, sein Vieh, sein Haus, seine Besitztümer, sogar seine Söhne und Töchter. Er zerreißt seine Kleider, schert sich den Kopf kahl, wirft sich in den Staub und spricht:

*»Nackt bin ich zur Welt gekommen, und nackt verlasse ich sie wieder. Herr, du hast mir alles gegeben, du hast mir alles genommen, dich will ich preisen!«*

Hiob 1,21

Hiob ist geduldig, fromm und demütig. Kurzum, er ist ein vorbildlicher Gläubiger. Aber er hat den Becher noch nicht bis auf den Grund geleert. Von der Fußsohle bis zum Scheitel wird sein Körper mit bösartigen Schwären bedeckt. Er sitzt betrübt auf dem Misthaufen und kratzt sich mit einer Topfscherbe.

*»Na, immer noch fromm?«, wollte seine Frau wissen. »Mach doch Schluss mit Gott und stirb!« Aber Hiob sagte nur: »Was du sagst, ist gottlos und dumm! Das Gute haben wir von Gott angenommen, sollten wir dann nicht auch das Unheil annehmen?« Selbst jetzt kam kein bitteres Wort gegen Gott über Hiobs Lippen.*

Hiob 2,9–10

Drei Freunde kommen, um ihn in seinem Unglück zu trösten. Sie vermuten, dass mit Hiob etwas nicht stimmen kann, da er Gottes Zorn erregt hat. Er wird wohl gesündigt haben. Es ist doch unmöglich, dass ein gerechter Mensch grundlos von einem solch großen Unheil getroffen wird. Von weit her sind sie gekommen. Elifas aus Teman, Bildad aus Schuach und Zofar aus Naama. Zunächst erkennen sie ihn nicht einmal. Dann brechen sie in lautes Wehklagen aus. Sie zerreißen ihre Kleider und werfen Staub auf ihr Haupt. Sieben Tage und sieben Nächte sitzen sie still beieinander.

Hiob versteht nicht, was mit ihm geschehen ist. Aber wir Leser wissen es. Dem grausamen Schicksal, das ihn getroffen hat, liegt eine Wette zwischen Gott und Satan zugrunde. Letzterer hat Gott herausgefordert und behauptet, dass Hiob selbstverständlich gehorsam sei und dazu auch allen Grund habe, da es ihm ja gut gehe. *»Aber – versuch es doch einmal und lass ihn Hab und Gut verlieren, dann wird er dich ganz sicher vor allen Leuten verfluchen.«* Gott nimmt die Herausforderung an und gibt Satan seine Zustimmung, Hiob mit Katastrophen heimzusuchen, nur töten darf er ihn nicht.

Hiob weiß von alledem nichts, ebenfalls nicht seine drei frommen Freunde. Nach sieben wortlosen Tagen ergreift Hiob als Erster das Wort. Er verflucht den Tag seiner Geburt. Und er beklagt sich über das Unrecht, das ihm angetan worden ist. Seine Situation erinnert an das absurde Schicksal der Hauptperson in *Der Prozess* von Franz Kafka: »Jemand musste Josef K. verleumdet haben, denn ohne dass er etwas Böses getan hätte, wurde er eines Morgens verhaftet.«

Die Freunde, gekommen, um ihn zu trösten, erschrecken über Hiobs Unmut. Sie klagen ihn an, erst vorsichtig, mitleidig, aber je länger ihre Gespräche mit dem launischen

Opfer dauern, immer lauter. Und je mehr Vorwürfe sie ihm machen, desto verzweifelter wird Hiob in seiner Wut:

> *»Merkt ihr denn nicht, dass Gott mir unrecht tut und mich in seinem Netz gefangen hat? Ich schreie: ›Hilfe!‹, aber niemand hört mich. Ich rufe aus Leibeskräften – aber keiner verschafft mir Recht. Gott hat mir den Weg versperrt, ich komme nicht mehr weiter. Meinen Pfad hat er in tiefe Dunkelheit gehüllt. Ich war angesehen und geachtet, aber er hat meine Krone weggerissen. Zerschmettert hat er mich, bald muss ich gehen; meine Hoffnung riss er aus wie einen Baum. Ja, Gottes Zorn ist gegen mich entbrannt, er behandelt mich als seinen Feind.«*
>
> Hiob 19,6–11

Das sind böse, nahezu revolutionäre Worte. Hiob fordert sein Recht, auf jeden Fall fordert er eine Erklärung. Er will sich verteidigen vor dem himmlischen Gericht. Aber er bekommt keine Antwort. Gott ist nicht da: *»Ich habe ihn im Osten gesucht – er ist nicht dort, und auch im Westen entdecke ich ihn nicht. Wirkt er im Norden oder wendet er sich zum Süden hin, sehe ich doch keine Spur von ihm; nirgends ist er zu erblicken!«*

Erst am Ende des Buches, als die Freunde mit ihrem Latein am Ende sind, erscheint Gott selbst. In einer berühmten Rede *aus dem Sturm* heraus antwortet er dem rebellischen Hiob. In einem der Aufsätze in seinem Buch *Der Sündenfall – ein Glücksfall? Alte Geschichten aus der Bibel neu erzählt* stellt Meir Shalev fest: »Gottes Offenbarung ist immer ein beeindruckendes, dramatisches Ereignis, aber zu unserem Bedauern können wir uns über den Inhalt Seiner Worte nicht immer in gleicher Weise lobend äußern.«

Gottes Antwort ist keine Antwort. Hiob fordert Gerechtigkeit, und er fordert eine Erklärung. Aber er wird verblüfft. Frei übersetzt sagt Gott: Was denkst du überhaupt, wer du bist, dass du mich zur Rechenschaft ziehen willst? Er verweist auf die unergründliche Weisheit und Ordnung in der Schöpfung: *Hast du die Gesetze des Himmels entdeckt, und kannst du sie auf die Erde übertragen?* Hiob wird einem Kreuzverhör unterworfen. Gott stellt ihm Fragen über die Wunder in seiner Schöpfung, Fragen, auf die Hiob die Antwort schuldig bleiben muss. Shalev spricht in diesem Zusammenhang von einem »Schnellkurs in Süßwasserfauna und elementarer Vogelkunde«. Hiob erkennt schließlich seine Nichtigkeit.

> *Da antwortete Hiob: »Herr, ich erkenne, dass du alles zu tun vermagst; nichts und niemand kann deinen Plan vereiteln. Du hast gefragt: ›Wer bist du, dass du meine Weisheit anzweifelst mit Worten ohne Verstand?‹ Ja, es ist wahr: Ich habe von Dingen geredet, die ich nicht begreife, sie sind zu hoch für mich und übersteigen meinen Verstand.«*
>
> Hiob 42,1–3

Es ist die *Ordnung* in der Schöpfung, vor der Hiob den Kopf neigt. Das Problem des Bösen und des Unrechts ist damit aber nicht gelöst. Auch das Buch Hiob bietet hierfür keine Lösung. Hiob erkennt, dass er nicht versteht, und damit müssen wir uns dann wohl zufriedengeben. Übrigens wird er für seine letztendliche Einsicht in seine Nichtigkeit und in Gottes unerforschliche Weisheit reich belohnt. Gott versetzt ihn wieder in seinen früheren Reichtum und mehr noch: *Der Herr segnete Hiob von jetzt an mehr als zuvor. Bald besaß er 14 000 Schafe und Ziegen, 6000 Kamele, 1000 Rinderge-*

*spanne und 1000 Esel. Er bekam auch wieder sieben Söhne und drei Töchter.*

Aber es befriedigt doch nicht wirklich, besonders, weil Hiob am Ende des Buches plötzlich all sein inneres Feuer verloren zu haben scheint. Es hat ihm wirklich den Atem verschlagen, und er hat es mit sich geschehen lassen. Wieder ist er der Geduldige. Und der Leser bleibt mit dem Problem zurück, welches Hiob, als er noch wütend war, so klar formulierte: Wie ist es möglich, dass ein guter Mensch das Opfer von so viel Unglück wird. Eine Frage, die im zwanzigsten Jahrhundert in den Vernichtungslagern der Nationalsozialisten umso verzweifelter gestellt worden ist.

Im etwas jüngeren Buch Prediger stoßen wir wieder auf Hiobs Zweifel. Dort aber ohne die für Hiob so charakteristische Wut. Der Autor scheint in seiner berühmten Feststellung »alles ist vergänglich und vergeblich« eine gewisse Ruhe gefunden zu haben. *Luft und Leere, alles ist Leere,* wie es in einer modernen Bibelübersetzung heißt. Luft und Leere. In der niederländischen Staatenbibel lautet der Ausdruck *Eitelkeit der Eitelkeiten*, wörtlich nach dem Latein der Vulgata: *vanitas vanitatum.* Übersetzer haben durch die Jahrhunderte hindurch nach einem passenden Äquivalent für das hebräische Wörtchen *hèbel* gesucht, das ursprünglich Atem, Hauch, Wind, Dunst, Dampf oder Luft bedeuten kann; etwas, das verfliegt und nicht von Dauer ist. Die literarische Übersetzung von Pé Hawinkels liefert eine umfassende Beschreibung: »Das Leben ist Luft, flüchtig wie ein Atemzug; alles verfliegt, so wie Atem verschwindet, aufgeht in der Luft.«

Wenn man aber nach einem einzigen Wort sucht, scheint *Eitelkeit* doch gar keine so schlechte Übersetzung zu sein.

Das Buch Prediger wird uns als eine autobiographische Schrift präsentiert. Der Autor spricht in der ersten Person Singular und stellt sich als Sohn Davids und König in Jerusalem vor:

> *»Ich, der Prediger, war König von Israel und regierte in Jerusalem. Ich gab mir viel Mühe, alles auf der Welt mit meiner Weisheit zu erforschen und zu begreifen. Doch was für eine große Last ist das! Gott hat sie den Menschen auferlegt, sie sollen sich damit abmühen! Ich beobachtete, was auf der Welt geschieht, und erkannte: Alles ist vergebliche Mühe – gerade so, als wollte man den Wind einfangen.«*
>
> Prediger 1,12–14

Damit ist der Ton vorgegeben. Die Schlussfolgerung wird bereits am Anfang gezogen. Das Buch Prediger ist kein fröhliches Buch. Über die Datierung des Textes gehen die Meinungen auseinander. Das Buch scheint jünger als Hiob zu sein, die meisten Forscher nehmen an, dass es Ende des dritten Jahrhunderts v. Chr. entstanden ist. Der Autor wird explizit mit dem weisen König Salomo in Zusammenhang gebracht: Sohn Davids, König in Jerusalem, einer, der die Weisheit sucht und dazu auch noch ein großer Bauherr ist. Das haben wir aber inzwischen als einen recht gebräuchlichen Trick kennengelernt, der dem Text zusätzliche Autorität verleihen soll. Vielleicht ist der Autor von Berufs wegen ein Weiser gewesen, wie es sie in Jerusalem im dritten Jahrhundert wohl häufiger gab. Vielleicht ist er als reisender Lehrer umhergezogen. Es stecken jedenfalls unverkennbar didaktische Ansprüche in der Schrift. Vielleicht sind die Texte ja von einem seiner Schüler zusammengestellt worden. Eine Sammlung von Mitschriften einer Vorlesung.

Wer der Autor auch gewesen sein mag, er verfügte auf jeden Fall über Kenntnisse der traditionellen Weisheit, und er erweist sich in seinem Denken als höchst eigensinnig. Zu Anfang der Schrift formuliert er das Ziel seiner Untersuchung: die traditionelle Weisheit zu prüfen. Damit ist er sein ganzes Leben lang beschäftigt. Das Fazit lautet, dass alles sinnlos ist: der Mensch laugt sich umsonst aus. Selbst *wer sich um Weisheit bemüht, kann genauso gut versuchen, den Wind einzufangen! Je größer die Weisheit, desto größer der Kummer; und wer sein Wissen vermehrt, der vermehrt auch seinen Schmerz.*

Das Buch Prediger führt eine Polemik mit der traditionellen Weisheit, wie sie sich beispielsweise in der Textsammlung der Sprüche findet. Der traditionelle Sammler der Sprüche erhob den Anspruch, Sicherheiten zu besitzen und zu verbreiten. Wer viel Weisheit sammelte, wusste, wie er sich verhalten musste, auf dass Gott es ihm vergelte. Das Buch Prediger zweifelt jedoch an diesem Fundament:

> *Manch einer hat schon hundert Verbrechen begangen – und lebt immer noch! Ja, auch ich weiß: »Wer Gott ehrt und ihm gehorcht, dem geht es gut. Wer Gott missachtet, muss die Folgen tragen: Er verschwindet so plötzlich wie ein Schatten, weil er keine Ehrfurcht hat vor Gott.« Und trotzdem geschieht so viel Sinnloses auf der Welt: Da geht es rechtschaffenen Menschen so schlecht, wie es den Gottlosen gehen sollte. Und da haben Gottlose ein so schönes Leben, als hätten sie Gottes Gebote befolgt. Das ist völlig sinnlos! Darum rühme ich die Freude, denn es gibt für den Menschen nichts Besseres auf der Welt, als zu essen und zu trinken und sich zu freuen.*
>
> Prediger 8,12–15

Das letzte Fazit ist bemerkenswert: Weil im Leben kein Sinn zu finden ist, weil alles nichtig und vergänglich ist, sollte der Mensch am besten das Heute und den Augenblick genießen. Ein bisschen später bezweifelt das Buch Prediger dies jedoch selbst wieder. Auch das Streben nach Genuss ist ja nichtig. So sind wir in einem Zirkel gefangen, aus dem es kein Entkommen zu geben scheint.

*Also sagte ich mir: »Versuch fröhlich zu sein und das Leben zu genießen!« Doch ich merkte, dass auch dies sinnlos ist. Mein Lachen erschien mir töricht, und das Vergnügen – was hilft es schon?*

Das Buch Prediger geht von Ordnung und Logik in Gottes Schöpfung aus: *Für alles auf der Welt hat Gott schon vorher die rechte Zeit bestimmt.* Es ist dem Menschen jedoch nicht gegeben, Gottes Werk vom Anfang bis zum Ende zu ergründen. Am Ende gibt es nur eine einzige Sicherheit im Leben, und das ist der Tod. Jeder stirbt, der Weise ebenso wie der Tor, der König ebenso wie sein Knecht, der Sünder ebenso wie der tüchtige Bürger. Das Wissen, dass das Leben endet, stimmt trübselig. Es ist eine Trübseligkeit, die es gewiss nicht nur in der Welt Israels gibt, sondern die sich bereits im Gilgamesch-Epos vom Beginn des dritten Jahrtausends v. Chr. fand:

»Gilgamesch, wohin läufst du?
Das Leben, das du suchst, wirst du sicher nicht finden!
Als die Götter die Menschheit erschufen,
Teilten den Tod sie der Menschheit zu,
Nahmen das Leben für sich in die Hand.
Du, Gilgamesch – dein Bauch sei voll,
Ergötzen magst du dich Tag und Nacht!
Feiere täglich ein Freudenfest!
Tanz und spiel bei Tag und Nacht!«

Auch hier also der Rat, das Leben zu genießen, solange es geht, da das ewige Leben für den Menschen nicht zu erlangen ist. Es ist klar, dass das Buch Prediger in eine Welt gehört, die von jahrtausendealtem Denken beeinflusst ist. Das Buch weist sowohl Einflüsse aus der ägyptischen als auch aus der mesopotamischen Tradition auf.

Dennoch ist der Text in dem Sinne einzigartig, dass er ein konsequent durchgehaltenes Plädoyer für ein unabhängiges Erforschen ist, das frei ist von dogmatischen *Wahrheiten*. Und diese Tatsache hat frommen Lesern offensichtlich zu schaffen gemacht. Das Buch Prediger ist einem »Schlussredakteur« in die Hände gefallen, der ihm ein beruhigendes Schlusswort hinzugefügt hat:

> *Mein Sohn, lass dich warnen! Es nimmt kein Ende mit dem vielen Bücherschreiben, und zu viel Lernen macht den ganzen Körper müde. Zu guter Letzt lasst uns das Wichtigste von allem hören: Begegne Gott mit Ehrfurcht und halte seine Gebote! Das gilt für jeden Menschen. Denn Gott wird Gericht halten über alles, was wir tun – sei es gut oder böse –, auch wenn es jetzt noch verborgen ist.*
>
> Prediger 12,12–14

Damit ist jeglicher Zweifel neutralisiert worden. Der Leser schlägt das Büchlein erbaut wieder zu. Am Ende bleibt glücklicherweise wieder die Sicherheit übrig.

Wir aber wissen es nach dem Lesen des Buches Prediger besser.

# Das Erbe Alexanders

## *Vom Alten zum Neuen Bund*

Als Alexander der Große im Frühjahr des Jahres 334 v. Chr. an der Spitze von 30 000 Mann Fußvolk und 5000 Reitern die Dardanellen überquert hatte, um Asien zu erobern, zog er nicht sogleich nach Osten, den barbarischen Feinden entgegen, sondern ließ sein Heer zunächst ein Stückchen nach Süden marschieren: dorthin, wo die Ruinen Trojas noch liegen mussten.

Ein Umweg von zwanzig Kilometern – aber von riesiger Symbolik.

Alexanders Ehrerweisung für die Stadt Homers sollte zeigen, dass er nicht der analphabetische mazedonische Strauchdieb war, für den man ihn in Athen und Korinth hielt, sondern durchaus ein echter (nota bene von Aristoteles erzogener) *Grieche*. In seinem Zeitplan kosteten ihn der Abstecher und der Besuch vielleicht eine Woche, aber er wusste: Auch sieben Tage später werde ich Persien schlagen. Und das Troja der großen griechischen Helden war natürlich die schönste allegorische Angriffsbasis für die Zivilisierungsmission, die er unternehmen wollte.

Elf Jahre später war er tot mit dreiunddreißig Jahren – das Alter, das auch Jesus von Nazareth erreichen sollte. Asien als Ganzes hatte sich als zu groß erwiesen. Aber in dem altbekannten, fruchtbaren Halbmond hatte er, jugendlich und wohlauf, eine kulturelle Revolution entfesselt, die wir als den Hellenismus kennen. Auf seinen Feldzügen führte er die griechisch-mazedonische Zivilisation in seinem Tross mit sich, genauso wie kluge Oberbefehlshaber um der Logistik willen Proviant, Kriegsgerät, Reservezelte und Dirnen mitnahmen. Und er unterstützte die Kontinuität der Gräzisierung im eroberten Land, indem er dort neue Städte erbaute und neue staatliche Institutionen einführte. Auf diese Weise sollte der Hellenismus einige Jahrhunderte lang die dominante Kultur im Mittleren Osten bleiben.

Nach Alexanders Tod haben seine Generäle, die Diadochen, einander wegen der besten Teile seines Weltreiches nach dem Leben getrachtet, aber der Akkulturationsprozess, den er begonnen hatte, lief autonom weiter. Die selbsternannten Nachfolger bezogen als Könige neue Residenzen: Alexandria in Ägypten, Antiochien in Syrien, Seleukia im früheren Babylon. Die urbanen Zentren zogen wie von selbst mazedonische und griechische Künstler, Gelehrte und Architekten an, die ein neues soziokulturelles Klima begründeten, das die ehrwürdigsten Traditionen der ursprünglichen Bevölkerung grundlegend beeinflussen sollte. Auch autochthone Einwohner gewöhnten sich an oder begeisterten sich für Sportwettkämpfe, Badehäuser und speziell gebaute Gymnastikzentren, die der Körperkultur geweiht waren und in denen sie nach griechischem Vorbild (*gymnos* = nackt) unbekleidet den Diskus werfen, den Speer schleudern oder die Kugel stoßen konnten. Und sofern sie ihre eigenen höchsten Wesen weiterhin verehren oder fürchten wollten, erhielten sie obendrein die netten Götter des Olymps als kostenloses Werbegeschenk.

Formen der (direkten) Demokratie machten das Leben in den neuen *poleis* – Städten nach griechischem Muster – besonders für die privilegierten Klassen attraktiv. Ein vereinfachtes Griechisch wurde als *lingua franca* zum erträumten Vehikel für die schnelle Verbreitung hellenischer Sitten und Gebräuche. Fast dreihundert Jahre später sollte der christliche Apostel Paulus bis in die kleinsten anatolischen und syrischen Dörfer das Evangelium in griechischer Sprache verkündigen können. In Alexandria sollte im Übrigen irgendwann im dritten Jahrhundert v. Chr. der Pentateuch (die ersten fünf Bücher des Alten Testaments) ins Griechische übersetzt werden. Dies war eine Initiative der nagelneuen und schon bald in allen zivilisierten Kulturen des Altertums bewunderten Bibliothek von Alexandria. Flavius Josephus berichtet, dass die Ägypter dem Hohepriester in Jerusalem einen Brief mit der Bitte geschrieben hatten, zweiundsiebzig Schriftgelehrte zur Verfügung zu stellen (sechs aus jedem der zwölf jüdischen Stämme), um diese Arbeit auszuführen, und die zweiundsiebzig Schriftgelehrten haben die Schwerstarbeit angeblich innerhalb von exakt zweiundsiebzig Tagen geschafft. Letzteres ist wohl eine Erfindung, aber die Übersetzung, die *Septuaginta,* war auf jeden Fall eines Tages abgeschlossen. Sie wird von den vielen Juden, die seit Jahr und Tag in Alexandria lebten und inzwischen mehr Griechisch als Hebräisch konnten, dankbar angenommen worden sein. Vor allem war sie aber auch ein Beweis für die Integrationsprozesse, die sich in der Region entwickelten.

Innerhalb weniger Jahrhunderte vollzog sich eine tiefgreifende kulturpolitische Renaissance, die vom Nil bis zum Persischen Golf niemanden unberührt lassen konnte.

Niemanden außer den Juden des unscheinbaren Juda – und hier besonders die frömmsten unter ihnen, die *Chassidim,* die unbedingt gegen die gottlosen Einflüsse einer bösen Außenwelt immun bleiben wollten.

Gehen wir kurz in der Zeit zurück, so scheint es, als habe die Geschichte des jüdischen Kernlandes nach der babylonischen Verbannung jahrhundertelang geruht. Der Fall des Königreichs, die Vernichtung des salomonischen Tempels und die Verschleppung von vielleicht an die 15 000 tonangebenden Juden (die Schätzung stammt von Chaim Potok, der auf eine viel höhere Zahl kam als Jeremia, der von gut 4000 Verbannten sprach), waren für das kleine Volk ein dreifaches Trauma, das offensichtlich kaum zu verarbeiten war. Selbstverständlich war man den persischen Fürsten dankbar, die den Juden nach ihrem Sieg über Babylon die Rückkehr in ihr Land gestatteten, und König Kyrus erhielt im Buch der Chroniken noch eine ehrenvolle Erwähnung, weil er Gottes Auftrag gefolgt war, *ihm zu Ehren in Jerusalem in der Provinz Judäa einen Tempel zu bauen.*

Aber die Schriften des Esra, eines hohen jüdischen Beamten in persischen Diensten, in denen der Bau des neuen Tempels thematisiert wird, stimmen nicht froh. Die Arbeit verlief zäh. Ständig gab es Unfrieden zwischen den ehemaligen Verbannten, ihren Nachkommen, die dem alten Vaterland und seinen Bewohnern nach all den Jahren entwachsen waren, und den weniger gutbetuchten Juden, die zu Hause hatten bleiben dürfen. Regelmäßig ruhten die Arbeiten aufgrund von Geldmangel. Auch versuchten missgünstige Nachbarn aus Samaria und Idumäa den Wiederaufbau auf jede mögliche Art und Weise zu sabotieren, wodurch erneut lange Verzögerungen verursacht wurden. Das Ergebnis ließ am Ende offensichtlich zu wünschen übrig. Wenn wir Flavius Josephus glauben dürfen, wurde zwar bei der Einweihung fröhliche Musik gespielt, aber »der Schall der Posaunen und das Jauchzen der Menge übertönte die Wehklage der Ältesten und der Priester, die immer wieder daran erinnert wurden, dass der jetzige Tempel dem zerstörten weit nachstehe«.

Esra, von Meir Shalev ohne viel Sympathie »der erste Oberrabbiner in der jüdischen Geschichte« genannt, hat sein Bestes getan, um den materiellen, vor allem aber auch den seelischen Schaden von Krieg, Verwüstung und Verbannung so gut wie möglich zu reparieren. Aber unter der verhältnismäßig toleranten Regierung der allmächtigen Perser ziehen sich die Juden in Juda auf die Dauer immer mehr in sich selbst zurück. Es ist, als ob sie keine Außenwelt mehr haben und auch nichts mehr darauf geben. Die Vitalität ist verpufft, das Volk steht nicht mehr vor großen Herausforderungen. Könige, die die Kraft des Landes repräsentieren sollten, gehören vollkommen der Vergangenheit an, die Propheten schweigen, das ruhmreiche Alte Testament ist fast zu Ende geschrieben, und sogar Jahwe, der doch immer wieder zornig oder tröstend auftrat, lässt nichts mehr von sich hören.

Juda scheint nicht einmal aufzuschrecken, als Alexander aus Mazedonien die persische Allmacht wegpustet, als ob sie zweihundertfünfzig Jahre nur in der Phantasie existiert hätte. Fast en passant erobert er 332 v. Chr. Jerusalem. Von Widerstand keine Spur. Der ängstliche oberste Priester soll in einem Traum von Gott den Rat erhalten haben, mit einer Abordnung aus Priestern und Bürgern dem großen König in weißen Gewändern entgegenzutreten. Das half: Alexander zeigte sich geehrt. Die Stadt hatte sich willig dem nächsten fremden Herrscher gefügt.

Nach Alexanders frühem Tod haben zwei ehemalige Feldherren – Parvenüs, die sie waren – sofort eine eigene Dynastie gegründet. Ex-General Ptolemäus rief sich selbst in Ägypten zum König aus, sein Waffenbruder Seleukos tat das Gleiche im neuen Syrisch-Seleukidischen Reich. Um ihre Grenzen genau abzustecken, haben sie sich jahrelang gezankt. Palästina fiel schließlich den Ägyptern zu. Israel fügte sich. Wieder einmal.

Josephus weiß zu berichten, dass sich Ptolemäus Jerusalems »mit List und Betrug« bemächtigt habe. Er sei unter dem Vorwand, ein Opfer bringen zu wollen, an einem Sabbat in die Stadt gezogen. Der Historiker zitiert einen gewissen Agatharchides, der die Abenteuer der Diadochen aufgezeichnet haben soll und über die Einnahme der Stadt geschrieben haben muss: »Es gibt ein Volk, das Juden genannt wird, die eine starke und große Stadt, Jerusalem, bewohnen. Sie ließen zu, dass diese Stadt durch Ptolemäus eingenommen wurde, weil sie sich weigerten, die Waffen zu ergreifen. Stattdessen ließen sie es durch einen unangebrachten Aberglauben so weit kommen, dass sie einen hartherzigen Herrscher bekamen.«

Josephus sagt es nicht ausdrücklich, aber zwischen den Zeilen kann man lesen, dass er dies doch für einen sehr schmerzhaften Tiefpunkt in der einst so streitbaren jüdischen Geschichte hielt. Im Übrigen scheint es mit der Hartherzigkeit der Ptolemäer doch nicht so schlimm gewesen zu sein. Ohne aufzumucken, haben die Judäer mehr als hundert Jahre lang ihren Landesherren in Alexandria Steuern abgeliefert. Solange sie ihrer Steuerpflicht nachkamen, ließ man sie in all der Zeit offensichtlich in Ruhe. Erst im Jahr 200 v. Chr. brach zwischen den Ptolemäern und den Seleukiden der soundsovielte Krieg aus, den die Ägypter verloren, woraufhin Palästina in syrische Hände geriet. Fortan erhielt Juda seine Steuerbescheide aus Antiochien – und fügte sich erneut. Aber gab es eine Wahl? Immer, wenn die großen Nachbarländer den Kriegspfad beschritten, saß das kleine Israel in der Klemme.

Erst Anfang des zweiten Jahrhunderts v. Chr. schien die jüdische Geduld mit Blick auf fremde Herrscher zu Ende zu sein. Vorsichtige Proteste gegen die neuen Machthaber sollten sich innerhalb von vierzig Jahren zu einem formalen, bewaffneten Aufstand entwickeln, der sich in erster Linie gegen den seleukidischen König Antiochus Epiphanes richtete. So steht es am Anfang von 1 Makkabäer:

> *Da übernahmen seine Hofleute das Reich, ein jeder in seinem Gebietsanteil. Sie alle setzten sich nach seinem Tod Königskronen auf, desgleichen ihre Söhne nach ihnen, viele Jahre hindurch. Viel Unheil stifteten sie auf der Erde. Ihnen entsproß ein ruchloser Zweig, Antiochus Epiphanes (der Erlauchte), ein Sohn des Königs Antiochus. Er war in Rom als Geisel gewesen und wurde König im Jahre 137 griechischer Herrschaftszeit [175 vor Christus nach unserem Kalender].*
>
> 1 Makkabäer 1,8–10

Viel stärker aber als gegen Antiochus – Schurke hin oder her – richtete sich der jüdische Widerstand gegen das, was der König in Syrien verkörperte: die hellenistische Verlockung, die alten jüdischen Gesetze im Grunde doch abzuschaffen. Wie in 1 Makkabäer gleich weiter zu lesen ist:

> *In jener Zeit traten in Israel gesetzesfeindliche Leute auf. Sie redeten auf viele ein und sprachen: »Wir wollen uns mit den Heiden, die rings um uns wohnen, gut vertragen! Seitdem wir uns nämlich von ihnen abgesondert haben, traf uns allerlei Unglück.« Der Vorschlag gefiel ihnen sehr. Einige aus dem Volk erklärten sich bereit, zum König zu gehen; dieser gab ihnen die Erlaubnis, heidnische Gewohnheiten einzuführen. Man errichtete in Jerusalem nach heidnischer Sit-*

*te eine Ringschule. Auch stellten sie sich die Vorhaut wieder her, wurden vom heiligen Bund abtrünnig, verbrüderten sich mit den Heiden und verkauften sich zu Schandtaten.*

1 Makkabäer 1,11–15

Gesetzesbruch, Glaubensverleugnung, eine heidnische Verführung zu Formen modernen Lebens, die niemals den Beifall des Herrn erhalten würden, dagegen zog das in sich selbst gekehrte Juda in den Kampf. Nicht wie ein einziger Mann. Zu allen Zeiten haben Juden in politischer, gesellschaftlicher, kultureller und – zu Jahwes Zorn – auch in religiöser Hinsicht die Assimilation gesucht. Unter dieser Spannung stehen alle Bücher des Alten Testaments. Die Erwählung, so ehrenvoll sie auch ist, wird von vielen als Last getragen. Nicht aber durch die *Chassidim*, die frommen Juden aus den ersten Jahrhunderten v. Chr. Sie erklärten dem nahezu hypnotisierenden Hellenismus den Krieg. Und über diesen Krieg lesen wir in den Büchern der Makkabäer.

Diese Bücher – es sind vier, von denen die letzten beiden von niemandem als kanonisch anerkannt werden – liefern nachprüfbar einen gewissenhaften Bericht über den heldenhaften und schließlich vom Erfolg gekrönten Kampf einer anfänglich kleinen Gruppe frommer Juden gegen das große, gottlose Syrien.

Das erste Buch beschränkt sich nahezu ausschließlich auf ihre militärischen Operationen. Charakteristisch ist das Fehlen des Gottesnamens in allen sechzehn Kapiteln. In 2 Makkabäer, das nicht vom gleichen Autor stammt, wird dies in reichlichem Maße wettgemacht: Dort ist Jahwe – in fast altmodischer Weise – immer wieder als rächende Gerechtigkeit präsent, wenn das Kriegsglück sich zugunsten der Heiden aus Antiochien zu wenden droht. Das zweite Buch ist, unter anderem mit der Beschreibung syrischer Grausamkeiten, eine propagandistische Ergänzung des ersten. Von ersterem ist das hebräische Original verlorengegangen, Buch Nummer 2 ist gleich auf Griechisch geschrieben worden. Die am häufigsten gehörte Erklärung für die Tatsache, dass die jüdischen Rabbiner die Bücher bei ihrem Kanon weggelassen haben, ist übrigens, dass ihrer Meinung nach (am Ende des ersten Jahrhunderts n. Chr.) das Alte Testament schlicht und ergreifend »voll« war. Die römisch-katholische Kirche hat die Makkabäer (1 und 2) allerdings in den Kanon der geweihten Bibelbücher aufgenommen. Für die Kirchen der Reformation sind alle vier Bücher deuterokanonisch oder – in der Sprache der Reformatoren – apokryph geblieben.

Zwar war König Antiochus für die Makkabäer der große Bösewicht, aber auch ohne ihn war das mondäne, »hellenistische« Leben schon lange nach Jerusalem durchgedrungen. Wie Chaim Potok über die späten 70er Jahre des zweiten Jahrhunderts v. Chr. schrieb: »Seit der Zeit von Esra und Nehemia war Jerusalem ein zurückgebliebenes Bergstädtchen geblieben, dessen Bevölkerung dem Gesetz Mose, so wie es die Propheten und Esra ausgelegt hatten, treu ergeben war. Nun verrichteten Priester im Adamskostüm Übungen im Gymnasion, das nahe dem Tempel an heiliger Stätte Gottes gebaut worden war.«

In jenen Tagen war übrigens im Jerusalemer Ältestenrat (dem Vorläufer des Sanhedrin) ein Hohepriester Vorsitzender, der sich in sein Amt – traditionell den Nachkommen des Aaron vorbehalten – für einen riesigen Schmiergeldbetrag beim König *eingekauft* hatte. Als man in Jerusalem dagegen protestierte und die Unruhen in schwere Straßenkrawalle ausarteten, ließ Antiochus radikal eingreifen. Er schickte eine Armee von 12000 Mann in die Stadt, der Tempel wurde seiner Schätze beraubt, Soldaten plünderten und vergewaltigten, der König schaffte die mosaischen Gesetze zum reinen Essen, zur Sabbatheiligung und Beschneidung per Dekret ab, und er forderte die ausschließliche Befolgung der heidnischen Kulte. Es durften Jahwe keine Opfer mehr gebracht werden, heidnische Figuren, Steine und andere Symbole entheiligten den Tempelaltar, und wer dennoch die jüdischen Gesetze achtete, war seines Lebens nicht mehr sicher.

*Die Frauen aber, die ihre Söhne beschneiden ließen, verurteilte man vorschriftsmäßig zum Tod. Die Kinder hängte man ihnen um den Hals. Ebenso tötete man ihre Angehörigen sowie jene, welche die Beschneidung vornahmen. Viele Israeliten aber waren starkmütig und fest dazu entschlossen, nichts Unreines zu essen. Lieber wollten sie sterben als sich an den Speisen verunreinigen und den heiligen Bund entweihen. Sie nahmen den Tod auf sich. Ein gewaltiges Zorngericht lag auf Israel.*

1 Makkabäer 1,60–64

Dass der ernsthafte, bewaffnete Widerstand schließlich nicht in Jerusalem, sondern in einem abgelegenen Dörfchen begann, lag auf der Hand. Jerusalem war bereits zu verdorben, zu sehr Stadt, zu frivol, zu sehr gräzisiert geworden, und das Gros der Bevölkerung vergnügte sich schon viel zu sehr mit seinem Fitnesscenter, seiner Leichtathletikbahn und seiner religiösen Wahlfreiheit, um sich noch um die Regel der Beschneidung zu kümmern. Echte Frömmigkeit ist nie eine städtische Tugend gewesen.

In dem abgelegenen kleinen Dorf Modeïn, das dicht bei Lydda lag, lebte ein frommer alter Priester, der Mattathias hieß und der eines Tages aus Zorn oder vielleicht auch aus Liebe zum Herrn einen jüdischen Nachbarn erschlug, der dem heidnischen Opfergott Zeus ein Opfer bringen wollte. Nach der Tat floh er mit seinen fünf Söhnen in die Berge, machte seine Entrüstung öffentlich, organisierte eine antisyrische Elitetruppe, die – ebenso wie die Schar des Gideon aus den Tagen der Richter – für ihre Guerillakriegführung nicht so sehr ein großes Heer als vielmehr Gottes Beistand brauchte gegen alles, was antiochisch, griechisch und heidnisch war.

Das muss rund 166 v. Chr. gewesen sein. Ein Jahr später starb er. Er hinterließ seinen Anhängern zunächst einmal den Auftrag, sich auch am Sabbat gegen eventuelle Angriffe zu verteidigen, wenn dies nötig sein sollte. Er war sich sicher, dass Gott eine solche Ausnahme vom Gesetzesartikel billigen werde. Sein eigentliches Vermächtnis aber waren seine Söhne, von denen der dritte, Judas, der kühnste und unbeugsamste war. Er wurde Judas der Makkabäer genannt, was vermutlich der »Hammer« bedeutete, und sein tatkräftiger Spitzname wurde allmählich zum mit Stolz getragenen Beinamen der näheren Verwandtschaft und ihrer Nachkommen und ein Heldenname in den jüdischen Annalen aus dem relativ kurzen Zeitraum, den ihre Triumphe währten.

Ihr Krieg gegen die diktatorischen Besatzer hat nicht viel mehr als fünfundzwanzig Jahre gedauert und darf aus der Perspektive der zähen Chassidim mit einem einigermaßen passenden Wort ruhig ein Gotteswunder genannt werden. Es begann bereits mit dem Sieg von einer Handvoll Makkabäern über eine starke Armee des syrischen Gouverneurs Apollonius, der in der Schlacht auch noch fiel. König Antiochus aktivierte seine Reserven, ließ die Aufständischen immer wieder mit einer unverhältnismäßig großen Übermacht bedrängen und musste zum zweiten Mal eine Niederlage einstecken. Nachdem auch ein dritter Versuch misslungen war, den Widerstand der Guerillabewegung zu brechen, fassten Judas und seine Brüder im Jahr 164 v. Chr. den Mut für das, was man die Mutter aller Wagnisse nennen könnte. Sie zogen nach Jerusalem, wo in der Festung noch eine syrische Garnison lag, und betraten den seit langem entheiligten Tempel:

> *Man sah das Heiligtum verwüstet, den Altar geschändet, die Tore verbrannt. In den Vorhöfen war Gestrüpp gewachsen wie in einem Waldesdickicht oder auf einem der Berge. Die Zellen waren zerstört. Da zerrissen sie ihre Kleider, erhoben ein gewaltiges Klagegeschrei und bestreuten sich mit Asche. Sie warfen sich zur Erde nieder, ließen die Signaltrompeten blasen und riefen zum Himmel. Damals gab Judas einer Truppe den Befehl, gegen die Besatzung der Burg kampfbereit zu bleiben, bis er das Heiligtum gereinigt hätte.*
>
> 1 Makkabäer 4,38–41

Nach diesem Husarenstück – die Wiedereinführung des Gottesdienstes wurde acht Tage lang gefeiert und ist immer noch ein jährlich stattfindendes Fest – wurde der Guerillakrieg wiederaufgenommen, und je spektakulärer die Erfolge wurden, desto mehr wuchs die Begeisterung für das Widerstandsheer. Im Jahr 142 v. Chr., am Ziel, waren bis auf den ältesten, Simon, alle Brüder im Kampf geblieben. Der neue König aus dem Haus der Seleukiden (Antiochus Epiphanes war inzwischen gestorben) entließ Juda aus der Steuerpflicht und erkannte seine Unabhängigkeit an. Würde das Königshaus des David 444 Jahre nach der Verwüstung des Tempels nachträglich wiederhergestellt werden können? Man zögerte. Aber 140 v. Chr. erhielt Simon, der letzte der Ur-Makkabäer, vom Jerusalemer Ältestenrat nicht nur das Amt des Hohepriesters, sondern es wurde ihm auch die Königswürde (über Juda) angeboten.

Unbelehrbar, würde man sagen. Hatte es sich nicht immer wieder gezeigt, dass die Monarchie keine Garantie für die Gesetzestreue bot, um derentwillen die Makkabäer ja ihren Aufstand begonnen hatten? Die Ältesten in Jerusalem hatten natürlich an Samuel denken müssen, der Gott fragt, was er mit einem Volk tun solle, das ständig nach einem König quengelt, woraufhin Gott (eher erschöpft als böse) sagt:

> *»Gib ihnen, was sie wollen! Mit ihrer Forderung lehnen sie ja nicht dich ab, sondern mich. Sie wollen mich nicht mehr als ihren König anerkennen. Das passt zu ihnen! Seit ich sie damals aus Ägypten herausführte, war es immer dasselbe: Immer wieder haben sie mich vergessen und sind anderen Göttern nachgelaufen.«*
>
> Samuel 8,7–8

Die Dynastie der Makkabäer, die sich selbst nach einer Weile lieber wieder etwas vornehmer nach ihrem ursprünglichen Familiennamen als Hasmonäer bezeichnete, zählte nach Simon noch vier weitere Könige, davon als letzte eine Frau. Ihre Vorgänger hatten sich schon bald zu Fürsten entwickelt, die auf luxuriösem, hellenistischem Fuß lebten, auf eine Ausweitung ihres Territoriums bedacht waren und sich nicht besonders um den einen, wahren Gott kümmerten. Die Königin konnte schließlich über ein Hoheitsgebiet regieren, das fast ebenso groß war wie einst die Königreiche von David und Salomo. Aber ihre beiden Söhne entfesselten nach ihrem Tod im Jahr 67 v. Chr. einen Bürgerkrieg um das Thronrecht, und das besiegelte das Ende eines wenig erfolgreichen Königshauses.

Um diese Zeit hatte sich ein neuer, wichtiger Machtfaktor in der Region präsentiert: Rom, das bereits Griechenland, Kleinasien, Ägypten und Syrien erobert hatte. Der römische General Pompeius ließ sich gerne in den Bruderzwist hineinziehen, ergriff Partei für den schwächeren der beiden, hoffte, mit dessen Unterstützung in Jerusalem einmarschieren zu können, musste hierfür – aufgrund von Widerstand auf dem Tempelberg – doch noch ein paar Monate kämpfen, eroberte jedoch schließlich die Stadt und weitete die römische Macht später auf ganz Palästina aus. Um 40 v. Chr. flackerte der jüdische Widerstand noch ein letztes Mal auf, dieses Mal gegen einen gewissen Herodes, der sich von Römern als Gouverneur von Judäa hatte einsetzen lassen, wie Juda von nun an auf Römisch heißen sollte. Herodes kam aus Idumäa, war von Hause aus kein Jude, hatte sich aber bekehren lassen, ohne damit das jüdische Vertrauen zu gewinnen – ganz im Gegenteil. Aufgrund der jüdischen Rebellion musste er vorübergehend fliehen. In Rom wurde er im Jahr 37 v. Chr. vom *römischen* Senat zum König von Judäa ausgerufen. Die Judäer waren in ihrer Vergangenheit zurück. Sie hatten wieder – angeblich – einen eigenen König. Aber sie fügten sich wieder fremden Zöllnern. Rom war ihr sechster Herrscher in fünf Jahrhunderten.

Was blieb übrig von der religiösen jüdischen Erweckungsbewegung, die so kämpferisch bei dem alten Dorfpriester Mattathias begonnen hatte? Vielleicht muss man sagen, dass sie untertauchte, dass sie auf jeden Fall keine weltlichen Erfolge in weltlichen Wettläufen oder Schlachten mehr suchte, dass sie sich auf sich selbst zurückzog, auf ihre eigenen fundamentalen Werte, auf eine neu festgelegte Beziehung zu dem Gott Abrahams, Isaaks und Jakobs.

Einem Teil der Chassidim begegnen wir später als selbsternannte Bewacher der jüdischen Orthodoxie: Religionslehrer, denen unter den letzten Hasmonäern der Zutritt zum jüdischen Rat verwehrt wird. Sie galten als konservativ, weil sie jede Annäherung an fremde Götter oder heidnische Kulturen ablehnten. Der Rat war in dieser Zeit etwas kompromissbereiter und wollte nichts wissen von den mosaischen Kommisshengsten, die man Pharisäer, die Separierten, nannte. Die Pharisäer waren übrigens in der Lehre nicht so kompromisslos, wie sie später auch in den Evangelien dargestellt werden sollten. Zwar befolgten sie das Gesetz im Prinzip, waren aber einer pragmatischen Auslegung nicht abgeneigt. Es ist nicht unmöglich, dass sich Jesus von Nazareth als Heranwachsender als Pharisäer bezeichnet hat.

Die Essener, über die die Bibel schweigt, die aber als eine jüdische Sekte doch unter anderem von Flavius Josephus erwähnt werden, gingen einen Schritt weiter. Mit der Entdeckung der Rollen vom Toten Meer in der Mitte des 20. Jahrhunderts bestätigte sich die Theorie, dass sie, der Welt entsagend, nach strengen Regeln fast wie Einsiedler in der Gemeinschaft von Qumran gelebt haben müssen, in der Nähe Jerichos. Sie waren buchstäblich untergetaucht und hatten ihre Hoffnung vage auf ein Königreich Gottes am Ende aller Zeiten gesetzt.

Man hat angenommen, dass Johannes der Täufer Mitglied der Sekte gewesen sei. Das wäre möglich. Die Essener lehnten die Welt ab, weil sie nicht mehr die Illusion hatten, sie verbessern zu können. Johannes hätte diese Auffassung geteilt. So konnte er als Prophet zu der Menge am Jordan sagen:

> *Nach mir wird ein anderer kommen, der viel mächtiger ist als ich. Ich bin nicht einmal würdig, ihm die Schuhe auszuziehen. Ich taufe euch mit Wasser, aber er wird euch mit dem Heiligen Geist taufen.«*
>
> Markus 1,7–8

Die frommen Juden zu Beginn unserer Zeitrechnung wussten vielleicht, dass jemand anderes das erfüllen musste, worin sie versagt hatten. Die Zeit für einen neuen Bund war gekommen.

# Der Rufer in der Wüste

## *Johannes und die Sandalen von Gottes Sohn*

Als die Bibel beim Neuen Testament angelangt ist, liest man plötzlich genaue und verifizierbare Zeit- und Ortsangaben aus den Tagen von Kaiser Augustus – und das ist fast eine Erleichterung, als sei man nach einer langen Reise wieder zu Hause:

> *Es war im 15. Regierungsjahr des Kaisers Tiberius. Pontius Pilatus verwaltete als Statthalter die Provinz Judäa; Herodes herrschte über Galiläa (...), Hannas und später Kaiphas waren die Hohepriester. In dieser Zeit sprach Gott zu Johannes, dem Sohn des Zacharias, der in der Wüste lebte.*
>
> Lukas 3,1–2

Jahreszahlen und Provinzen, Vor- und Familiennamen: Genauer geht es nicht, so exakt ist es zuvor in der Schrift nie zugegangen.

Nicht, dass in den alten Büchern die Art von Geschichte, die wir auf der Erde erleben, völlig gefehlt hätte. Eigentlich im Gegenteil. Von Genesis bis Maleachi gibt es immer eine Ahnung von Geschichte. Schließlich wimmelt es von berühmten Völkern, von Königen, Führern, Feldherren, Kriegen und Toten – dazu müssen doch kontrollierbare Fakten gehören. Aber die sind dann oft überhaupt nicht oder – wie im Buch Daniel, in dem Nebukadnezar eine Hauptrolle spielt – ungenau zu Papier gebracht worden. Man begegnet vielen schönen, manchmal märchenhaften Erzählungen, aber die sind zumeist tatsächlich zu schön, um wahr gewesen sein zu können.

Die Autoren der alten Bibelbücher waren keine Geschichtsschreiber. Sie ähnelten eher einem Homer als einem Thukydides. Sie legten die Mythen und Legenden in literarischer Form fest, die seit dem Beginn der Schöpfung vor allem von der Beziehung ihrer Vorfahren zu Gott zeugten und die von Hand zu Hand und von Mund zu Mund überliefert worden waren. Ihre Geschichte war die von Gott eingegebene *biblische* Geschichte. In der verblasste auch der berühmteste Sterbliche.

Was das angeht, schlägt das Neue Testament stilistisch und thematisch ein neues Kapitel auf. Die Autoren verkündeten eine aktuelle Botschaft, die sie anschließend wie in einer intensiven Kampagne – Geschichten, Reisen, Briefe, Predigten – in die Welt hinaustrugen. Sie und ihre Zeitgenossen waren beseelt von einem Wunder, nämlich dass Gott seinen eigenen Sohn als Messias zu den Menschen geschickt habe. Dies hatte zur Folge, dass das jahrhundertealte Verhältnis zu Jahwe radikal überprüft werden musste, dass im Land der Juden vielleicht nicht so sehr eine neue als vielmehr eine erneuerte Religion vor der Tür stand.

Das ist in der Bibel eine entscheidende Zäsur. Die Texte aus dem Alten Testament waren, wie gesagt, oftmals erst nach vielen Generationen mündlicher Überlieferung aufgeschrieben worden. Ihre »Schlussredakteure« waren genauso weit von der Welt entfernt, über die berichtet wurde, wie Homer vom historischen Troja. Die Evangelisten und die Autoren der Sendbriefe aus dem Neuen Testament erzählten hingegen über wunderbare Ereignisse, die sich sozusagen gestern zugetragen hatten und die manche – bei Matthäus wird das gelegentlich angedeutet – auch persönlich hatten erleben können. Man könnte sie als zeitgenössische Chronisten bezeichnen, wäre nicht ihr vorrangiges Ziel die *Verkündigung* gewesen, der fromme Eifer, die Zeitgenossen zur Frohen Botschaft des neuen Glaubens zu bekehren.

Die Namen, die Lukas im dritten Kapitel seines Evangeliums – wortwörtlich einer Frohen Botschaft – ausdrücklich erwähnte, waren im ersten Jahrhundert unserer Zeitrechnung noch jedem als Namen von Machthabern bekannt, und viele Einwohner Judäas und Galiläas erinnerten sich nicht gerade wohlwollend an sie. Im Vergleich zu diesen unbeliebten Figuren stach der Name von Johannes dem Täufer nahezu von selbst als der eines tugendsamen Menschen hervor.

Das Leben und Leiden des Jesus von Nazareth kennen wir von vier kanonischen Evangeliumsverfassern, die sich in groben Zügen zwar untereinander einig waren, aber bei Fakten und der Akzentsetzung zuweilen stark voneinander abwichen. Die ersten drei, Matthäus, Markus und Lukas, weisen die meisten Übereinstimmungen auf. Sie werden die »synoptischen Evangelien« genannt, um sie – in ihrer ähnlichen Erzählweise – von der Berichterstattung des Johannes zu unterscheiden, der qua Sprache und Mystik und auch in der Struktur von einer ganz anderen Klasse ist. Alle vier aber, also auch Johannes, leiten die Geschichte von Jesus mit der Geschichte von Johannes dem Täufer ein.

Wie wichtig war Johannes der Täufer?

In allen vier Versionen des Evangeliums wird er als das außergewöhnliche Kind des Priesters Zacharias und seiner

Frau Elisabeth vorgestellt. Diese erweist sich schon früh in der Ehe als unfruchtbar – seit den Tagen von Abrahams Frau Sara ein Motiv, das sich durch die ganze Bibel zieht – und das inzwischen in die Jahre gekommene Ehepaar hat sich damit abgefunden, im Alter kinderlos zu sein. Da erscheint Zacharias plötzlich der Engel Gabriel mit der überraschenden Mitteilung, dass er Vater eines Sohnes werde, den er Johannes nennen müsse und der mit der Mission geboren werde, Ungläubige auf den rechten Weg zu bringen.

Der gleiche Gabriel wird übrigens sechs Monate später – Lukas unterscheidet sich auch hier von den anderen durch eine auffällige Genauigkeit – von Gott in das Dorf Nazareth gesandt, um einer Jungfrau namens Maria ein noch außergewöhnlicheres Kind anzukündigen. Maria ist, so wird angedeutet, eine Familienangehörige der inzwischen demnach seit sechs Monaten schwangeren Elisabeth.

Über die ersten Jahre des Kindes Johannes, der auch fast physisch die »Vorankündigung« Jesu zu sein scheint, wird in den Evangelien nichts gesagt. Ebenso wie Jesus tritt er erst an die Öffentlichkeit, als er schon fast dreißigjährig mit seinen Predigten am Jordan beginnt, östlich von Jericho, nicht weit von der Stelle entfernt, an der später die Schriftrollen vom Toten Meer gefunden werden. Bei Markus lesen wir:

*Viele Menschen aus der ganzen Provinz Judäa und aus Jerusalem kamen zu ihm. Sie bekannten ihre Sünden und ließen sich von ihm im Jordan taufen. Johannes trug ein aus Kamelhaar gewebtes Gewand, das von einem Lederriemen zusammengehalten wurde. Er ernährte sich von Heuschrecken und wildem Honig.*

Markus 1,5–6

Wenn das mit dem massenhaften Zulauf stimmt, müssen die Priester im Jerusalemer Tempel Befürchtungen gehegt haben: Ein armseliger Heuschreckenesser, der ohne priesterliche Autorität offensichtlich ganze Völkerstämme in seinen Bann ziehen konnte, könnte womöglich eine Bedrohung ihrer eigenen Machtstellung bedeuten. Darum beschließt eine Gruppe von Pharisäern und Sadduzäern, die damals wichtigsten Vertreter aus dem Sanhedrin, eines Tages die Sache am Jordan in Augenschein zu nehmen.

Ihr Argwohn ist berechtigt. Bei Matthäus steht geschrieben:

> *Als er aber sah, dass auch viele Pharisäer und Sadduzäer kamen, um sich taufen zu lassen, wies er sie ab: »Ihr Schlangenbrut! Wer hat euch eingeredet, dass ihr dem kommenden Gericht Gottes entrinnen werdet? (…) Wer umkehrt zu Gott, den taufe ich mit Wasser. Aber nach mir wird einer kommen, der viel mächtiger ist als ich. Ich bin nicht einmal würdig, ihm die Schuhe nachzutragen. Er wird euch mit dem Heiligen Geist und mit Feuer taufen. Schon hat er die Schaufel in seiner Hand, mit der er die Spreu vom Weizen trennt. Den Weizen wird er in seine Scheunen bringen, die Spreu aber wird er verbrennen, und niemand kann dieses Feuer löschen.«*
>
> Matthäus 3,7–12

Diese Sätze gehören zu den wenigen, die wir bei den vier Evangelisten als »Zitate« aus Johannes' Mund hören. Aber es ist so, als höre man bereits Jesus sprechen.

Jesus, nach der Berechnung des Lukas ein halbes Jahr jünger als Johannes, kommt kurz nach dem Vorfall mit den Pharisäern und Sadduzäern selbst an den Jordan. Obgleich seine Lehrtätigkeit zu diesem Zeitpunkt noch nicht begonnen hat und er noch keine »nationale« Bekanntheit genossen haben kann, erkennt Johannes ihn sofort, was darauf hinweisen könnte, dass sie sich in jüngeren Jahren häufiger begegnet sind. Johannes fragt: »Musst du zu *mir* kommen, wo ich mich durch *dich* taufen lassen müsste? Aber Jesus besteht darauf, sich dem Ritual zu unterziehen, und lässt sich inmitten von Dutzenden anderen Täuflingen untertauchen. Als er sich aus dem Wasser erhebt, sieht Johannes – und nur er –, wie sich der Himmel öffnet und der Geist Gottes sich in der Gestalt einer Taube auf Jesus herabsenkt, während eine nur für Johannes hörbare Stimme aus dem Himmel erschallt: *»Dies ist mein geliebter Sohn, der meine ganze Freude ist.«*

Schließlich sieht Johannes, wiederum als Einziger, dass der Geist Jesus mit sich in die Wüste führt, wo ihn der Teufel vierzig Tage lang hartnäckig auf die Probe stellen wird.

Das ist vorläufig das Letzte, was wir über Johannes hören. Kurz darauf wird er von den Leibwachen des Herodes Antipas verhaftet, der sich in jenen Tagen Tetrarch oder »Vierfürst« der von den Römern beherrschten Provinz Galiläa nennen darf.

Das alte Gelobte Land, in dem der Jude Johannes der Täufer den Untergang der alten Welt kommen sah und die Ankunft eines Erlösers ankündigte, war zu seiner Zeit bereits seit fast hundert Jahren römisches Territorium. Das letzte jüdische Königsgeschlecht der Makkabäer, dem nur eine kurze Dauer beschieden war, war – wie bereits ausführlich beschrieben – im Jahrhundert vor unserer Zeitrechnung an inneren Streitigkeiten zugrunde gegangen, und Pompeius, der den Mittleren Osten für Rom bereits bis an den Euphrat erobert hatte, besetzte im Jahr 63 v. Chr. schließlich auch Jerusalem.

Das umliegende Land, das nach der Ankündigung des Moses »von Milch und Honig überfließen« sollte, war für die Römer ein einträglicher Gewinn. Wie in allen fremden Gebieten, in denen sie ihre Macht etablierten, führten sie auch in Judäa, Samaria und Galiläa eine ebenso einfache wie effiziente behördliche Verwaltung ein. So wandten sie unter anderem zur Wahrung von Sicherheit und Ordnung die schlaue Methode an, Steuern durch lokale Zöllner zu erheben. Diese ernteten dann unter Umständen das Missfallen der Einwohner.

Dabei bewahrte Rom in allen seinen besetzten Gebieten die größte Zurückhaltung, wenn es um örtliche Sitten und Gebräuche ging – allen voran die religiösen Bräuche. Diese Politik wurde auch in dem Gebiet streng eingehalten, das im Laufe der Zeit Palästina genannt wurde. So konnte beispielsweise in Jerusalem der jüdische Rat, dem religiöse und kleinere verwaltungstechnische Angelegenheiten überlassen wurden, in relativ großer Freiheit agieren.

»Die Römer«, schrieb Chaim Potok, »respektierten die Götter, deren Völker sie ausraubten. Rom eroberte mit Legionen den Osten, der Osten eroberte Rom mit Göttern. Rom wurde von Tausenden von Göttern bevölkert und achtete sie alle, solange sie keine Unruhe säten.«

Jedem seinen Gott, lautete das liberale Prinzip, dem Rom huldigte. Dass die Juden nur einen einzigen, ausschließlichen Gott anerkannten – *es gibt keinen Gott außer mir,* erfuhren sie aus Jesaja 45,21 –, dürften die Römer nicht verstanden und im Zweifelsfall auch nicht akzeptiert haben. Ansonsten gab es aber keinen oder kaum einen Grund für

Unzufriedenheit geschweige denn Reibungen zwischen den lokalen Gemeinschaften und ihren Besatzern. Viele Juden – seit den Jahren Alexanders des Großen ja bereits durch den frivolen Hellenismus beeinflusst – zeigten sich empfänglich für die Anziehungskraft des kosmopolitischen Roms. Um den Beginn der Zeitrechnung waren Tausende – manche sprechen sogar von fünfzigtausend – Einwohner Judäas und Galiläas in die Millionenstadt wie in eine freiwillige Diaspora gelockt worden. Die an ihren eigenen uralten Traditionen hängende jüdische Mehrheit blieb zu Hause dem einfachen, frommen Leben treu, das sie demnach auch nahezu unbehelligt führen konnte.

In diesen relativen gesellschaftlichen Frieden kam erst Veränderung, als der Edomiter Herodes (73–74 v. Chr.) – von Hause aus kein Jude und anfangs mit einer arabischen Kaufmannstochter verheiratet – sich auf die krumme Tour über Intrigen, Schmiergeldzahlungen und Mord die Gunst Oktavians (dem späteren Kaiser Augustus) erworben hatte, auf dessen Fürsprache er 37 v. Chr. durch den römischen Senat zum König von Judäa ernannt wurde.

Herodes, der später den Beinamen »der Große« trug, hatte alle Eigenschaften eines klassischen Potentaten des Ostens und war mit ebenso viel Flair wie politischem Instinkt ausgestattet. Kurzum, er war der soziale Aufsteiger schlechthin. Um seine Aussichten im fruchtbaren jüdischen Land zu vergrößern, heiratete er sich durch seine neue Ehe mit einer Tochter der untergegangenen, im Land aber immer noch respektierten Makkabäer-Dynastie sozusagen die Treppe hinauf. Rivalen (darunter später auch einige seiner eigenen Söhne) ließ er aus dem Weg räumen. Gestern noch geschlossene Bündnisse tauschte er am nächsten Morgen gegen eine Kriegserklärung aus.

Das »Königreich der Juden«, das ihm zufiel und in dem ihm die Römer viel Bewegungsfreiheit ließen (so weitete er aus eigener Kraft sein Territorium im Norden bis Damaskus und im Süden bis an die ägyptische Grenze aus), wurde jedoch faktisch nie mehr als ein Marionettenstaat. Seine »Kollaboration« mit Rom entsprang im Übrigen einer aufrichtigen Bewunderung für alles, was römisch war. Er verehrte Augustus, als ob dieser bereits zu Lebzeiten göttlich geworden sei, und die Hafenstadt, die er auf der Höhe von Nazareth bauen ließ, nannte er Caesarea – zum höheren Ruhm des römischen Kaisertums. Übrigens stellte er seine Bauleidenschaft auch in den Dienst seiner Untertanen, für die er den etwas armselig wieder aufgebauten Tempel aus Esras Tagen wieder zu einem Monument erstehen ließ, das der Großartigkeit des salomonischen Tempels gleichkam. Aber er blieb ein Vasall und tat daher alles, damit man ihn wie einen echten Römer behandelte.

Die Beflissenheit, als bester Römer unter den Juden zu erscheinen, sollte ihn auf Dauer grundsätzlich von denen entfremden, die man die schweigende Mehrheit der jüdischen Bevölkerung nennen könnte: den Chassidim, die immer wieder neu den Weg zurück zu den Fundamenten des Glaubens aufzeigten. Der Bau einer Rennbahn in Jerusalem für Wettkämpfe zwischen nackten Athleten oder der eines Theaters, in dem heidnische und gotteslästerliche Komödien aufgeführt wurden, oder der eines riesigen Zirkus, in dem man zuschauen konnte, wie wilde Tiere Menschen zerrissen – alles dies war für die Jerusalemer High Society vielleicht eine willkommene Aufwertung ihrer Stadt zu einer kleinen griechisch-römischen Metropole; für den einfachen, frommen Juden jedoch, mit seiner Treue zu den alten religiösen Vorschriften, waren diese Neuheiten ein Affront und ein Greuel. Sehr lange gab es nur passiven Widerstand – oder er beschränkte sich auf das Auftreten von Bußpredigern wie Johannes, die sich in Verhalten, Kleidung und Verkündung von dem aus Rom importierten Luxus distanzierten. Es ist die Art von Widerstand, die über die Jahrhunderte hinweg mit der dörflichen und kleinstädtischen Abneigung gegen das beginnt, was sich in der verderbten großen Stadt entwickelt.

Noch im letzten Lebensjahr des Herodes, der im Jahr 4 v. Chr. starb, brach allerdings auch in Jerusalem die Gewalt offen aus, als eine Gruppe jüdischer Jugendlicher – wahrscheinlich die ersten der sogenannten Zeloten – den goldenen Adlerschild herunterholte, der auf Befehl des Herodes als Zeichen der römischen Überlegenheit über dem Tempeltor angebracht worden war. Die Rebellen waren bereit, als Märtyrer nach jüdischem Gesetz zu sterben, und das taten sie auch. Gemeinsam mit dreitausend Geistesverwandten und Schicksalsgenossen ließen sie in einem blutigen Aufstand (zu Passah) ihr Leben.

Der Tod des Herodes brachte nicht die Ruhe im Land zurück. Er hatte sich zur Spitze einer königlichen Dynastie mit natürlichem Erbrecht emporgearbeitet, aber so hatte Kaiser Augustus (der noch bis in das Jahr 14 unserer Zeitrechnung leben sollte) nicht mit seinen Kolonien in Übersee gewettet. Die drei Söhne, die dem boshaften Argwohn des Herodes entkommen waren, mussten das Reich des Vaters untereinander aufteilen – »teile und herrsche« war schließlich eine römische Erfindung.

Von den Dreien war Herodes Antipas, dem wir oben in Lukas' präziser Charakterisierung bereits begegnet sind, der fähigste. Er kopierte den Alleinherrscherstil seines Vaters (auch er war ein eifriger Baumeister; einer neuen Stadt am See von Galiläa gab er zu Ehren von Augustus' Nachfolger Tiberius den Namen Tiberias), aber er erhielt – natürlich unter römischer Oberaufsicht – mit dem Titel Vierfürst nicht mehr als die Provinz Galiläa. Sein Bruder Archelaus, dem die Provinz Judäa anvertraut wurde, machte seine Arbeit als Verwalter so schlecht, dass Augustus ihn nach einigen Jahren entließ und Judäa verwaltungstechnisch zu einem Teil der römischen Provinz Syrien machte.

Letzteres schien nicht mehr als ein administrativer Eingriff zu sein, aber er hatte erhebliche Folgen. Zunächst verloren die Juden in allen Provinzen zumindest das *Gefühl* der Autonomie. Zwar war das Königreich des Herodes faktisch ein Vasallenstaat Roms gewesen, aber es hatte doch den Anschein von etwas »Eigenem« gehabt. Dieser Anschein verschwand mit der Dreiteilung. Und Judäa, das Kernland des alten Israel, fiel fortan mittels eines Prokurators direkt unter römische Vormundschaft. Das war in der römischen Verwaltungshierarchie ein relativ niedriger Beamter, der in diesem Fall gegenüber dem Gouverneur von Syrien verantwortlich war. So sind dann auch die Namen der fünf Prokuratoren, die in den ersten vierzig Jahren des ersten Jahrhunderts n. Chr. in Judäa das Sagen hatten, alle vergessen. Bis auf einen: Pontius Pilatus.

Mit den Jahren des Augustus hatten für das Imperium die Jahre voller Frieden und Ruhe begonnen: die *pax Romana*. Unter dem neuen Kaiser Tiberius, der von 14 bis 37 n. Chr. regierte, wuchs – jedenfalls in Palästina – die Unruhe mit jedem Tag. Die Unruhestifter waren manchmal ungefährliche religiöse Schwärmer, immer häufiger aber auch gewalttätige Rebellenführer, die sich in vielen Fällen von ihren Anhängern zum »König der Juden« ausrufen ließen. Tausende von Kreuzigungen waren die Antwort der Römer auf solche Formen der Majestätsbeleidigung gegenüber dem einzig wahren König, der ja in Rom residierte.

Nach und nach erfasste politischer Unfrieden das von heidnischen Fremden beherrschte jüdische Land, vermischt mit vielfältigen religiösen Heilserwartungen, die davon ausgingen, dass der Gott des Alten Bundes nicht länger die Unterdrückung seines Volkes durch Gottlose tolerieren werde. Oder sich unterdrücken *ließ*.

Das ist auch die Moral der Geschichte, die von Johannes dem Täufer erzählt: ein Mann Gottes, der ohnmächtig zusehen muss, wie die Welt um ihn herum auf heidnische Art und Weise pervertiert wird. Es ist das nahezu aktuelle Bild des ewigen »Fundamentalisten« in einer gottlosen Umgebung. Die Geschichte endet in einem Kerker unter dem wollüstigen Palast des Herodes Antipas – und da sitzt dann also das Symbol für die höchste Reinheit und ist den Launen eines Königs ausgeliefert, der das höchste Übel symbolisiert.

Johannes war verhaftet worden, weil er am Jordan in Gegenwart immer wieder neuer Täuflinge den Stab über die unsittliche (zweite) Ehe des Vierfürsten mit der Frau eines seiner Brüder gebrochen hatte – eine Ehe, die nach jüdischem Gesetz den Tatbestand des Inzests erfüllte.

Markus, der am kürzesten gefasste, der am wenigsten erzählende der »synoptischen« Evangelisten, erzählt ausführlicher als die anderen, wie Johannes das Opfer der Rache von Antipas' zweiter Frau wurde. Ihre aus ihrer ersten Ehe stammende Tochter Salome führt auf einer gutbesuchten Geburtstagsfeier ihres Stiefvaters einen Tanz auf, der das Geburtstagskind (vermutlich ist er bereits ziemlich benebelt) in einen Zustand großer Erregung versetzt. »Bitte mich, um was du willst, und du wirst es bekommen«, ruft er dem Mädchen zu, »und wenn es mein halbes Königreich ist.«

Salome berät sich mit ihrer Mutter, kehrt zur Festgesellschaft zurück und sagt: »Bring mir in einer silbernen Schale den Kopf von Johannes dem Täufer.«

Es ist auf Ehrenwort versprochen, also geschieht es auch.

Über die Jahrhunderte hinweg waren Autoren, Maler, Choreographen, Filmemacher und Komponisten unverändert fasziniert von dem dekadenten Märchen von Eros und Thanatos. Wer von der Annahme ausgeht, Johannes habe Jesus nicht nur im übertragenen Sinn *geglichen* (und Herodes Antipas fürchtete – siehe Markus 6,14 – buchstäblich, Jesus sei eine Inkarnation des Bußpredigers, den er hatte enthaupten lassen), muss gewiss auch glauben, dass die Geschichte für Markus mehr bedeutete als eine willkürliche literarische Parabel.

Johannes war sozusagen die fleischgewordene Ankündigung Jesu. Er hatte in der Wüste gerufen. Als der Mann gekommen war, vor dem er sich in seiner Unwürdigkeit eigentlich nicht einmal zu bücken wagte, um den Riemen seiner Sandale zu lösen, wurde er nicht mehr gebraucht. Oder wie Jesus laut Matthäus bei der Nachricht von Johannes' Tod sagte:

> *Von allen Menschen, die je geboren wurden, ist keiner bedeutender als Johannes der Täufer. Trotzdem ist der Geringste in Gottes neuer Welt größer als er.*
>
> Matthäus 11,11

# O Heilige Nacht, schöner als die Tage

*Aber was tat Jesus in seinen jungen Jahren?*

Über das Leben Jesu wissen wir so gut wie nichts, und was wir darüber wissen, haben wir durch seine Jünger erfahren. Außerhalb der Bibel sind keine zuverlässigen Zeugnisse überliefert. Antike Historiker oder Chronisten, von denen Texte über ihn erhalten geblieben sind, mussten noch geboren werden, als er bereits gekreuzigt war. Ihre Berichterstattung aus zweiter Hand beschränkte sich darüber hinaus nahezu ausschließlich auf den Jesus der Verkündigung. Von verifizierbaren biographischen Daten kann man da nicht sprechen.

Um mit den Worten des amerikanischen Religionswissenschaftlers E.P. Sanders (im Vorwort von *Sohn Gottes. Eine historische Biographie Jesu*) zu sprechen: »Einem Buch über einen Juden aus dem ersten Jahrhundert, der in einer ziemlich unbedeutenden, entlegenen Ecke des Römischen Reiches lebte, muss eine Warnung vorangehen. Über Jesus wissen wir Dinge aus Büchern, die Jahrzehnte nach seinem Tod von Menschen geschrieben worden sind, die zu seinen Lebzeiten wahrscheinlich keine Jünger waren. Sie zitieren ihn auf Griechisch, was nicht seine erste Sprache war, und die Unterschiede in ihren Texten beweisen, dass seine Worte und seine Taten nicht allzu genau festgelegt sind.«

Sofern bei einem der vier Evangelisten – unseren wichtigsten Quellen – ausnahmsweise einmal biographische Besonderheiten behandelt zu werden scheinen, wird diesen in der Version der anderen drei widersprochen, oder sie werden verschwiegen. Lediglich ihre Berichte über die letzten Lebensstunden Jesu und seine wunderbare Auferstehung verlaufen einigermaßen parallel. Über sein Lebensende ist man sich einig. Von der Geburt jedoch haben wir gleich drei verschiedene Versionen. Der vierte Berichterstatter, Markus, überschlägt einfach Geburt und Jugendjahre. Bei ihm beginnt Jesus als erwachsener Mann von dreißig Jahren, der sich im Jordan von Johannes dem Täufer taufen lässt.

Matthäus fällt nach einer kurzen genealogischen Einleitung schnell mit der Tür ins Haus. Er schreibt:

*Und so wurde Jesus Christus geboren: Seine Mutter Maria war mit Josef verlobt. Noch vor der Ehe erwartete Maria – durch den Heiligen Geist – ein Kind.*

Matthäus 1,18

Nicht gerade eine Kleinigkeit, diese Enthüllung. Der ins Auge gefasste Ehegatte entschließt sich dann auch beinahe diskret, von seiner Zukünftigen abzusehen – »um sie nicht ins Gerede zu bringen«. Gerade noch rechtzeitig erscheint ein Engel des Herrn, der ihm erklärt, dass das, was in Maria gezeugt wurde, »vom Heiligen Geist« stamme und sie einen Sohn gebären werde, der die Menschheit von ihren Sünden erlöse. Woraufhin Josef nachträglich stillschweigend seine väterliche Rolle als Ernährer akzeptiert.

Bei Johannes ist die Geburt eher abstrakt ausgedrückt. So lesen wir in Johannes 1,14: *Das Wort wurde Mensch und lebte unter uns. Wir selbst haben seine göttliche Herrlichkeit gesehen, wie sie Gott nur seinem einzigen Sohn gibt. In ihm sind Gottes vergebende Liebe und Treue zu uns gekommen.*

Lukas, der Exakte, fügt seiner Geschichte ein paar packende Details hinzu. Der gleiche Engel Gabriel, der noch vor nicht langer Zeit den alten Priester Zacharias mit der Neuigkeit überrascht hat, dass er am Ende seines Lebens noch Vater werde, begibt sich ihm zufolge in die Kleinstadt Nazareth in Galiläa und klopft bei einem Mädchen namens Maria an. Die Stippvisite läuft folgendermaßen ab:

> *Der Engel kam zu ihr und sagte: »Sei gegrüßt, Maria! Gott ist mit dir! Er hat dich unter allen Frauen auserwählt.« Maria fragte sich erschrocken, was diese seltsamen Worte bedeuten könnten. »Hab keine Angst, Maria«, redete der Engel weiter. »Gott hat dich zu etwas Besonderem auserwählt. Du wirst schwanger werden und einen Sohn zur Welt bringen. Jesus soll er heißen. Er wird mächtig sein, und man wird ihn Gottes Sohn nennen. Gott, der Herr, wird ihm die Königsherrschaft Davids übergeben, und er wird die Nachkommen Jakobs für immer regieren. Seine Herrschaft wird niemals enden.« – »Wie kann das geschehen?«, fragte Maria den Engel. »Ich bin doch gar nicht verheiratet.« Der Engel antwortete ihr: »Der Heilige Geist wird über dich kommen, und die Kraft Gottes wird sich an dir zeigen.«*
>
> Lukas 1,28–35

Die Szene ist vor allem so bewegend wegen Marias Erschrecken und ihrer halb kindlichen Frage – wie alt mag sie gewesen sein, fünfzehn? sechzehn? –, wie sie um Himmels willen denn ohne Mann ein Kind bekommen könne.

Als geschickter Erzähler verknüpft Lukas Marias Zögern mit dem, was seine Leser bereits über die Art und Weise wissen, in der die Geburt von Johannes dem Täufer angekündigt wurde, und lässt Gabriel sagen:

> *»Selbst Elisabeth, deine Verwandte, von der man sagte, dass sie keine Kinder bekommen kann, ist jetzt im sechsten Monat schwanger. Sie wird in ihrem hohen Alter einen Sohn zur Welt bringen. Gott hat es ihr zugesagt, und was Gott sagt, das geschieht!«*
>
> Lukas 1,36–37

Der kausale Zusammenhang ist nicht ganz klar, aber Maria reist »kurz darauf« zu ihrer Verwandten Elisabeth und bleibt »ungefähr drei Monate bei ihr«, das heißt bis kurz vor oder vielleicht bis einschließlich zur Geburt des Kindes, Johannes. Ein halbes Jahr später wird Cousin Jesus geboren.

Dreimal eine Geburt. Drei Versionen.

Die Unterschiede zwischen den Evangelisten – sogar zwischen den drei »synoptischen«, wo diese doch im Vergleich zu Johannes die meisten Übereinstimmungen aufweisen müssten – veranlassen zur Frage, wie dies möglich ist. Es geht doch um eine einzige Botschaft, die sich nicht verfremden lässt.

Dafür gibt es vielerlei Erklärungen. Der früheste (und kürzeste) Evangeliumstext, der des Markus, ist wahrscheinlich nicht viel früher als im Jahr 70 aufgeschrieben worden, lange nach dem Kreuzestod. Matthäus und Lukas, die den Markustext gekannt haben werden – und ihn möglicherweise ergänzt haben durch eine bisher unbekannten Quelle, international unter Religionswissenschaftlern nach dem

Wort *Quelle* mit dem Buchstaben Q bezeichnet –, kamen vermutlich ein Jahrzehnt später. Der Text des Johannes soll sogar erst am Ende des ersten Jahrhunderts geschrieben worden sein.

Nach Jesu Tod waren demnach jedenfalls viele Jahre der mündlichen Überlieferung vergangen, bevor etwas zu Papier gebracht wurde. Und es ist die Frage, über wie viele Stationen die Evangelisten, die wir vom Neuen Testament kennen (ganz zu schweigen von den mindestens fünfzehn oder sechzehn »apokryphen« Autoren, von denen Evangeliumsberichte überliefert sind, die es aber nicht in den Kanon geschafft haben), ihre Informationen gesammelt haben und wie viele Verzerrungen inzwischen aufgetreten waren. In dem einen Jahr (nach Johannes waren es zwei), in dem Jesus predigend durch Galiläa gezogen ist, müssen – abgesehen von den zwölf Jüngern – mehrere tausend Menschen ihn gesehen und gehört haben. Wie glaubwürdig waren ihre Zeugnisse? Wie zuverlässig war ihr Gedächtnis?

Es gibt noch andere Faktoren, die zu den unterschiedlichen Lesarten geführt haben können. Hinsichtlich Herkunft, Charakter und gesellschaftlichem Status gab es große Unterschiede zwischen Matthäus, der von Haus aus ein frommer Jude gewesen sein muss, und dem gebildeten und vermutlich nichtjüdischen Arzt Lukas. Oder zwischen dem leidenschaftlichen Fischersohn Johannes und dem enthaltsamen Markus, der in der frühen Christengemeinde Jerusalems eine bedeutende Rolle gespielt haben soll.

Auch die Orte, an denen sie schrieben, und die Leser, an die sie sich wandten, dürften sich unterschieden haben. Markus, der wahrscheinlich in Rom an seinem Text gearbeitet hat, musste sich dort auf ein anderes, man könnte mit einem anachronistischen Wort beinahe sagen, »assimilierteres« jüdisches Publikum einstellen als Matthäus, der in Judäa mit der üblichen pharisäischen Orthodoxie konfrontiert war, oder als Lukas, der die Botschaft (vielleicht für kurze Zeit als Weggefährte des Apostels Paulus) aus Galiläa und Judäa herausgetragen hat.

Alle vier lebten und verkündigten sie schließlich in einer Welt, die von Römern kontrolliert wurde. Zu Lebzeiten Neros und danach – er war von 54 bis 68 Kaiser, und unter ihm fanden im Jahr 64 die ersten großen Verfolgungen statt – mussten die Christen auf der Hut sein. Die römische Langmütigkeit hatte ihre Grenzen, erst recht mit Blick auf eine Religion, die »ein Königreich« für sich beanspruchte – auch wenn dieses, wie Jesus den römischen Statthalter Pontius Pilatus noch einmal beruhigen sollte, »nicht von dieser Welt« war.

Stand in der Nacht von Jesu Geburt über Bethlehem ein besonderer Stern am Himmel? Und waren dort Weise aus dem Osten, die dem Licht des Sternes folgten, um *dem neugeborenen König der Juden* in einem Stall (denn in der Herberge war ja kein Platz) mit Gold, Weihrauch und Myrrhe zu huldigen?

Wollte Herodes der Große überdies aus Angst vor der Geburt eines konkurrierenden Königs den Säugling töten lassen? Und hat er, als dies misslungen war, den Auftrag erteilt, zur Sicherheit *alle Jungen unter zwei Jahren in Bethlehem und Umgebung* umzubringen?

Diese Dinge, noch immer gut für die Verehrung der nachtlagernden Hirten, alljährlich zur Winterzeit, lesen wir außer bei Matthäus bei keinem anderen Evangelisten. Matthäus verbindet die Geschichte der vorübergehenden Flucht nach

Ägypten damit, die Josef mit Frau und Kind unternimmt, um der Mordlust des Herodes zu entkommen.

Bei Lukas (und nur bei ihm) lesen wir über die Geburt zunächst die folgenden, vielzitierten und wie so oft dem Augenschein nach »zuverlässigen« Sätze:

*In dieser Zeit befahl Kaiser Augustus, alle Bewohner des Römischen Reiches in Listen einzutragen. Eine solche Volkszählung hatte es noch nie gegeben. Sie wurde durchgeführt, als Quirinius Statthalter in Syrien war. Jeder musste in seine Heimatstadt gehen, um sich dort eintragen zu lassen. So reiste Josef von Nazareth in Galiläa nach Bethlehem in Judäa. Denn er war ein Nachkomme Davids und in Bethlehem geboren. Josef musste sich dort einschreiben lassen, zusammen mit seiner Verlobten Maria, die ein Kind erwartete.*

Lukas 2,1–5

Woraufhin Maria, deren Zeit gerade gekommen war, irgendwo in Bethlehem ihr Kind gebar.

Mit diesen Details aus der »Vorgeschichte« Jesu – dem Stern, der seinen Geburtsort angezeigt haben soll, den bösen Plänen des Herodes und der »Registrierung« zu Zeiten des Quirinius – haben sich über die Jahrhunderte hinweg Historiker, Religionsgelehrte, Christologen und allerlei dubiose Wahrsager beschäftigt: alles, um sich damit der Antwort auf die Frage anzunähern, wann genau Jesus geboren sein kann.

Seit den Tagen Keplers haben sich im Übrigen auch seriöse Astronomen mit den möglichen Ursachen für das Naturphänomen beschäftigt – könnte es ein explodierender Stern gewesen sein, eine Nova, ein Komet, eine Konjunktion von Jupiter und Saturn? Sie waren aber so klug, mit ihren Erkenntnissen keine religionshistorischen Schlussfolgerungen zu verbinden.

Und der große Joost van den Vondel setzte den Wundern der Nacht seine dichterische Krone auf und schrieb im Gysbrecht van Aemstel einen Chorgesang der Klarissen, der so begann:

O Heilige Nacht, schöner als die Tage,
Wie kann Herodes das Licht ertragen,
Das in deiner Dunkelheit blinkt
Und gefeiert wird und verehrt?
Sein Hochmut bleibt von Argumenten unversehrt,
so schrill es auch in seinen Ohren klingt.

Damit sind wir bei dem »Kronzeugen« für die Forschung nach dem Geburtsdatum: dem jüdischen König, der von Geburt kein Jude war.

Herodes starb am Anfang des Jahres 4 v. Chr. Flavius Josephus, im Jahr 37 geboren und als Spross einer Jerusalemer Priesterfamilie gewiss gut informiert über die Ära der letzten »Monarchie« in Israel, schreibt in *Jüdische Altertümer*, Herodes habe noch fünf Tage vor seinem Tod bei vollem Bewusstsein seinen Sohn Antipater exekutieren lassen. Das war nicht das erste, sondern das neunte Mal, dass er ein Familienmitglied umbringen ließ. Seine zweite Frau Mariamme, seine Schwiegermutter, zwei Söhne aus der Ehe mit Mariamme und noch vier weitere waren Antipater vorangegangen. Offensichtlich ist der König bis zum letzten Atemzug ein ebenso eifersüchtiger wie wahnsinniger und grausamer Despot geblieben. Und das lässt es durchaus glaubwürdig erscheinen, dass er in der Endphase seines Lebens auch noch den Befehl erteilt hat, ein kleines unschuldiges

Kind – und notfalls schließlich *alle* kleinen Kinder Bethlehems – zu ermorden.

Folgt man Matthäus' Lesart, dann könnte Jesus in der »heiligen« Nacht geboren worden sein, die dem Tod des Herodes voranging, das heißt am Ende des Jahres 5 vor unserer Zeitrechnung. Das stimmt dann jedoch nicht mit der Version des Lukas überein, des Evangelisten mit dem Ruf, ein ziemlich genauer Geschichtsschreiber zu sein. Der lässt Josef mit der schwangeren Maria wegen einer von Kaiser Augustus verordneten »Einschreibung« zu der Zeit, *als Quirinius Statthalter in Syrien war*, von Galiläa nach Judäa reisen. Wir wissen jedoch, dass Quirinius erst im Jahr 6 – wohlgemerkt nach Christus – im Mittleren Osten angekommen ist.

Nach Flavius Josephus wurde Quirinius von Kaiser Augustus als Gouverneur mit dem Auftrag in die römische Provinz Syrien geschickt, »die finanzielle Stellung eines jeden festzustellen«. Es ging also überhaupt nicht darum, dass »das gesamte Reich sich einschreiben sollte«, die Maßnahme galt Josephus zufolge vermutlich nur für die römischen Provinzen in Palästina und für Judäa im Besonderen. Ab dem Jahr 6, als Judäa (Judäa diesseits des Jordan, welches im Wesentlichen das Gebiet des früheren israelitischen Königreichs Juda umfasste) direkt dem römischen Staat unterstellt wurde – nachdem Kaiser Augustus den Ethnarchen Achelaus, einen Sohn König Herodes des Großen abgesetzt hatte, war diese Provinz unmittelbar gegenüber Rom steuerpflichtig geworden; dort musste also die finanzielle Stellung der Juden festgestellt werden, um sie anschließend im Verhältnis steuerlich zu veranlagen.

Auch Lukas' Bericht, die Einwohner hätten sich unbedingt in ihrer Geburtsstadt »einschreiben« lassen müssen, darf man nicht ganz wörtlich nehmen. Solche umständlichen Maßnahmen waren nichts für die Römer – die wollten schnell und effizient Geld sehen.

War Lukas dann doch nicht so präzise und genau, wie es scheint? Er mag dafür mit den Worten des Wissenschaftlers Sanders entschuldigt werden, der in seinem oben genannten Vorwort weiter schrieb: »Die Autoren unserer Quellen hatten keine Archive, keine offiziellen Dokumente. Sie hatten nicht einmal gute Landkarten. Und das führt zu großer Unsicherheit.«

Lukas tat sein Bestes. Am Anfang seines Evangeliums hat er selbst ganz klar und adäquat angegeben, mit welchen Motiven und mit welchen guten Absichten er die Feder in die Hand genommen hatte:

> *Schon viele haben versucht, all das aufzuschreiben, was bei uns geschehen ist, so, wie es die Augenzeugen berichtet haben, die von Anfang an dabei waren. Ihnen hat Gott den Auftrag gegeben, die rettende Botschaft weiterzusagen. Nun habe auch ich mich sehr darum bemüht, alles von Anfang an genau zu erfahren. Ich will es dir, lieber Theophilus, jetzt der Reihe nach berichten.*
>
> Lukas 1,1–3

Schließlich berichtete er ebenso wenig wie seine Mitevangelisten über Beiläufiges. Er und die übrigen berichteten über eine Offenbarung.

Nach der Geburt richten Matthäus und Johannes ihre Aufmerksamkeit im weiteren Verlauf nur noch auf den erwachsenen Jesus, als sei das, was dazwischen geschehen ist, nicht von Bedeutung. Nur Lukas erwähnt – in Lukas 2,21–39 – noch die Beschneidung sowie ein Ritual in Jerusalem, bei dem das Kind nach dem Gesetz, das besagt: *Jeder erste Sohn der Familie und jedes erstgeborene männliche Tier sollen dem Herrn gehören,* Gott dargeboten wird. Bei der Feier war ein alter Mann anwesend, der Simeon hieß und dem Gott versprochen hatte, er werde erst sterben, wenn er »den Messias des Herrn« erblickt habe. Und sobald er sah, wie Maria mit dem Baby den Tempel betrat, nahm er das Kind kurz in seine Arme und sprach:

> *»Herr, du hast dein Wort gehalten, jetzt kann ich in Frieden sterben. Ich habe es mit eigenen Augen gesehen: Du hast uns Rettung gebracht, die ganze Welt wird es erfahren. Dein Licht erleuchtet alle Völker, und deinem Volk Israel bringt es Größe und Herrlichkeit.«*
>
> Lukas 2,29–32

Damit ist es aber, was Lukas angeht, noch nicht getan. Der Evangelist fährt fort:

> *Das Kind wuchs heran, erfüllt mit göttlicher Weisheit, und Gottes Segen ruhte auf ihm. Jahr für Jahr besuchten Josef und Maria das Passahfest in Jerusalem. Als Jesus zwölf Jahre alt war, gingen sie wie gewohnt dorthin. Nach den Festtagen machten sich die Eltern wieder auf den Heimweg. Doch ohne dass sie es bemerkten, blieb Jesus in Jerusalem.*
>
> Lukas 2,40–43

Erst nach drei Tagen des Suchens in der großen Stadt finden sie ihn wieder – im Tempel, wo er zwischen Priestern und Schriftgelehrten aufmerksam zuhört und erstaunlich kluge

Fragen stellt. Auf Marias Frage aber, warum er seinen Vater und seine Mutter so sehr in Unruhe versetzt habe, kommt eine für menschliche Verhältnisse merkwürdig kühle Antwort: »*Warum habt ihr mich gesucht? Habt ihr denn nicht gewusst, dass ich im Haus meines Vaters sein muss?*

Soll man das unsolide nennen? Heimatlos? Lieblos gegenüber einer Mutter, die drei Tage lang Angst ausgestanden hat?

Lukas kommentiert dies nicht und macht geradewegs den Zeitsprung zu dem Jesus – *ungefähr dreißig Jahre alt* –, der sich von Johannes taufen lässt.

Was hat der Pubertierende, der heranwachsende junge Mann, der erwachsene Twen in den dazwischenliegenden Jahren getan? Er wird zunächst einmal seinem Vater Josef an dessen Arbeitsplatz geholfen haben. Vielleicht hat er ja Kreuze gezimmert, nach denen die Nachfrage in jenen unruhigen Tagen groß war. »Wir wissen«, schreibt Chaim Potok in seinem Buch *Wanderungen*, »fast nichts aus diesen Jahren, den Jahren, in denen Galiläa von Herodes Antipas regiert wurde und Judäa von römischen Prokuratoren, als im Land eine gewaltige Aufregung herrschte und apokalyptische Erwartungen für die Zeit, wenn denn der Messias kommen werde, um das Land von Rom zu erlösen, für Unruhe sorgten«.

An Tumulten wird Jesus nicht beteiligt gewesen sein – ein Kind, das bereits im Alter von zwölf Jahren beinahe erwachsen mitdiskutierte über Gesetz und Tempeldienst, hatte andere Interessen. Könnte er als frommer junger Mann ein Rabbinerstudent, möglicherweise sogar ein engagierter Pharisäer gewesen sein, und war er vielleicht ein Schüler des jüdischen Rabbiners Hillel, in den Worten Potoks »ein sanftmütiger, besonnener Gelehrter«, der »die Reichweite des Gesetzes vergrößern wollte, auf dass es auf unvorhergesehene Phänomene in der Wirklichkeit angewandt werden konnte«? Über Hillel liest man, dass er arm war und sich sein Leben lang mit den Nöten der großen Masse seines Volkes beschäftigte. War er nicht auch in dieser Hinsicht der ideale Inspirator für den jungen Jesus?

Aber wir wissen es nicht. Die Biographie hat einen Anfang und ein Ende: Jesus ist geboren worden, und Jesus ist gestorben. Vielleicht fanden die Evangelisten den Rest auch weniger wichtig.

# Ein Sämann ging hinaus, um zu säen

## *Das Gesetz wird Liebe*

Unmittelbar nachdem er ihn im Jordan getauft hatte, sah Johannes der Täufer, wie Jesus durch den Geist Gottes – der die Gestalt einer Taube angenommen hatte – in die Wüste geführt wurde. Nach Matthäus geschah dort Folgendes:

*Vierzig Tage und Nächte lang aß er nichts. Der Hunger quälte ihn. Da kam der Teufel und stellte ihn auf die Probe. Er forderte ihn heraus: »Wenn du Gottes Sohn bist, dann mach aus diesen Steinen Brot!« Aber Jesus wehrte ab: »Nein, denn es steht in der Heiligen Schrift: ›Der Mensch lebt nicht allein von Brot, sondern von allem, was Gott ihm zusagt!‹« Da nahm ihn der Teufel mit nach Jerusalem und stellte ihn auf die höchste Stelle des Tempels. »Spring hinunter!«, forderte er Jesus auf. »Du bist doch Gottes Sohn! Und in der Heiligen Schrift steht: ›Gott wird seine Engel schicken. Sie werden dich auf Händen tragen, und du wirst dich nicht einmal an einem Stein verletzen!‹« Jesus entgegnete ihm: »Es steht aber auch in der Schrift: ›Du sollst Gott, deinen Herrn, nicht herausfordern!‹« Nun führte ihn der Teufel auf einen hohen Berg und zeigte ihm alle Reiche der Welt mit ihrer ganzen Pracht. »Das alles gebe ich dir, wenn du vor mir niederkniest und mich anbetest«, sagte er. Aber Jesus wies ihn ab: »Weg mit dir, Satan, denn es steht in der Heiligen Schrift: ›Bete allein Gott, deinen Herrn, an und diene nur ihm!‹« Da verschwand der Teufel, und die Engel Gottes kamen und sorgten für Jesus.*

Matthäus 4,2–11

Die Geschichte erinnert an Hiob. Dessen Prüfungen war zwar eine regelrechte Wette zwischen Gott und dem Teufel vorangegangen, aber wird Jesus in diesem Fall nicht auch ganz bewusst vom Geist Gottes in die Wüste geführt, wo der Teufel auf ihn wartet? Die vierzig Tage und Nächte rufen Assoziationen zu den vierzig Jahren hervor, in denen Moses und sein Volk – in einer anderen Wüste – auf die Probe gestellt wurden. Und alle Entgegnungen Jesu stammen aus dem fünften jüdischen Buch der Bibel: dem Deuteronomium.

Die Evangelisten kannten ihren Pentateuch. Man muss sich immer vergegenwärtigen, dass sie – ebenso wie Jesus, die Jünger und die übrigen Anhänger – als Juden geboren und aufgewachsen waren.

Außer Matthäus hat nur Lukas die dreifache »Versuchung« beschrieben. Markus beschränkt sich auf einen einzigen Satz *(vierzig Tage war er dort den Versuchungen des Satans ausgesetzt),* und Johannes ließ die ganze Episode unerwähnt. Vielleicht fand er den Gedanken unsinnig, Gott habe seinem eigenen Sohn durch den Teufel ein Examen abnehmen lassen.

Bei den drei »Synoptikern« beginnt das Jahr des Predigens kurz darauf, als bekannt wird, dass Johannes der Täufer von Antipas gefangengenommen worden ist und Jesus sich entschließt, nach Galiläa zurückzukehren. Aus Angst?

Aus Vorsorge? Die Bibel spricht von »zurückziehen«, was eine Flucht suggeriert. Aber hätte er für die geplante Verkündigungsreise nicht einfach einen Landstrich gewählt, der ihm mehr als vertraut war? Er ließ sich in Kapernaum am See von Galiläa nieder:

> *Von da an begann Jesus zu predigen: »Kehrt um zu Gott! Denn jetzt beginnt seine neue Welt!« Als Jesus am See Genezareth entlangging, sah er zwei Brüder: Simon, der später Petrus genannt wurde, und seinen Bruder Andreas. Sie waren Fischer und warfen gerade ihre Netze aus. Da forderte Jesus sie auf: »Kommt mit mir! Ich will euch zeigen, wie ihr Menschen für Gott gewinnen könnt.« Sofort ließen die beiden Männer ihre Netze liegen und gingen mit ihm. Nicht weit davon entfernt begegnete Jesus am Strand zwei anderen Fischern, den Brüdern Jakobus und Johannes. Sie saßen mit ihrem Vater Zebedäus im Boot und flickten Netze. Auch sie forderte Jesus auf, mit ihm zu gehen. Da verließen sie das Boot und ihren Vater und gingen mit Jesus.*
>
> Matthäus 4,17–22

So einfach und selbstverständlich warb Jesus seine ersten Jünger an.

> *»Meint nur nicht, ich sei gekommen, das Gesetz und die Worte der Propheten aufzuheben. Ich werde vielmehr beides bekräftigen und erfüllen. Denn das sage ich euch: Auch der kleinste Buchstabe im Gesetz Gottes behält seine Gültigkeit, solange Himmel und Erde bestehen. Wenn jemand auch nur das geringste Gebot Gottes für ungültig erklärt oder andere dazu verleitet, der wird in Gottes neuer Welt nichts bedeuten. Wer aber anderen Gottes Gebote weitersagt und sich*

*selbst danach richtet, der wird in Gottes neuer Welt großes Ansehen haben. Ich warne euch: Wenn ihr das Gesetz Gottes nicht besser erfüllt als die Pharisäer und Schriftgelehrten, kommt ihr nicht in Gottes neue Welt.«*

Matthäus 5,17–20

So also sprach Jesus gemäß den Aufzeichnungen des Matthäus. Seine Rundreise durch Galiläa ist vielleicht einige Wochen her, die ersten Wunderheilungen hat er bereits hinter sich, und nun hat er sich mit seinen Jüngern auf einen Berg zurückgezogen und seine Schüler wie ein Lehrer im Halbkreis um sich versammelt. Und er beginnt zu sprechen: *Glücklich sind, die erkennen, wie arm sie vor Gott sind, denn ihnen gehört die neue Welt Gottes.*

Das ist die erste von acht »Seligpreisungen«. Diese sollen sich gleichzeitig als Auftakt zu dem erweisen, was wir später als die Bergpredigt kennengelernt haben, die berühmteste und am häufigsten zitierte Sammlung von Sprüchen, Weisungen, Regeln und Parabeln aus dem Neuen Testament, der Monolog, in dem auch das Vaterunser zitiert wird. Das Zitat über das Gesetz und die Propheten gehört dazu. Erst kommen die Seligsprechungen, dann gibt es die Metapher vom Licht, das nicht unter dem Scheffel bleiben darf, sondern für alle im Haus scheinen soll, und dann folgt – als begänne die Unterrichtsstunde erst jetzt – die Warnung, dass in den Geboten kein Punkt und kein Jota verändert werden dürfen.

Oder war dies unter bestimmten Bedingungen doch gestattet?

Der Text scheint auf den ersten Blick etwas Defensives zu haben, als glaube Jesus, sich gegen den Vorwurf verteidigen zu müssen, er nehme die für fromme Juden heiligen Gebote nicht so ernst. Die Fortsetzung seiner Predigt ist umso irritierender, weil er – unter der ständigen Beteuerung, er wolle nicht am Gesetz rütteln – immer wieder sehr wohl eine entscheidende Nuance hinzufügt. Mit der wirkungsvollen Wiederholung des Satzes »ihr habt gehört, dass ...«, auf den kontrapunktisch stets folgt »und *ich* sage euch ...«, handelt es sich hier nicht nur literarisch, sondern auch rednerisch um ein Meisterstück.

> *»Wie ihr wisst, wurde unseren Vorfahren gesagt: ›Du sollst nicht töten! Wer aber einen Mord begeht, muss vor ein Gericht.‹ Doch ich sage euch: Schon wer auf seinen Bruder zornig ist, den erwartet das Gericht. Wer zu seinem Bruder sagt: ›Du Idiot!‹, der wird vom Obersten Gericht verurteilt werden, und wer ihn verflucht, dem ist das Feuer der Hölle sicher. (...) Ihr wisst, dass es im Gesetz heißt: ›Du sollst nicht die Ehe brechen!‹ Ich sage euch aber: Schon wer eine Frau mit begehrlichen Blicken ansieht, der hat im Herzen mit ihr die Ehe gebrochen. Wenn dich also dein rechtes Auge zur Sünde verführt, dann reiß es heraus und wirf es weg! (...) Es heißt auch: ›Auge um Auge, Zahn um Zahn!‹ Ich sage euch aber: Leistet keine Gegenwehr, wenn man euch Böses antut! Wenn jemand dir eine Ohrfeige gibt, dann halte die andere Wange auch noch hin! (...) Es heißt bei euch: ›Liebt eure Freunde und hasst eure Feinde!‹ Ich sage aber: Liebt eure Feinde und betet für alle, die euch verfolgen! So erweist ihr euch als Kinder eures Vaters im Himmel.*
>
> Matthäus 5,21–45

Von Vers 17 bis einschließlich Vers 48 bleibt jede der Aussagen wirkungsvoll und aufsehenerregend. Die Relativierungen, die Ergänzungen, die Umkehrungen und die »Erfüllungen« hätten die jüdische Orthodoxie natürlich von Anfang an misstrauisch machen sollen. Wurde hier nicht mit immer wieder neuen Beispielen verkündigt, dass wir es mit dem Wortlaut der Gesetzestexte nicht so genau zu nehmen brauchten, wenn wir nur ihrem Geist entsprechend lebten? Bedeutete der wiederholte Hinweis auf die Vergangenheit *(damals)*, in der alles verordnet wurde, was Verbesserung *(Erfüllung)* verdiente, nicht eigentlich einen Angriff auf die etablierte religiöse Ordnung? War überdies das, was Jesus vorbrachte, nicht ein einziges langes Plädoyer für den Übergang von der alten Unversöhnlichkeit zur neuen Gnade?

Die Parabeln, die Gleichnisse und die Sinnsprüche, denen wir im Bericht über die Lehrpredigten Jesu nach der Bergpredigt noch begegnen, sind alle fast ausnahmslos Variationen des einen, alles beherrschenden Themas: Das Alte darf auf Papier gültig bleiben, wenn es denn durch Liebe und Barmherzigkeit geläutert wird.

Charakteristisch ist die relativ alltägliche Anekdote von den Pharisäern, die schockiert waren, als sie sahen, dass sich Jesus beim Essen mit Zöllnern, die in römischen Diensten standen, und mit Sündern umgab. Sie fragten die Jünger: »*Weshalb gibt sich euer Lehrer mit solchem Gesindel ab?*« Und Jesus, der die Frage hörte, reagierte sogleich:

> *»Die Gesunden brauchen keinen Arzt, sondern die Kranken! Begreift doch endlich, was Gott meint, wenn er sagt: ›Nicht auf eure Opfer oder Gaben kommt es mir an, sondern darauf, dass ihr barmherzig seid.‹ Ich bin gekommen, um Menschen in die Gemeinschaft mit Gott zu rufen, die ohne ihn leben – und nicht solche, die sich sowieso an seine Gebote halten.«*
>
> Matthäus 9,12–13

In allen Evangelien wimmelt es seitenlang von Metaphern, die sich zum Teil vielleicht von ihrer Quelle losgelöst haben, die aber jeder kennt bzw. wiedererkennt. Ob es nun der Sämann ist, der ausging, um zu säen, der junge Wein, der nicht in alte Schläuche gehört, Städte und Menschen in Sack und Asche, der Kaiser, dem gegeben werden muss, was des Kaisers ist, jemand, der durch ein Nadelöhr geht, die Arbeiter im Weinberg, der Sabbat, der für den Menschen gemacht ist und nicht der Mensch für den Sabbat, der Splitter und der Balken, der barmherzige Samariter, der verlorene Sohn oder das Vaterunser, das als schlichtes Gebet in keiner anderen Religion seinesgleichen hat – die Sprache ist nicht nur durchsetzt mit der Sprache Kanaans, sondern auch immer noch von der literarischen Üppigkeit der Bildsprache der Evangeliumstexte erfüllt.

Und alle diese Texte deuten auf wenig Geringeres als eine Revolution hin. Der Gott des Alten Bundes, der beleidigte, der rachsüchtige, der eifersüchtige, scheint langsam, aber sicher einem barmherzigen Vater im Himmel weichen zu müssen, der Sünden vergibt und einen Erlöser unter die Menschen schickt, um sogar die Erbschuld aus der Genesis zu tilgen. Jahwe war ein totalitärer Stammesgott gewesen. Die Zeit war reif geworden für eine universelle Vorsehung.

Dein Reich komme, so lehrte Jesus zu beten. Das Königreich war also noch nicht da. Aber er versicherte seinen Jüngern und seinen Anhängern, dass es nicht mehr lange dauern könne.

Ist während des dreißig- oder dreiunddreißigjährigen Lebens Jesu die Radikalität seiner Botschaft erkannt worden?

Vielleicht nicht tatsächlich. Natürlich haben seine Jünger an keinem einzigen seiner vielen Worte gezweifelt, aber es ist die Frage, ob sie alle Worte verstanden haben. Markus erwähnt wiederholt intellektuelle Kurzschlüsse zwischen dem Meister und seinen Schülern, wenn beispielsweise das Gleichnis etwas zu schwierig war oder die Metapher nicht sofort einleuchtete. Den Zuhörern in den Dörfern und auf den Feldern wird es oft nicht anders ergangen sein. *Glücklich sind, die erkennen, wie arm sie vor Gott sind, denn ihnen gehört die neue Welt Gottes*, predigte er. Sein Charisma muss viele Menschen überzeugt haben, auch wenn nicht alle immer begriffen habenm was er sagte.

Ein Teil des Interesses, das er weckte, erklärt sich natürlich durch seinen Ruf als Wundertäter und Heiler. Es hat sich nach Aussage der Evangelisten angeblich um Dutzende von Beispielen gehandelt und um Hunderte, wenn nicht sogar Tausende von Patienten oder eingebildeten Kranken, die aus dem ganzen Land zu ihm kamen – wie gläubige Katholiken für eine Flasche Lourdeswasser reisen.

> *Jesus wanderte durch das Land Galiläa, predigte in den Synagogen und verkündete überall die rettende Botschaft, dass Gottes neue Welt nun begonnen hatte. Er heilte alle Arten von Krankheiten und Leiden. Bald wurde überall von ihm gesprochen, selbst in Syrien. Man brachte viele Kranke zu ihm, die große Qualen litten: Besessene, Menschen, die Anfälle bekamen, und Gelähmte. Jesus heilte sie alle. Eine große Menschenmenge folgte ihm, wohin er auch ging. Leute aus Galiläa, aus dem Gebiet der Zehn Städte, aus Jerusalem und dem ganzen Gebiet von Judäa liefen ihm nach. Selbst von der anderen Seite des Jordan kamen sie.*
>
> Matthäus 4,23–25

Diese Passage legt nahe, das ganze Land habe kopfgestanden, und von Caesarea bis ans Tote Meer sei ausschließlich über den Blinden von Betsaida, die Tochter des Jaïrus, die Schwiegermutter des Petrus und an einem Tag sicherlich auch über die Auferweckung des toten Lazarus gesprochen worden. Aber Matthäus ist auch an anderer Stelle gewisser Übertreibung nicht abgeneigt. Jedoch erhält man aus anderen Passagen gerade wieder den Eindruck, Jesus und seine zwölf Schüler seien auf ihrer Reise durch alle diese galiläischen Dörfer und Weiler (die größeren Städte mieden sie konsequent) oftmals doch ziemlich alleine gewesen.

Sie suchten auch nicht die Bekanntheit, ebenso wenig, wie sie jemals Ärgernis erregten – schon gar nicht bei den römischen Besatzern. Wenn die je Wind bekommen hätten von den medizinischen Wundertaten oder von anderen Wundergeschichten (der Sturm auf dem Meer, der Gang über das Wasser, die Speisung großer Scharen hungriger Menschen mit sieben Broten und ein paar Fischen), so hätten sie mit den Schultern gezuckt. Man stolperte damals im Mittleren Osten geradezu über Wundertätige und Gebetsheiler.

Es gibt keine Beweise dafür, dass Jesus mit seiner Predigttournee jemals »Politik« betreiben oder sich auch nur entfernt mit den Widerstandsidealen beispielsweise der Zeloten identifizieren wollte, die sich seit der Ankunft (im Jahr 26) des wenig beliebten Statthalters Pilatus umso stärker gegen die römische Zwangsherrschaft wandten. Das Königreich, von dem Jesus sprach, war nun einmal nicht von dieser Welt. In keinem einzigen römischen Archiv ist ein Zwischenfall verzeichnet, der die dreizehnköpfige Gruppe, beträfe, die durch das Land zog. Der Tetrarch Herodes Antipas, der über Galiläa regierte, wird sie scharf beobachtet haben, aber im Gegensatz zu Johannes dem Täufer, den er sozusagen aus Angst vor dessen Popularität verhaften und sogar töten ließ, blieb Jesus unbehelligt. Lukas zufolge soll Herodes in bösen Träumen eingeflüstert worden sein, dass Jesus der wiederauferstandene Johannes sei, und er habe ihn aus diesem Grund unschädlich machen wollen. Bei Markus lesen wir etwas Ähnliches. Ein einziges Mal soll Jesus gewarnt worden sein, dass der Vierfürst etwas Ungutes plane. Aber in Galiläa ist ihm nie ein Haar gekrümmt worden.

Wenn in seiner Mission etwas Revolutionäres steckte, dann war dies nicht politischer, sondern sozialer Natur. *»Aber etwas fehlt dir noch«*, sagte er im Gleichnis vom reichen Jüngling, *»verkauf alles, was du hast, und verteil das Geld an die Armen. Damit wirst du im Himmel einen Reichtum gewinnen, der niemals verlorengeht.«* Und als der Jüngling den Rat in den Wind geschlagen hatte, fuhr er gegenüber seinen Jüngern fort:

> *»Wie schwer ist es doch für die Reichen, in Gottes neue Welt zu kommen! Eher geht ein Kamel durch ein Nadelöhr, als dass ein Reicher in Gottes neue Welt kommt.«*
>
> Lukas 18,24–25

Nach seinem Vorbild sollte man sich in der ersten Jerusalemer Christengemeinschaft kurz nach dem Kreuzestod auch zu einer religiösen Art von Kommunismus bekennen. Es zeigte sich allerdings, dass die Jünger dies nur schwer aufrechterhalten konnten. Aber im ländlichen Galiläa wurden die Minderbemittelten seine treuesten Anhänger. Und als fanatischer Erlöser der Armen und Rechtlosen wurde er 1964 von dem marxistischen italienischen Filmemacher Pier Paolo Pasolini im Film *Il vangelo secondo Matteo* porträtiert.

Erst als er mit seinen Jüngern in Jerusalem angekommen war – in den wenigen Tagen, die ihm noch vergönnt waren, bevor er die Konfrontation mit dem religiösen »Establishment« aufnahm –, wurde das Ärgernis unvermeidlich. Während der Rundreise durch Galiläa waren bei zufälligen Begegnungen mit kleinen Gruppen von Pharisäern schon kleine theologische Streitpunkte angeschnitten worden – zu denken ist hier an den kleinen Disput über die Zöllner und Sünder, mit denen er seine Mahlzeit teilte, oder über die Frage, ob man in einem Kornfeld Ähren pflücken dürfe oder nicht.

In Jerusalem kam es in der Woche nach Palmsonntag zu einer verbalen Abrechnung mit den Sadduzäern, den wohlhabenden unter den frommen Juden, und den Pharisäern, die gemeinsam im Sanhedrin das Sagen hatten. Er hielt eine Ansprache, die in der Version des Matthäus die gleiche bewundernswerte Rhetorik aufwies wie die Bergpredigt und mit einem ähnlichen und noch viel persönlicheren Wiederholungsmotiv aufgebaut war: *»Wehe euch, ihr Pharisäer und Schriftgelehrten!«* Es stehen darin die schönsten Beispiele für rechtschaffenen Zorn, wie das über das Schwören im Tempel:

> *»Wehe euch! Ihr seid selbst blind und wollt doch andere führen. So behauptet ihr: ›Beim Tempel Gottes schwören, das hat nichts zu bedeuten. Aber wer beim Gold im Tempel schwört, der muss seinen Eid halten.‹ Ihr blinden Narren! Was zählt mehr: das Gold oder der Tempel, durch den das Gold erst geheiligt wird? Ihr sagt: ›Ein Eid, beim Altar geschworen, hat keine Bedeutung. Wer aber bei dem Opfer auf dem Altar schwört, der muss sein Versprechen halten.‹ Ihr Verblendeten! Was zählt denn mehr: die Gabe auf dem Altar*

*oder der Altar, der die Gabe erst zum Opfer werden lässt? Wer beim Altar schwört, schwört bei allem, was darauf liegt. Wer beim Tempel schwört, der ruft Gott zum Zeugen an, der dort wohnt. Und wer beim Himmel schwört, schwört bei dem Thron Gottes und damit bei Gott selbst, der auf diesem Thron sitzt.«*

Matthäus 23,16–22

Dieser Ansprache hat aber Matthäus zufolge kein einziger Schriftgelehrter oder Pharisäer zugehört. Er hielt sie vor *»der Volksmenge und seinen Jüngern«*. Diejenigen, für die sie bestimmt war, werden nachträglich wohl darüber gehört haben, aber es sollte noch vierzig oder fünfzig Jahre dauern, bevor die (nach und nach vielleicht ein bisschen verschönerten?) Worte schwarz auf weiß verfügbar waren. Als Zeichen eines irreparablen Schismas zwischen dem alten Glauben und der neuen »Erfüllung« waren sie um diese Zeit bereits durch die Wirklichkeit überholt worden. Es gab da bereits viele Juden, die sich nicht mehr Juden, sondern Christen nannten.

# Der Erfüllung entgegen

## *Die letzten Tage in Jerusalem*

Sechs Tage vor Passah, dem Fest, mit dem die Juden des Auszugs aus Ägypten gedenken, trat Jesus mit seinen Jüngern die Reise von Galiläa nach Judäa an. Es muss um das Jahr dreißig unserer Zeitrechnung gewesen sein. Matthäus erzählt:

> *Auf dem Weg nach Jerusalem nahm Jesus seine Jünger beiseite und sagte ihnen: »Wir gehen jetzt nach Jerusalem. Dort wird der Menschensohn den Hohepriestern und Schriftgelehrten ausgeliefert werden. Man wird ihn zum Tode verurteilen und denen übergeben, die Gott nicht kennen. Die werden ihn verspotten, auspeitschen und ans Kreuz schlagen. Aber am dritten Tag wird er von den Toten auferstehen.«*
>
> Matthäus 20,17–19

Dem Evangelisten zufolge hat Jesus seinen Jüngern seinen Leidensweg zu diesem Zeitpunkt bereits zweimal angekündigt. Das erste Mal (Matthäus 16,21) hat Petrus bestürzt reagiert und gesagt: *»Herr, das möge Gott verhindern! So etwas darf dir nicht zustoßen!«* Woraufhin ihn Jesus böse angefahren hat: *»Weg mit dir, Satan! Du willst mich hindern, meinen Auftrag zu erfüllen. Du verstehst Gottes Gedanken nicht, weil du nur menschlich denkst!«* Das zweite Mal gibt es offensichtlich keine besondere Reaktion, aber Matthäus beschreibt das gemeinsame Gefühl: *Da wurden seine Jünger sehr traurig.* Das dritte Mal bleibt es bei der düsteren, detaillierten Vorhersage.

Selbst ein unvorbereiteter Leser – als ob es den noch gäbe – kann das Buch dann sozusagen schließen, denn er weiß schon, wie es ausgeht. Wenn er aber weitermacht, wird er jeden Satz der verbleibenden Kapitel nicht mehr anders als unter dem Vorzeichen des Todes lesen können.

Ob das Matthäus' Absicht gewesen ist?

Es kann kaum anders sein. Es handelt sich um den wohlüberlegten Eingriff eines Autors – wenn nicht von dem Mann, nach dem das Evangelium benannt ist, dann doch von denjenigen, die seine Version des Lebens und Leidens schließlich bearbeitet und kanonisiert haben. Am Ende seiner Verkündigungsreise begibt sich Jesus mit seinen Jüngern in der Gewissheit nach Jerusalem, dass er dort ausgeliefert, verurteilt, verspottet, gegeißelt und gekreuzigt wird. Vielleicht ist es in der Lesart des Matthäus sogar noch schlimmer. Dort scheint es so, als sei Jesus nach Jerusalem gegangen, *um* dort ausgeliefert, verurteilt, verspottet, gegeißelt und gekreuzigt zu werden.

*So sollte sich erfüllen, was der Prophet vorausgesagt hatte.* Im Bericht über die letzten Lebenstage Jesu sieht man, wie diese Worte wie in einem Refrain immer wieder wiederholt werden. Zum Beispiel als die 13 Männer sich vom Osten her Jerusalem genähert haben und Jesus zwei seiner Jünger vom Ölberg in ein Dorf schickt, wo sie eine Eselin mit einem Füllen finden und zu ihm bringen sollen. So kann sich das Prophetenwort erfüllen, das lautet: *»Sagt dem Volk von Jerusalem: ›Dein König kommt zu dir. Und doch kommt er nicht stolz daher, sondern reitet auf einem Esel, ja, auf dem Fohlen einer Eselin.‹«*

Der Prophet, der hier gemeint ist, war Sacharja, dessen Schriften vermutlich aus dem sechsten Jahrhundert v. Chr. datierten, aber über die ganze Zeit hinweg für gläubige Juden lebendige Texte geblieben waren. Jesus – bereits als Zwölfjähriger mit der Schrift vertraut – muss sich ganz bewusst dafür entschieden haben, auf diese »prophetische« Art und Weise in die Stadt Jerusalem einzuziehen. Die vier Evangelisten haben jeweils – in nahezu identischen Worten – den triumphal angelegten Einzug beschrieben. Bei Matthäus heißt es:

> *Viele Leute breiteten ihre Kleider als Teppich vor ihm aus, andere rissen Zweige von den Bäumen und legten sie auf den Weg. Vor und hinter ihm drängten sich die Menschen und riefen: »Gelobt sei der Sohn Davids, ja, gepriesen sei, der im Auftrag des Herrn kommt! Gelobt sei Gott im Himmel!«*
>
> Matthäus 21,8–9

Und als Einziger der vier hat Matthäus noch hinzugefügt: *Als er so in Jerusalem einzog, geriet die ganze Stadt in helle Aufregung. »Wer ist dieser Mann?«, fragten die Leute. »Das ist Jesus, der Prophet aus Nazareth in Galiläa.«*

In welcher Funktion kam Jesus eigentlich in die Stadt Jerusalem? Als ein neuer Prophet, als der er Matthäus zufolge von den Scharen begrüßt wurde? Als »Menschensohn«, wie er – nicht in der Ich-Form – von sich selbst sprach, als er seinen Jüngern vorhersagte, was in einer Woche mit ihm geschehen werde? Als »Gottes Sohn«, wie Johannes der Täufer ihn durch eine Stimme aus dem Himmel hatte nennen hören? Als »König der Juden«, wie Pilatus ihn bald im Verhör fragen würde? Oder als der Gesalbte – Messias im Hebräischen, Christos im Griechischen?

Im Palästina des ersten Jahrhunderts unserer Zeitrechnung gab es eine starke religiöse und spirituelle Sehnsucht nach der »Endzeit«, die mit dem Erscheinen eines von Gott gesandten Heilands beginnen sollte. Die etablierte jüdische Priesterkaste in Jerusalem hegte das übliche Misstrauen gegenüber Figuren, die überall im Land auftauchten und denen es dort mit derartigen messianischen Botschaften oft gelang, sich durch begeisterte Anhänger zum gesalbten Bringer des endgültigen Heils ausrufen zu lassen.

Ihr Argwohn war erklärlich. Die jüdische Elite – repräsentiert im Sanhedrin – wurde von den Römern für Ruhe und Ordnung verantwortlich gemacht. Umherziehende Gruppen von »Erlösern«, deren Gottesfurcht nicht selten auch noch durch den politischen Wunsch geschürt wurde, das alte Land Abrahams, Isaaks und Jakobs von den Heiden zu befreien, waren für diese Ruhe und Ordnung eine direkte Bedrohung. Woran konnte man denn sehen, dass wirklich ein Abgesandter Jahwes hinter jemandem steckte, der sich selbst Messias nannte? Konnte ja jeder sagen, er komme mit einer Botschaft Gottes.

Angenommen, Jesus habe nie an seiner Auserwähltheit und Sendung gezweifelt, so zögert er doch, wenn es darum geht, sich selbst Christus zu nennen oder sich so nennen zu lassen. Bei Markus stoßen wir auf das bedeutungsvolle Gespräch, das er auf dem Weg zu Dörfern in der Nähe von Caesarea Philippi mit seinen Jüngern über seine Rolle führt, als ob er diese an der Meinung anderer prüfen wolle.

*Auf dem Weg dorthin fragte er seine Jünger: »Für wen halten mich die Leute eigentlich?« Die Jünger erwiderten: »Einige meinen, du seist Johannes der Täufer. Andere halten dich für Elia oder für einen der Propheten.« – »Und für wen haltet ihr mich?«, fragte er sie. Da antwortete Petrus: »Du bist Christus, der von Gott gesandte Retter.« Jesus befahl seinen Jüngern, mit niemandem darüber zu reden.*

Markus 8,27–30

Scheu, Verlegenheit, Unsicherheit?

Auf der Hälfte des Weges nach Jerusalem sitzen sie alle dreizehn auf dem Ölberg, etwas östlich von Jerusalem, und die Jünger möchten offensichtlich gerne auf seine Vorhersage zurückkommen, wie es bald laufen werde, wenn er tot, auferstanden, zurückgekehrt sei. Laut Markus fragen sie: *»Wann wird das alles geschehen? An welchen Ereignissen werden wir das Ende erkennen?«* Sie meinen natürlich den Augenblick der Rückkehr Jesu auf die Erde und seine »Vollendung der Welt«. Und Jesus antwortet seinen Jüngern:

*»Lasst euch von keinem Menschen täuschen und verführen! Denn viele werden auftreten und von sich behaupten: ›Ich bin Christus!‹ Und sie werden viele Menschen in die Irre führen. Ihr werdet von Kriegen und Unruhen hören. Erschreckt nicht! Das muss geschehen, doch es bedeutet noch nicht das Ende.«*

Markus 13,5–7

Bei aller Überzeugung, die er anscheinend ausstrahlt, bleibt doch offenbar in diesem Punkt immer ein Rest von Zweifel – oder auf jeden Fall von Zurückhaltung. Nur bei Johannes finden wir einen Augenblick, in dem er sich ausspricht: in der Begegnung mit der Samariterin, die in ihm den Propheten erkennt und sagt: *»Ja, ich weiß, dass einmal der Messias kommen soll, der auch Christus genannt wird. Er wird uns schon alles erklären.«*

Ihr gegenüber bekennt er sofort: *»Du sprichst mit ihm. Ich bin der Messias.«* Anderen gegenüber wird jedoch die Frage, wer er genau ist, nie direkt beantwortet.

Als er gerade in Jerusalem ist, wollen »die Hohepriester und die Ältesten des Volkes« von ihm wissen, worin nun eigentlich seine Kompetenz liege: Gibt er als Priester Religionsunterricht im Tempel? *»Woher nimmst du dir das Recht, hier so aufzutreten? Wer gab dir die Vollmacht dazu?«* Jesus weicht der Antwort mit Hilfe einer Gegenfrage aus und verfällt dann in eine Reihe von Gleichnissen, die die Fragensteller nicht klüger machen, ganz im Gegenteil.

Laut Lukas setzen die argwöhnischen Schriftgelehrten noch Spione auf ihn an, die sich als fromme Menschen ausgeben und versuchen, ihn mit einer Fangfrage in Verlegenheit zu bringen. Dürfen wir als fromme Juden an den Kaiser Abgaben abführen, so fragen sie – offensichtlich in der Erwartung, dass Jesus nein sagen werde, woraufhin sie ihn bei den Römern wegen Majestätsbeleidigung anzeigen könnten.

> *Jesus durchschaute ihre Hinterhältigkeit und sagte: »Zeigt mir ein Geldstück! Wessen Bild und Name ist hier eingeprägt?« Sie antworteten: »Das Bild und der Name des Kaisers!« – »Nun, dann gebt dem Kaiser, was ihm zusteht«, antwortete Jesus, »und gebt Gott, was ihm gehört!«*
>
> Lukas 20,23–25

Angst wird er während des Einzugs nach Jerusalem und seines Aufenthalts dort nicht empfunden haben. Sonst hätte er sich nicht so demonstrativ für den Esel und das Eselsfohlen als symbolisches Transportmittel entschieden. Sonst hätte sein erster Besuch nicht dem Tempel gegolten, in den er dem Bericht des Matthäus zufolge (21,12–14) fast aggressiv hereinplatzte. Lukas erzählt etwas knapper:

> *Kaum hatte Jesus den Tempel betreten, da begann er, die Händler hinauszujagen, und rief: »Ihr wisst doch, was Gott in der Heiligen Schrift sagt: ›Mein Haus soll ein Ort des Gebets sein‹, ihr aber habt eine Räuberhöhle daraus gemacht!«*
>
> Lukas 19,45–46

Sonst hätte er sich in seiner Ansprache über Schriftgelehrte und Pharisäer (auch wenn diese nicht dabei waren) doch ein bisschen zurückgehalten und sie nicht in jedem rhetorischen Absatz als Heuchler bezeichnet.

Er muss gewusst haben, dass das Klima in Jerusalem vor und während des Passahfestes und des darauffolgenden Festes der ungesäuerten Brote – auch hergeleitet vom Auszug aus Ägypten – explosiv sein konnte. Die Machthaber traten während dieser Tage streng auf, und es wurde wenig Nachsicht geübt. Flavius Josephus zufolge kamen jedes Jahr mehrere Millionen Juden zum Fest zusammen, unter anderem, um gemeinsam mehr als zweihunderttausend Lämmer zu opfern. Diese Zahlen sind sicherlich übertrieben, aber es steht fest, dass die Stadt, noch bevor die fast »karnevalistischen« Frühlingsfeiern begonnen hatten, bereits durch Tausende einströmender Pilger aus allen Nähten platzte. In einer solchen Umgebung – enge Straßen und Gassen, wimmelnde Menschenmengen, unüberschaubare Reihen von Opfertieren – brauchte nur wenig zu geschehen, und eine kleine Rempelei eskalierte zu einer ausgewachsenen Ruhestörung. Der Statthalter, der normalerweise im sicheren Caesarea an der Küste residierte, pflegte anlässlich des Festes ebenfalls vorübergehend Einzug in die

Jerusalemer Burg Antonia zu halten. Und zur Sicherheit ließ er römische Soldaten an belebten Orten in der Stadt besonders aufmerksam patrouillieren.

Können wir aufgrund des massenhaften Zustroms von Menschen nach Jerusalem nicht einigermaßen sicher davon ausgehen, dass die Anwesenheit Jesu und seines bescheidenen Gefolges nicht so sehr aufgefallen ist, wie es uns die Evangelisten glauben machen wollen? Wie viele Menschen werden den Einzug auf den Eseln des Sacharja bemerkt haben? Wie viele Besucher des sowieso immer belebten und nun umso geräuschvolleren Tempelbezirks haben gehört, dass jemand einige Geldwechslertische umwarf? Und wie groß war die »Schar«, die der Bußpredigt gegen Schriftgelehrte und Pharisäer zugehört hat? Zwanzig Anhänger? Dreißig? Fünfzig? Zweihundert?

Wir kennen die Ereignisse in der Vergrößerung durch Matthäus, Markus, Lukas und Johannes, die nur Augen für ihren Messias und seine Jünger hatten. Wenn man aber untersucht, wie es im April auch jenes Jahres in Jerusalem zugegangen sein muss, kann man sich kaum etwas anderes vorstellen, als dass die dreizehn mit ihrem eisernen Glauben an die eigene Frohe Botschaft eine kleine Insel in einem Meer der Gleichgültigkeit waren. Mehrere Hunderttausend Juden machten sich auf den Weg zu ihrem religiösen Befreiungsfest. Dreizehn »Christen« warteten unterdessen im Garten von Gethsemane beim Olivenhain auf die beängstigenden Dinge, die da kommen sollten.

Jeder Evangelist hat schon früh in seinem Bericht die Namen der zwölf Jünger aufgelistet – paarweise, angefangen mit Petrus (der eigentlich Simon hieß) und seinem Bruder Andreas. Dann folgen die Brüder Jakobus und Johannes (Söhne des Zebedäus), Philippus und Bartholomäus, Thomas und Matthäus, der Zöllner, Jakobus (der Sohn des Alphäus) und Judas Thaddäus; Simon, der Zelot und Judas Iskariot. Dem letzten Namen fügten alle vier hinzu, dass er Jesus verraten werde. Es scheint ein simples Epitheton zu sein, so wie Petrus der Fels wurde, Matthäus der Zöllner, Thomas der Zweifler (der »Ungläubige«) und Simon der Eiferer. Judas, der Verräter. Später sollte er diesen Beinamen nicht mehr nötig haben: Sein Eigenname wurde zum Markennamen.

Warum tat er es – für dreißig Silberlinge?

Bei Matthäus und Markus wird kein Motiv erwähnt. Sie verbinden den Verrat anscheinend mit der Geschichte über die Salbung in Betanien, einem Armendorf beim Ölberg. Dort kam eine Frau auf Jesus zu und salbte ihn mit kostbarer Myrrhe aus einem Alabasterkrug. Matthäus schreibt: *Als die Jünger das sahen, regten sie sich auf: »Das ist ja die reinste Verschwendung! Dieses Öl ist ein Vermögen wert! Man hätte es verkaufen und das Geld den Armen geben sollen.«*

Woraufhin Jesus sie zurechtweist und sagt: *»Mit diesem Salböl hat sie meinen Körper für mein Begräbnis vorbereitet.«*

Danach geht Judas zu den Priestern und fragt, was sie ihm bezahlen würden, wenn er ihnen Jesus in die Hände spiele.

Lukas schweigt über den Zwischenfall mit der Myrrhe.

Johannes stellt jedoch einen regelrechten Zusammenhang zwischen den beiden Erzählelementen her. Nicht alle, nicht einmal einige Jünger haben sich gegen die Verschwendung gewehrt, sondern nur Judas. Die Szene, die Johannes beschreibt, ist auch ein wenig üppiger, beinahe libidinöser als bei den anderen. Sie spielt sich in einem Haus ab, in dem sich auch der von Jesus vom Tode erweckte Lazarus befindet, und dem besonderen Gast wird ein Mahl bereitet. Johannes erzählt:

*Marta half beim Bedienen, während Lazarus unter den Gästen war, die mit Jesus aßen. Da nahm Maria ein Fläschchen mit reinem, kostbarem Nardenöl, goss es über die Füße Jesu und trocknete sie mit ihrem Haar. Der Duft des Öls erfüllte das ganze Haus. Aber einer von seinen Jüngern, Judas Iskariot, der ihn später verriet, meinte entrüstet: »Das Öl hätte man besser für dreihundert Silberstücke verkauft und das Geld den Armen gegeben.« In Wirklichkeit ging es ihm aber nicht um die Armen, sondern um das Geld. Er verwaltete die gemeinsame Kasse und hatte schon oft etwas für sich selbst daraus genommen.*

Johannes 12,2–8

Hier wird Judas in einem einzigen erzählerischen Atemzug als Heuchler bloßgestellt, als Schatzmeister, der in die Gemeinschaftskasse greift, und als Verräter. Erstaunlicherweise ist aber – Lukas zufolge – Johannes der Einzige, der mit einer Entschuldigung aufwartet: in der Person des Bösen. Zweimal tut er kund, der Teufel sei in Judas gefahren – und Jesus wisse dies. Als Jesus seinen Jüngern während des letzten Abendmahls gesagt hat, einer von ihnen werde ihn verraten, und jeder wissen will, wer, deutet er indirekt auf Judas, indem er ihm ein Stück Brot reicht.

Der Satan kann aber vielleicht als eine Ursache, niemals jedoch als Entschuldigung gelten. Es ist zwar alles als ein unumkehrbares Schicksal angekündigt worden, und Judas spielt seine beschämende Rolle in einem Drama, das er nicht selbst geschrieben hat, dessen Folgen er vielleicht auch niemals akzeptiert hätte – aber dennoch. Das letzte Abendmahl hat gerade begonnen, das Brot ist bereits der Leib, der Wein ist bereits das Blut geworden, als Jesus an den Reihen seiner Jünger entlangblickt und spricht:

> *»Der mit mir das Brot in die Schüssel taucht, der ist es. Der Menschensohn muss zwar sterben, wie es in der Heiligen Schrift vorausgesagt ist. Aber wehe seinem Verräter! Er wäre besser nie geboren worden.«*
>
> Matthäus 26,23–24

Auch die Vorsehung spricht niemanden frei.

Merkwürdig ist vielleicht, dass drei der vier Evangelisten Judas nach dem Verrat gleichsam totschweigen: Kein Wort mehr über den Jüngerkollegen. Nur Matthäus erzählt noch kurz, wie es möglicherweise ausgegangen ist. Judas soll Reue empfunden und die dreißig Silberlinge in den Tempel geworfen haben, anschließend erhängte er sich. Die Priester konnten das Blutgeld natürlich nicht in die Opferkiste schütten, sondern sie kauften dafür – es wäre ja schließlich eine Sünde gewesen, es fortzuwerfen – ein Stückchen Land, auf dem Fremde begraben werden konnten, und diese Parzelle sollte für immer »Blutacker« heißen.

In der Apostelgeschichte gibt es am Ende noch eine Variante. In dieser Version soll Judas das Stück Land gleich selbst gekauft haben, aber *kopfüber stürzte er zu Tode* (in die Schneide einer Egge? In eine Sense?), *sein Körper wurde zerschmettert, sodass die Eingeweide heraustraten.* Und auch nach dieser Lesart soll das sündige Stückchen Feld den Namen »Blutacker« erhalten haben.

Im Laufe der Jahrhunderte sind ungezählte Hypothesen hinsichtlich der Frage entwickelt worden, warum ein von

Jesus auserwählter Jünger eine solch verachtenswerte Tat für eine Handvoll Geld hat begehen können. Simon Vestdijk hat in einem Aufsatz mit dem Titel »Die Größe des Judas« noch einmal einen findigen Versuch unternommen, Judas als den Jünger zu rehabilitieren, der als einziger begriffen habe, dass er und die Seinen ihrem Meister niemals – auch nur annähernd – gleich hätten werden dürfen. Daher seine extreme Untreue: »Durch den Verrat bestätigte er den Abstand zwischen Mensch und Ideal.«

Das weicht noch nicht einmal so sehr von der Botschaft aus dem »Evangelium des Judas« ab, das in den 70er Jahren des 20. Jahrhunderts in einer koptischen Version in Ägypten auftauchte und im Jahr 2006 mit dem üblichen Tamtam als die großartigste Rehabilitation aufgedeckt wurde, die Judas sich jemals hätte erträumen können. In dieser gnostischen Schrift soll Judas als einziger Kenntnis *(gnosis)* vom göttlichen Heilsplan gehabt und begriffen haben, dass Jesus im Tod von seinem irdischen Leib erlöst werden müsse. Der Verrat sei daher eigentlich eine Wohltat gewesen, buchstäblich ein *blessing in disguise*.

Aber selbst mit dieser gnostischen Interpretation des Leidensdramas, die von den frühesten Kirchenvätern sofort zur Ketzerei erklärt wurde, wäre ein Judaskuss nicht zu entschuldigen gewesen.

# Aber was ist Wahrheit?

## *Das Evangelium des Pilatus*

Jesus war mit seinen Jüngern am Sonntag vor Passah nach Jerusalem gekommen, der Tag, der später im christlichen Kalender wegen der Palmzweige, mit denen die Anhänger bei seinem Einzug den Weg ausgelegt hatten, als Palmsonntag gefeiert werden sollte.

Am Donnerstagabend jener Woche nahmen die dreizehn das Abendmahl zu sich, bei dem Jesus als Erster das Brot brach und sprach: *»Nehmt und esst! Das ist mein Leib«*, und anschließend den Becher mit Wein mit den Worten herumgehen ließ: *»Trinkt alle daraus, das ist mein Blut.«* Nachdem sie den Lobgesang gesungen hatten, begaben sie sich Matthäus, Markus und Lukas zufolge zum Ölberg, an der Ostseite der Stadt. Die Stimmung war resigniert bis wehmütig. Kurz zuvor hatte Jesus zum zweiten Mal auf das sich nähernde Ende angespielt und vorhergesagt, dass sie in dieser Nacht alle von ihm abfallen würden. Petrus protestierte: *»Wenn dich auch alle anderen verlassen – ich halte zu dir!«*

Matthäus fährt fort: *»Petrus«, erwiderte ihm Jesus, »ich sage dir: Heute Nacht, noch ehe der Hahn zweimal kräht, wirst du dreimal geleugnet haben, mich zu kennen.« »Ausgeschlossen!«, rief Petrus. »Selbst wenn ich mit dir sterben müsste, würde ich das nicht tun!« Auch die anderen Jünger beteuerten dies.*

Schließlich geht Jesus ihnen voraus in einen Olivenhain, Gethsemane genannt, und sagt: *»Setzt euch hierhin und war-*

*tet auf mich, bis ich gebetet habe!«* Petrus und die beiden Söhne des Zebedäus nimmt er mit sich an einen stillen Ort und sagt zu den dreien: *»Ich zerbreche beinahe unter der Last, die ich zu tragen habe. Bleibt bei mir und wacht mit mir!«*

Dann entfernt er sich ein Stückchen von ihnen, wirft sich zu Boden und beginnt mit seinem Gebet: *»Mein Vater, wenn es möglich ist, so erspare mir diese schwere Stunde und bewahre mich vor diesem Leiden! Dir ist alles möglich. Aber nicht was ich will, sondern was du willst, soll geschehen.«*

Als er sein Gebet beendet hat, kehrt er zu den dreien zurück, die wachen sollten. Sie sind eingeschlafen. Er weckt sie, betet zum zweiten Mal, und schon sind die drei erneut in Schlaf gefallen.

Nach einem dritten Mal winkt er allen Jüngern, sie mögen sich erheben, und spricht: *»Ihr schlaft immer noch und ruht euch aus? Genug jetzt! Die Stunde ist gekommen: Der Menschensohn wird den gottlosen Menschen ausgeliefert. Steht auf, lasst uns gehen! Der Verräter ist schon da!«*

Und tatsächlich. Bewaffnet mit Stöcken und Schwertern, kommt »eine große Schar« – von Judas geführt – Jesus und seinen nur noch elf Jüngern entgegen. Der Verräterkuss des Judas *(»sei gegrüßt, Meister«)* ist das vereinbarte Zeichen. Jesus wird ergriffen, der kurze Widerstand, den möglicherweise Petrus leistet, führt kaum zu etwas – um genau zu sein, bis auf das abgeschlagene Ohr eines Sklaven, das Jesus, dem Evangelium des Lukas zufolge, auch noch aufhebt und wieder befestigt. Obendrein ermahnt er Petrus, sein Schwert von jetzt an nicht mehr einzusetzen: *»Ist dir denn nicht klar, dass ich meinen Vater um ein ganzes Heer von Engeln bitten könnte? Er würde sie mir sofort schicken. Wie sollte sich aber dann erfüllen, was in der Heiligen Schrift vorausgesagt ist? Es muss alles so geschehen!«*

Dann fragt er noch die »Schar«, warum sie mit Schwertern und Stöcken ausgezogen sei, um ihn wie einen Räuber zu überwältigen, wo man ihn doch an all den vorhergehenden Tagen ruhig hätten verhaften können, als er im Tempel gebetet hatte – woraufhin wir bei Matthäus und Markus noch einen einzigen, traurigen kleinen Satz lesen: *Entsetzt verließen ihn alle Jünger und flohen.*

Was genau machte Jesus zu einem Verdächtigen, und wessen wurde er verdächtigt?

Er hat niemals die Ordnung gestört, bis vielleicht auf das eine Mal, als er die Geldwechsler aus dem Tempel jagte. Das jüdische Establishment, das von den römischen Besatzern ja für Ruhe und Ordnung verantwortlich gemacht wurde, wird dies sicherlich als eine Übertretung registriert haben. Alle Machthaber wenden sich darüber hinaus durch alle Jahrhunderte hindurch intuitiv gegen jeden, der ihre Macht in Zweifel zieht oder herausfordert.

Auch die Jerusalemer Schriftgelehrten werden wahrscheinlich von Anfang an das Treiben des unbekannten Rabbi aus Nazareth mit Argusaugen beobachtet haben, der den Berichten zufolge überall in Galiläa Anhänger gesammelt hatte. Dass er nebenbei offenbar auch noch Wunder tat und Lahme, Blinde und Aussätzige heilte, ging ja noch. Dass er aber einen Menschen vom Tode wieder zum Leben erweckt hatte, war nahezu Blasphemie. Über Leben und Tod konnte nur Gott entscheiden.

Johannes zufolge ist auch sofort nach der Nachricht über die »Auferweckung« des Lazarus der Sanhedrin zusammengekommen. Die Sorge ist spürbar:

*»Was sollen wir bloß tun? Dieser Jesus vollbringt viele Wunder, und wenn wir nichts gegen ihn unternehmen, wird bald das ganze Volk an ihn glauben. Dann werden die Römer eingreifen, und schließlich haben wir keinen Tempel mehr und auch keine Macht über das Volk.« Einer von ihnen, Kaiphas, der in diesem Jahr Hohepriester war, sagte: »Ihr begreift gar nichts! Überlegt doch einmal: Für uns alle ist es besser, wenn einer für das Volk stirbt, als dass ein ganzes Volk zugrunde geht« (…) Von dem Tag an waren die führenden Männer der Juden fest entschlossen, Jesus zu töten.*

Johannes 11,45–53

Als das Passahfest näher kommt, lesen wir, dass die Frage auf hohem Niveau immer noch akut ist: *Inzwischen hatten die Hohenpriester und Pharisäer nämlich den Befehl erlassen, dass jeder Jesus sofort anzeigen musste, der seinen Aufenthaltsort kannte; denn sie wollten ihn unbedingt festnehmen.*

Wenn man das liest, kann man nur den Schluss ziehen, dass der Bericht über den Einzug Jesu auf den *Königs*eseln, den Sacharia prophezeit hatte, als freche Provokation aufgefasst werden musste. Bei dem Gerücht, ein *König* der Juden sei in die Stadt gekommen, hätten die Römer doch gewiss sogleich eingegriffen. Warum haben die Priester, die Schriftgelehrten und die Pharisäer dann nicht vorsorglich gleich selbst die Tempelwächter – faktisch ihre eigene Polizei – in Aktion treten lassen, als Jesus am nächsten Morgen im Tempel auch noch eine Art von Hausfriedensbruch gegen unschuldige Geldwechsler und Taubenhändler beging? Das war doch erklärtermaßen so abgesprochen worden?

Aber es gibt häufiger naheliegende, logische Fragen, auf die die Evangelisten die Antwort schuldig bleiben. Vielleicht war die »Tempelreinigung« – bei der sich der Reiniger auch noch auf Jeremia (7,11) berufen konnte – noch kein Straftatbestand. Vielleicht ist Jesus juristisch erst zu weit gegangen, als er den heiligen Tempel, für Juden der religiöse Mittelpunkt der Welt, auch noch herabgewürdigt oder sogar bedroht haben soll.

Markus erzählt, was nach dem Zwischenfall mit den Geldwechslern und den Händlern geschah:

*Als Jesus den Tempel verließ, zeigte einer seiner Jünger begeistert auf die Tempelbauten: »Lehrer, sieh dir diese Steine und diese gewaltigen Bauwerke an!« Jesus erwiderte: »Ja, sieh es dir genau an! Kein Stein wird hier auf dem anderen bleiben. Alles wird nur noch ein großer Trümmerhaufen sein.«*

Markus 13,1–2

Sollte es sich dabei um eine Prophezeiung der Vernichtung des Zweiten Tempels während des missglückten jüdischen Aufstandes gegen die römische Besatzung im Jahr 70 handeln? Oder ist die Schlussredaktion des Berichts des Markus erst in oder nach jenem Jahr vollendet worden, sodass die »Nachricht« vom Tempelbrand noch kurz vor Redaktionsschluss in der Geschichte verarbeitet wurde?

Der kryptischen Bemerkung über die Vergänglichkeit des riesigen Komplexes fügen die Evangelien nichts hinzu. Umso merkwürdiger ist es daher, dass sowohl Markus (Markus 14,58) als auch Matthäus bei dem Verhör Jesu vor dem Sanhedrin berichten, was von anonymen Zeugen erklärt wurde: »*Wir haben gehört, wie dieser Jesus behauptete: ›Ich will den von Menschen gebauten Tempel abreißen und dafür in drei Tagen einen anderen aufbauen, der nicht von Menschen errichtet ist.‹*«

Bot aber eine Zeugenaussage über so einen rätselhaften Ausspruch eine ausreichende Rechtsgrundlage, um jemanden innerhalb eines einzigen Tages zu verhaften, zu verurteilen und hinzurichten?

Siebzehnhundert Jahre später schreibt Bach für die Matthäuspassion eine kleine Arie, die eine Antwort auf die Frage geben möchte, wessen genau Jesus verdächtigt gewesen sein könnte:

Er hat uns allen wohlgetan,
Den Blinden gab er das Gesicht,
Die Lahmen macht' er gehend,
Er sagt' uns seines Vaters Wort,
Er trieb die Teufel fort;
Betrübte hat er aufgericht':
Er nahm die Sünder auf und an;
Sonst hat mein Jesus nichts getan.

Am Sonntag in Jerusalem angekommen, in der Nacht von Donnerstag auf Freitag verhaftet, am gleichen Freitag in aller Frühe vorgeführt – es ist noch kalt und dunkel: Petrus, der hinter seinem Meister hergeschlichen ist, wird erst auf dem Innenhof des Sanhedrin erkannt, als Diener ein Feuer angezündet haben – und ein paar Stunden später am frühen Morgen Pontius Pilatus ausgeliefert, der sich in der Burg Antonia aufhält. Es ging schnell. Es ist am frühen Morgen des »Karfreitags« aber auch ein überstürztes Herumgezerre mit dem Gefangenen gewesen: von Gethsemane, am Ostrand der Stadt, um den Tempel herum zum Gerichtsgebäude im Westen und von dort noch wieder nordwärts, zur Unterkunft des Statthalters. Die Priester und Laien des Sanhedrin hätten die Angelegenheit selbst erledigen können, wenn sie sich entweder für einen Freispruch oder für eine mehr oder weniger angemessene Buße entschieden hätten. Während aber Petrus, versteckt zwischen den Arbeitern, dreimal geleugnet hatte, dass er etwas mit dem Nazarener zu tun habe, und dann in der Ferne einen Hahn krähen hörte, erwiesen sich die Beschuldigungen, drinnen von allerlei Zeugen vorgebracht, als zu widersprüchlich, um ein Urteil zu rechtfertigen.

Da wandte sich der Hohepriester Kaiphas an Jesus: *»Bist du Christus, der Sohn Gottes?«*

Und Jesus, der bis dahin beredt geschwiegen hatte, antwortete: *»Ja, der bin ich. Ihr werdet den Menschensohn an der rechten Seite Gottes sitzen und auf den Wolken des Himmels kommen sehen.«*

Die »synoptischen« Evangelisten sind sich über das Folgende einig: *Empört zerriss der Hohepriester sein Gewand und rief: »Das genügt! Wozu brauchen wir noch weitere Zeugen? Ihr habt ja seine Gotteslästerung selbst gehört. Wie lautet euer Urteil?« Einstimmig beschlossen sie: »Er muss sterben.«*

Das Zerreißen der Kleider galt als höchste Äußerung von Erschütterung und Bestürzung. Mit dem priesterlichen Urteil war das Schicksal des Angeklagten sozusagen doppelt besiegelt. Der Sanhedrin durfte kein Todesurteil ausführen – darüber konnte nur der Prokurator entscheiden. Und mit der Auslieferung an Pilatus, der sich nach gutem römischem Brauch von religiösen jüdischen Angelegenheiten fernhielt, würde aus dem Fall eines möglichen Gotteslästerers wie von selbst der Fall eines möglichen politischen Delinquenten werden.

Von Pontius Pilatus ist nicht viel mehr bekannt als sein Name, seine Funktion und die Zahl der Jahre, in denen er diese Funktion in Palästina ausgeübt hat: von 26 bis 36 im ersten Jahrhundert unserer Zeitrechnung.

Über das, was er davor und danach getan hat, wissen wir eigentlich nichts. Ein Prokurator – oder Präfekt oder Statthalter – stand in der Beamtenhierarchie recht weit unten. Und wenn man nicht zum römischen Verwaltungsadel gehörte, verstaubte der Name schnell und für immer in den Archiven. Wäre ihm Jesus nicht über den Weg gelaufen, so hätte nie wieder jemand über Pilatus ein Wort verloren.

Er war der fünfte römische Präfekt, seit Judäa und Samaria im Jahr 6 durch Kaiser Augustus der Befehlsgewalt von Herodes' inkompetentem Sohn Archelaus entzogen worden waren, der sich Tetrarch oder Vierfürst hatte nennen dürfen. Die beiden Regionen wurden zu einem Unterbezirk der römischen Provinz Syria, das heißt, der Präfekt war formal ein Untergebener des Gouverneurs von Syrien. Zu seinen Befugnissen gehörte unter anderem das *ius gladii*: das Recht über Leben und Tod, aber weniger häufig durch das Schwert – *gladius* – als durch das erniedrigende Kreuz. Schwerer wog natürlich seine entscheidende Stimme bei der Ernennung eines Hohepriesters in Jerusalem. So behielten die Römer indirekt die Kontrolle über die Zusammensetzung der jüdischen Priesterkaste, also das zivilrechtliche Auftreten des Sanhedrin. Unter diesen Bedingungen hatte der Hohepriester jedes Interesse an einem einigermaßen guten Einvernehmen mit dem Prokurator. Dass Kaiphas es in seinem Amt so lange ausgehalten hat (von 18 bis 37 n. Chr. wurde sein Mandat immer wieder verlängert), sagt etwas über die Anpassungsfähigkeit seines diplomatischen Talents aus.

Von den wenigen Zeitgenossen oder Beinahe-Zeitgenossen, die über Pilatus berichtet haben, ist der jüdische Philosoph Philo, der zwischen 15 vor und 45 n. Chr. in Alexandria lebte, der schonungsloseste. In einem Bericht über seine vergebliche Gesandtschaftsreise zu Kaiser Caligula (er sollte in Rom für ein besseres Los für die jüdische Gemeinschaft in Ägypten eintreten) schilderte er den Prokurator als einen ebenso phantasielosen wie autoritären Antisemiten – grob, boshaft, unversöhnlich und feige sind die freundlichsten Qualifizierungen, die er verwendet. Pilatus habe nichts unterlassen, das Volk, das seiner Obhut anvertraut war, zu brüskieren und in seinen tiefsten religiösen Gefühlen zu verletzen.

Der ebenfalls jüdische Geschichtsschreiber Flavius Josephus (der erst geboren wurde, als Pilatus schon wieder nach Rom zurückberufen worden war) ist in seiner Beurteilung eigentlich nicht nachsichtiger, sondern eher geneigt, mildernde Umstände anzuführen, die er vor allem in der Politik suchte. Seiner Lesart nach war Pilatus ein Protegé des Seianus, der sich als Befehlshaber der Garde unter Kaiser Tiberius in Rom eine ungeheure Machtposition erobert hatte. Von dem Augenblick an jedoch, in dem der antijüdische Seianus im Jahr 31 als Putschist entlarvt und zum Tode verurteilt worden war, fehlte Pilatus im Verwaltungsdschungel Roms ein vertrauenswürdiger Verbündeter. Informationen darüber, wie der politische Wind in Rom wehte, blieben aus, er fühlte sich verwundbar, wurde immer ängstlicher und unsicherer und fürchtete um seinen Job, wenn nicht gar um sein Leben.

Kann das den enormen Unterschied bei der Bewertung in den Urteilen Philos und Josephus' auf der einen und der Evangelisten auf der anderen Seite erklären?

Bei Matthäus, Markus, Lukas und Johannes spielt Pilatus die Rolle eines ziemlich gutartigen, einigermaßen unentschlossenen, menschlichen Verwalters, der von dem Augenblick an, als Jesus ihm vorgeführt wird, eine Schwäche für den schweigenden Verdächtigen zu haben scheint. Gerade durch seinen *Mangel* an natürlicher Autorität gibt er schließlich den dogmatischen Priestern und Pharisäern und der rabiaten Menge nach, die vermutlich von den Priestern aufgestachelt worden ist, nach Gnade für den Dieb Barabbas schreit (der vielleicht wirklich ein antirömischer Rebell, also ein echtes Risiko für die öffentliche Ordnung war) und den Tod Jesu fordert. Der Versuch des Pilatus, zugunsten Jesu von der Gepflogenheit Gebrauch zu machen, die es dem Volk gestattete, anlässlich der Feiertage einen von zwei zum Tode Verurteilten freisprechen zu lassen, ist also fehlgeschlagen.

Da hat er das von Johannes aufgezeichnete Gespräch mit dem schweigenden Verdächtigen bereits hinter sich.

*»Bist du der König der Juden?«* hat er das Verhör eingeleitet, was eine logische Frage ist, denn das ist die Anschuldigung, die er von Kaiphas gehört hat.

Und Jesus antwortet: *»Fragst du als römischer Statthalter oder stecken die Juden dahinter?«*

Das kann man unverschämt nennen für jemanden, der vor seinem Untersuchungsrichter steht. Aber Pilatus fügt seiner Jovialität ein Fünkchen Sarkasmus hinzu, als er zurückfragt: *»Bin ich etwa ein Jude? Die führenden Männer deines eigenen Volkes und die Hohenpriester haben dich hergebracht, damit ich dich verurteile. Was also hast du getan?«*

Worauf Jesus entgegnet: *»Mein Königreich gehört nicht zu dieser Welt. Wäre ich ein weltlicher Herrscher, dann hätten meine Leute für mich gekämpft, damit ich nicht in die Hände der Juden falle. Aber mein Reich ist von ganz anderer Art.«*

Pilatus behält nicht nur die Geduld, sondern auch seine römische Logik und stellt fest: *»Dann bist du also doch ein König?«*

Jesus bleibt jedoch bei seinem offenkundigen Konzept und sagt: *»Dazu bin ich Mensch geworden und in diese Welt gekommen, um ihr die Wahrheit zu bezeugen. Wer bereit ist, auf die Wahrheit zu hören, der hört auf mich.«*

Von diesem Augenblick an gibt Pilatus auf. Nicht aus Unwillen, sondern aus Unvermögen. Hier endet die Kausallogik, die er beherrscht, und die Metaphysik beginnt, von der er keine Ahnung hat. *»Wahrheit? Was ist das überhaupt?«*, fragt er noch, aber man ist geneigt zu glauben, dass er es mehr vor sich hin gemurmelt hat, als dass er noch eine Antwort und eine Fortsetzung des Gesprächs erwartet haben wird.

Danach versucht er (Johannes zufolge), die Feinde Jesu noch mehrmals auf andere Gedanken zu bringen. Vergeblich. Die Priester werfen ein erpresserisches Argument in den Kampf: *»Wenn du den laufen lässt, bist du kein Freund des Kaisers; denn wer sich selbst zum König macht, lehnt sich gegen den Kaiser auf.«*

In einer fast melodramatischen Anwandlung lässt Pilatus den Verdächtigen nach draußen kommen und ruft der Menge zu:

> *Pilatus sagte zu den Juden: »Hier ist euer König!« – »Weg mit ihm!«, brüllten sie. »Ans Kreuz mit ihm!« – »Soll ich wirklich euren König kreuzigen lassen?«, fragte Pilatus noch einmal. Die Hohepriester riefen: »Wir haben keinen König, nur den Kaiser!« Da gab Pilatus nach und befahl, Jesus zu kreuzigen.*
>
> Johannes 19,14–16

Hat Pilatus Jesus tatsächlich freilassen wollen? Und wenn ja, warum hat er es nicht getan?

Er hätte dafür die üblichen Scherereien mit den jüdischen Führern riskieren und womöglich einen unbequemen Krawall in Jerusalem bezwingen müssen. Davor hatte er jedoch, wenn man Philo und Flavius glauben darf, zuvor nie zurückgeschreckt. Er hatte wenig Sympathie für die Bewohner Judäas mit ihrem dogmatischen Glauben an einen einzigen Gott. Als Statthalter standen ihm im Übrigen alle (Gewalt-)Mittel zur Verfügung, um ihren eventuellen Widerstand zu brechen.

Sollte er sich dann doch – wie Flavius andeutet – aus Angst von dem jüdischen Verdacht erpressen lassen haben, er verleugne seinen Kaiser, wenn er einen – und sei es auch nur angeblichen – König ungestraft lasse?

Das ist die eine Erklärung für die widersprüchlichen Meinungen zu Pilatus' Verhalten.

Für die möglicherweise allzu freundliche Behandlung, die seiner Rolle bei den Evangelisten zuteil wurde, sind noch zwei weitere denkbar. Die erste könnte mit Taktik zusammengehangen haben. Überall in der Welt, wohin Matthäus, Markus, Lukas und Johannes ihre Botschaft tragen wollten, hatten die Römer das Sagen, und um die Machthaber nicht vor den Kopf zu stoßen, könnten die Autoren das Bild des römischen Statthalters ganz bewusst geschönt haben.

Am Ende des Jahrhunderts, in dem ihre Evangelien niedergeschrieben wurden – und das ist die dritte Erklärung –, war die Beziehung zwischen den neuen Christen und den alten Juden darüber hinaus schlichtweg nahezu feindselig geworden. Für Anhänger des alten Glaubens war es undenkbar, dass ihr Jahwe, der doch von Natur aus eifersüchtig war, jemals einen Gott neben sich dulden könnte. Und ihre Abneigung gegen eine rasch um sich greifende neue Religion kann die Ursache dafür gewesen sein, dass die Evangelisten die Rolle der Jerusalemer Juden – ob sie nun von den Priestern und Pharisäern aufgestachelt worden waren oder nicht – an jenem entscheidenden Freitag so unbarmherzig, um nicht zu sagen, so »antisemitisch« (»Sein Blut komme über uns und unsere Kinder!«, so Matthäus in der Lutherbibel) akzentuiert haben.

Über alle diese vernünftigen Erklärungen ragt die eine vernunftwidrige hinaus, der zufolge dies alles geschah, damit die Schriften der Propheten in Erfüllung gingen. Im Passionsdrama war Pilatus mit allem, was er tat oder unterließ, ebenso unentbehrlich wie Judas. Ohne den Jünger, der seinen Meister verriet, und ohne den römischen Statthalter, der Jesus kreuzigen ließ, wäre vielleicht das Christentum nicht verwirklicht worden.

In christlichen Legenden ist die Frau des Pilatus kurz nach der Kreuzigung »auf der Schädelstätte namens Golgatha« zur Anhängerin geworden. Nach Matthäus soll sie an jenem bewussten Freitag ihrem Mann während des kurzen Prozesses eine Nachricht geschickt haben, die besagte: *»Unternimm nichts gegen diesen Mann. Er ist unschuldig! Ich habe seinetwegen in der letzten Nacht einen furchtbaren Traum gehabt.«*

In der griechischen Kirche wird sie unter dem Namen Claudia Procula als Heilige verehrt.

Pilatus selbst ist nicht heiliggesprochen worden. Allerdings wurde er dank Jesus unsterblich.

# Das Wort ist Fleisch und wieder Wort geworden

## *Nach Golgatha*

Kurz nach der Mittagstunde des Freitags, den die Christen später Karfreitag genannt haben, wurde Jesus von Pilatus einem Verband römischer Soldaten unter der Leitung eines Hundertschaftsführers, eines Zenturios, übergeben. Matthäus berichtet:

> *Dann zogen sie ihm die Kleider aus und hängten ihm einen scharlachroten Mantel um. Aus Dornenzweigen flochten sie eine Krone und drückten sie ihm auf den Kopf. Sie gaben ihm einen Stock in die rechte Hand, knieten vor ihm nieder und riefen höhnisch: »Es lebe der König der Juden!« Sie spuckten ihn an und schlugen ihm mit dem Stock auf den Kopf. Nachdem sie ihn so verspottet hatten, zogen sie ihm den roten Mantel wieder aus und gaben ihm seine eigenen Kleider zurück. Dann führten sie Jesus ab zur Kreuzigung.*
>
> Matthäus 27,28–31

Das war erst die erste von vierzehn Stationen des Kreuzwegs.

Über Erniedrigung, Spott und Qualen wird von den drei synoptischen Evangelisten berichtet. Sie erwähnen ebenfalls alle drei das Eingreifen des Simon von Kyrene, eines

Bauern, der auf dem Weg von seinem Acker nach Hause ist und den kummervollen kleinen Tross am Rande der Stadt – Golgatha lag im Nordwesten, etwas außerhalb von Jerusalem – näher kommen sieht. Jesus ist soeben vor Erschöpfung gestrauchelt, die Soldaten wollen sich beeilen und zwingen Simon, das Kreuz aufzuheben und es weiterzutragen.

Die Evangelienschreiber haben einmütig notiert, dass oben am Kreuz Jesu ein Schild mit der Aufschrift »KÖNIG DER JUDEN« befestigt ist – Johannes zufolge sogar in drei Sprachen: Hebräisch, Lateinisch und Griechisch. Noch mehr Spott. Einer der beiden Männer, die zur Rechten und zur Linken von Jesus sterben werden – bei Markus Diebe, bei Lukas Verbrecher –, beteiligt sich noch an der Verspottung, als er selbst schon angenagelt worden ist: Wenn du der Christus bist, dann rette dich selbst und uns dazu.

Unter dem Kreuz würfeln römische Soldaten um die Kleider Jesu. Auf diese Weise lassen sie nach Johannes das Wort aus den Psalmen (22,19) in Erfüllung gehen. Dort steht ja geschrieben: »*Schon teilen sie meine Kleider unter sich auf und losen um mein Gewand!*«

Und in einiger Entfernung stehen die Anhängerinnen und weiblichen Verwandten, die Jesus – im Gegensatz zu den furchtsamen Jüngern, die in Jerusalem ein Versteck gesucht haben – bis an den unheilvollen Kalvarienberg gefolgt sind.

Über ihre Zahl und ihre Namen herrscht bei den Evangelisten keine Übereinstimmung. Maria Magdalena muss dabei gewesen sein, die Frau, die durch Jesus von sieben Dämonen erlöst worden sein soll und die Augenzeugin der Auferstehung des Lazarus war. Sicherlich aber auch seine Mutter Maria. In allen Berichten sehen sie »aus der Ferne«

zu. Johannes (19,26) beschreibt eine kurze Szene, die sich abspielt, als der Gekreuzigte noch sprechen kann:

> *Als Jesus nun seine Mutter sah und neben ihr den Jünger, den er lieb hatte, sagte er zu ihr: »Er soll jetzt dein Sohn sein!« Und zu dem Jünger sagte er: »Sie ist jetzt deine Mutter.« Da nahm der Jünger sie zu sich in sein Haus.*
>
> Johannes 19,26–27

Der Jünger, der sich demnach offensichtlich doch bis nach Golgatha vorgewagt hatte, könnte Johannes selbst gewesen sein.

Über die letzten Stunden und das Sterben berichtet Matthäus schließlich auf eine Art und Weise, die anscheinend keinen theatralischen Effekt scheuen wollte:

> *Am Mittag wurde es plötzlich im ganzen Land dunkel. Diese Finsternis dauerte drei Stunden. Gegen drei Uhr rief Jesus laut: »Eli, Eli, lema sabachtani?« Das heißt: »Mein Gott, mein Gott, warum hast du mich verlassen?« Einige von den Umstehenden aber meinten: »Er ruft den Propheten Elia.« Einer von ihnen nahm schnell einen Schwamm, tauchte ihn in Essig und steckte ihn auf einen Stab, um Jesus davon trinken zu lassen. Aber die anderen sagten: »Lass doch! Wir wollen sehen, ob Elia kommt und ihm hilft.« Da schrie Jesus noch einmal laut auf und starb. Im selben Augenblick zerriss im Tempel der Vorhang vor dem Allerheiligsten von oben bis unten. Die Erde bebte und die Felsen zerbarsten. Gräber öffneten sich, und viele Verstorbene, die nach Gottes Willen gelebt hatten, erwachten vom Tod. Nach der Auferstehung Jesu verließen sie ihre Gräber, gingen in die Stadt und erschienen dort vielen Leuten. Der römische Hauptmann und die Solda-*

*ten, die Jesus bewachten, erschraken sehr bei diesem Erdbeben und allem, was sich sonst ereignete. Sie sagten: »Dieser Mann ist wirklich Gottes Sohn gewesen!«*

Matthäus 27,45–54

Kein Wunder, dass in diesem Augenblick in Bachs Passionsmusik die kleine Orgel, die den Evangelisten selbst immer wieder angekündigt und begleitet hat, durch die große und durch alle im Orchester verfügbaren Violinen, Celli und Kontrabässe überfahren wird. Das Oratorium ist kurzfristig zur Oper geworden.

Später in Bachs Jahrhundert sollte Voltaire sich in seinem *Dictionnaire philosophique* (1764) fragen, wie wir es uns erklären sollen, dass ein Geschichtsschreiber wie Flavius Josephus in seinen Büchern alle diese Wunder mit keinem Wort erwähnt hat. Und er fügte hinzu:

»Josephus schweigt über die Finsternis, die während des Sterbens des Erlösers mitten am Tag drei Stunden lang die ganze Erde bedeckte. Und über die Gräber, die sich öffneten. Und über die vielen Rechtschaffenen, die daraus auferstanden. Die Gelehrten verwundern sich, dass auch kein einziger römischer Historiker über die wunderbaren Ereignisse berichtet hat, die sich unter den Augen eines römischen Statthalters und einer römischen Garnison vollzogen haben sollen und von denen man annehmen sollte, dass sie Kaiser Tiberius und dem Senat ausführlich darüber berichtet hätten.«

Voltaires eigene Antwort war leicht ironisch: »Gott hat offensichtlich nicht erlaubt, dass diese göttlichen Angelegenheiten durch ungeweihte Hände niedergeschrieben würden.« Sind aber alle diese unerklärlichen (Natur-)Erscheinungen der Beweis dafür, dass uns Märchen erzählt werden? Oder gibt es irgendwo auch noch eine verborgene »kulturhistorische« Erklärung? Das eine braucht das andere nicht auszuschließen.

Unter gebildeten Juden, die die hebräische Bibel auswendig kannten, war die Hyperbel keine unbekannte Stilfigur und der jüdische Steuerpächter Matthäus kein ungebildeter Mann. Niemand weiß übrigens, mit wie vielen literarischen Eingriffen und symbolischen Ergänzungen sein ursprünglicher Bericht von späteren Bearbeitern noch zu dem kanonischen Text ausgeschmückt wurde, den wir heute im Neuen Testament lesen.

Matthäus' Hang zu Übertreibung und Drama – bei ihm ist ganz Jerusalem herausgelaufen, um Jesus am Palmsonntag auf dem Esel einziehen zu sehen, und bei ihm ist auch die ganze Stadt in heller Aufregung, als er den Tempel säubert, verhaftet und vorgeführt wird – diente natürlich vor allem seinem Eifer als Verkündiger. Er muss begriffen haben, dass ein Messias, der wie irgendein Krimineller zwischen zwei x-beliebigen Dieben und Einbrechern an einem Freitag spätnachmittags gekreuzigt wird, in Zukunft nur schwer als der wahre Heiland anerkannt und angebetet würde, wenn Gott im Augenblick seines Todes nicht zumindest erzürnt von sich hören gelassen hätte.

Es ist vielleicht nicht sehr glaubwürdig, dass genau in diesem Augenblick der heilige Vorhang im Tempel spontan von oben bis unten entzweigerissen sein soll. Aber für die Juden, die am Passahfest ihren Exodus feierten und sich aus Kapitel 26, Vers 31 des gleichnamigen Buches daran erinnern konnten, dass der Vorhang *(aus violetter, purpurroter und karmesinroter Wolle und feinem Leinen)* die Grenze zwischen »dem Heiligen und dem Allerheiligsten« andeutete, war es mit Blick auf die Metapher unmissverständlich:

Der Gott des Alten Bundes hatte seine Bleibe, also seinen Schutz, verloren.

Vielleicht nachdem, vielleicht aber auch, bevor Matthäus seine Vision aufgeschrieben hatte, zerbarst und brannte im Jahr 70 übrigens der gesamte Tempel von oben bis unten, und es herrschte stundenlang Finsternis über Jerusalem, das die Römer dem Erdboden gleichgemacht hatten. In Berichten über die Geburt großer Religionen ist die Grenze zwischen Mythologie und Geschichte oft dünner als ein Vorhang.

So weltumspannend und massenweise man sich einmal zum Christentum bekennen sollte, so dunkel und einsam war es noch an jenem Freitagnachmittag im Jahr 30 oder 33, als Jesus starb. Hunderttausende von Menschen machten sich zu ihrem Passahfest auf den Weg, und Golgatha, wo ja jeden Tag jemand sein Verbrechen mit dem Tod büßen musste, war ihnen egal. Pilatus, der vielleicht mit aufrichtigem Bedauern seine Hände in Unschuld gewaschen hatte, als er Jesus in den Tod schickte, muss den Verurteilten auch sofort wieder vergessen haben. Seine Urteile waren längst Routine. Er hat als Statthalter zu viele Kreuzigungen sanktioniert, um sich an alle zu erinnern. Und die von Jesus lief auch noch glimpflich ab: Keine Krawalle in Jerusalem während der Feiertage.

Niemand in der Hauptstadt Judäas oder im Rest des jüdischen Landes hatte ferner an diesem Abend eine Ahnung von einer besonderen Kreuzigung, geschweige denn von einer, an die man sich bis zum Ende aller Tage in Kummer und Erbarmen erinnern würde. Nur die Handvoll Getreuer, die wenigen Frauen am Kreuz, die elf untergetauchten Jünger in Jerusalem, die zahlenmäßig im Meer des frommen jüdischen Volkes untergingen, das im Tempel sein Passahlamm geopfert hatte, hat möglicherweise bis zum bitteren Ende daran geglaubt, dass da etwas Endgültiges geschah.

Oder nicht einmal das?

In *Sohn Gottes. Eine historische Biographie Jesu* schreibt der amerikanische Religionswissenschaftler E.P. Sanders anlässlich des Ausrufs Jesu am Kreuz, dass er sich verlassen fühle: »Als Jesus beim letzten Abendmahl vorhersagte, dass er erst wieder in Gottes Königreich Wein trinken werde, wird er gedacht haben, das Königreich werde unmittelbar mit seinem Tode kommen. Als er bereits einige Stunden am Kreuz gehangen hatte, begann er zu verzweifeln und rief, dass er im Stich gelassen worden sei. Das ist nicht mehr als eine der möglichen Erklärungen. Wir wissen nicht, was in ihm vorging, als sein letzter Kampf am Kreuz begonnen hatte.« Und er fährt fort: »Jesus predigte, dass das Reich Gottes nahe sei, und seine Jünger glaubten an diese Botschaft. Es ist nicht unwahrscheinlich, dass er enttäuscht starb. Ich nehme an, dass alle seine Jünger – unabhängig von ihrer Angst, dass sie die nächsten Opfer des Kaiphas werden würden – enttäuscht waren. Das kommende Reich hatte so prächtig geschienen! Die Letzten sollten die Ersten sein, die Sanftmütigen würden die Erde beerben. Diese Erwartungen hatten sich nicht erfüllt, zumindest nicht auf eine erkennbare Weise.«

Die Desillusionierung ist in hohem Maße nachfühlbar. Jünger, Anhänger, Männer und Frauen, die auf wunderbare Weise genesen oder sogar vom Tode auferstanden waren, alle, bis hin zu Jesus, haben die ganze Zeit über geglaubt, dass der Opfertod auch auf der Stelle die Erlösung bringen werde. Und dann stirbt der verehrte Meister an einem erniedrigenden Kreuz, und abgesehen von der späteren Symbolsprache des Matthäus geschieht überhaupt nichts. Das muss bitter gestimmt und zu einem umso größeren Gefühl der Verlassenheit geführt haben.

Ohne sich in die Gemütsverfassung der enttäuschten Hinterbliebenen zu vertiefen, erstatten die Evangelisten fast lapidar Bericht über das, was folgt. Es ist Abend geworden. Der Kaufmann Josef von Arimathäa, ein reicher Anhänger Jesu, bittet Pilatus um dessen Leichnam, den er anschließend in Leintuch wickelt und ihn in einem für ihn selbst ausgehauenen Felsgrab zur Ruhe legt. Auf Ersuchen einiger argwöhnischer Priester, die den Raub der Leiche befürchten (woraufhin die Anhänger Jesu würden sagen können: Seht ihr, er ist von den Toten auferweckt worden!), wird eine römische Wache an das Grab gestellt und der Stein versiegelt, der vor den Felseingang gerollt worden ist.

Erst am Sonntagmorgen in der Frühe, als der Sabbat vorüber ist, betreten Maria von Magdala und die andere Maria das Grab, um den toten Körper mit Gewürzen und Myrrhe zu versorgen. Matthäus schreibt:

> *Plötzlich fing die Erde an zu beben, und ein Engel Gottes kam vom Himmel herab, wälzte den Stein vor dem Grab beiseite und setzte sich darauf. Er leuchtete hell wie ein Blitz, und sein Gewand war weiß wie Schnee. Die Wachposten stürzten vor Schrecken zu Boden und blieben wie tot liegen. Der Engel wandte sich an die Frauen: »Fürchtet euch nicht! Ich weiß, dass ihr Jesus, den Gekreuzigten, sucht. Er ist nicht mehr hier. Er ist auferstanden, wie er es vorhergesagt hat. Kommt und seht euch die Stelle an, wo er gelegen hat. Dann beeilt euch, geht zu seinen Jüngern und sagt ihnen,*

*dass Jesus von den Toten auferstanden ist. Er wird euch nach Galiläa vorausgehen, und dort werdet ihr ihn sehen. Diese Botschaft soll ich euch ausrichten.« Erschrocken liefen die Frauen vom Grab weg. Gleichzeitig erfüllte sie unbeschreibliche Freude. Sie wollten sofort den Jüngern alles berichten, was sie erlebt hatten. Sie waren noch nicht weit gekommen, als Jesus plötzlich vor ihnen stand. »Seid gegrüßt!«, sagte er. Da fielen sie vor ihm nieder und umklammerten seine Füße.*

Matthäus 28,2– 9

Das Reich Gottes war da vielleicht noch nicht sofort auf der Erde errichtet worden, aber die versprochene Auferstehung war eine Tatsache und wurde den beiden Frauen durch einen Engel des Herrn bestätigt. Die Frage war, ob die enttäuschten Jünger dies auch glauben würden.

Petrus war der Erste, bei dem Zweifel – und Hoffnung – zuschlugen. Bei Lukas lesen wir, dass die Frauen bei allen elf auf Skepsis stoßen.

*Aber die Jünger hielten ihren Bericht für leeres Gerede und glaubten den Frauen kein Wort. Doch Petrus sprang auf und lief zum Grab. Als er hineinschaute, fand er außer den Leinentüchern nichts. Verwundert ging er in die Stadt zurück.*

Lukas 24,11–12

Verwundert. Aber war er schon überzeugt?

Zwei weitere Jünger, die später an diesem Tag zum Dorf Emmaus bei Jerusalem wanderten und die sich Lukas zufolge unterwegs in düsterer Stimmung über das unterhielten, was am vorgestrigen Tag auf Golgatha geschehen war, konnten ebenso wenig ihren Augen trauen, als sich der auferstandene Jesus ihnen zugesellte und sie bis zu einer Herberge begleitete. Erst dort drinnen, als er das Brot gebrochen und den Segen gesprochen hatte, erkannten sie ihn – und sie eilten zurück nach Jerusalem, um es den Jüngern zu erzählen. Lukas fährt fort:

> *Noch während sie berichteten, stand Jesus plötzlich mitten im Kreis der Jünger. »Friede sei mit euch!«, begrüßte er sie. Die Jünger erschraken furchtbar. Sie dachten, ein Geist stünde vor ihnen. »Warum habt ihr Angst?«, fragte Jesus. »Wieso zweifelt ihr daran, dass ich es bin? Seht doch die Wunden an meinen Händen und Füßen! Ich bin es wirklich. Hier, fasst mich an und überzeugt euch, dass ich kein Geist bin. Geister sind doch nicht aus Fleisch und Blut!«*
>
> Lukas 24,36–39

Als sie offensichtlich noch immer zweifeln, bittet er um etwas zu essen, isst – wie ein wahrhaftig lebendiges Wesen – demonstrativ ein Stück gerösteten Fisch und *erklärte ihnen die Worte der Heiligen Schrift:*

> *Er sagte: »Es steht doch dort geschrieben: Der Messias muss leiden und sterben, und er wird am dritten Tag von den Toten auferstehen. Alle Völker sollen diese Botschaft hören: Gott wird jedem, der zu ihm umkehrt, die Schuld vergeben. Das soll zuerst in Jerusalem verkündet werden. Ihr selbst habt miterlebt, dass Gottes Zusagen in Erfüllung gegangen sind. Ihr seid meine Zeugen. Ich werde euch den Heiligen Geist geben, den mein Vater euch versprochen hat. Bleibt hier in Jerusalem, bis ihr diese Kraft von oben empfangen habt!« Jesus führte seine Jünger von Jerusalem nach Betanien. Er segnete sie mit erhobenen Händen. Noch während er sie segnete, entfernte er sich von ihnen und wurde zum Himmel empor-*

*gehoben. Die Jünger fielen vor ihm nieder. Danach kehrten sie voller Freude nach Jerusalem zurück. Sie gingen immer wieder in den Tempel, um Gott zu loben und zu danken.*

Lukas 24,46–53

Zwei Dinge fallen in dem Bericht auf. Das erste ist die fast zwanghafte Weise, in der der auferstandene Jesus seine Körperlichkeit betont. Die Jünger sollen seine Hände und Füße ansehen, sie sollen ihn anfassen, er verputzt in ihrem Beisein ein Stück gerösteten Fisch und sagt – laut Johannes – hinterher zum unverbesserlich zweifelnden Thomas: *»Leg deinen Finger auf meine durchbohrten Hände! Gib mir deine Hand und leg sie in die Wunde an meiner Seite! Zweifle nicht länger, sondern glaube!«*

Niemand soll denken, er sei ein Gespenst, ein Geist, eine Luftspiegelung oder Sinnestäuschung. Er war tot und begraben, aber er ist auferstanden als Mensch aus Fleisch und Blut.

Die zweite Auffälligkeit ist die Tatsache, dass die Jünger im Tempel Zeugnis ihrer Freude ablegen. Das ist noch immer der Tempel – ob nun der Vorhang zerrissen ist oder nicht – des mosaischen Jahwe, der Hohepriester, der Schriftgelehrten und Pharisäer, der alten, etablierten jüdischen Ordnung, in der Jesus gefürchtet war, weil er das Gesetz »erfüllen« wollte, und von wo aus er wegen seiner gefährlichen und vielleicht doch rebellischen Ideen in den Tod geschickt wurde.

Aber es gab noch kein anderes Gotteshaus. Der Weg vom Tempel zur Kirche musste noch gegangen werden.

Noch während vieler Wochen hat sich Jesus den unterschiedlichen Evangeliumsberichten zufolge bei verschiedenen Gelegenheiten und an unterschiedlichen Orten seinen

Anhängern und Jüngern offenbart. Das letzte aus der Bibel bekannte Mal erschien er dem Apostel Paulus. Das muss mindestens ein Jahr, vielleicht ein paar Jahre nach dem Kreuzestod gewesen sein und darüber hinaus bei jemandem, der ihm so gut wie sicher niemals zu Lebzeiten begegnet war. Paulus bezeugte auch nicht mehr ausdrücklich eine physische, dennoch genauso wenig bereits eine rein geistige Erscheinung. Er sprach von einem »spirituellen Leib«, was ein Übergangsbegriff sein könnte. Der konkrete Jesus war zu dieser Zeit nicht mehr notwendig. Seine Abstraktion genügte.

# Glaube im Verborgenen

*Die Apostelgeschichte des Saulus*

Das fünfte Buch des Neuen Testaments, das den Titel Apostelgeschichte trägt, beginnt am vierzigsten Tag nach dem Kreuzestod Jesu. In den vorhergehenden Wochen ist der Tote seinen Jüngern und Anhängern wiederholt als lebendiger Mensch aus Fleisch und Blut erschienen. Auch die größten Zweifler unter ihnen, wie der ungläubige Thomas, können die Wahrheit – oder die Wirklichkeit – schließlich nicht länger leugnen: Der Herr ist wahrhaftig auferstanden.

Und nun, am Ende der vierzig Tage seit Golgatha, spricht er auf dem Ölberg noch einmal zu seinen versammelten Jüngern, von denen inzwischen noch elf übriggeblieben sind. Ältere Bibelübersetzungen sprachen konsequent von »den Zwölf« als Judas noch dabei war, und nun vorläufig von »den Elf«.

Der Text macht sofort deutlich, dass dies die letzte Begegnung auf der Erde sein wird und dass Jesus seinen Jüngern noch etwas ans Herz legen möchte. Er sagt, sie müssten in Jerusalem warten, *bis in Erfüllung gegangen ist, was euch der Vater durch mich versprochen hat,* und verspricht, sie würden in Kürze mit dem Heiligen Geist getauft werden.

Die elf können ihre fromme Neugierde kaum bezwingen und fragen, ob der Rabbi »in absehbarer Zeit« das Königreich für Israel wiedererrichten werde. Sie meinen natürlich, ob sie dies noch miterleben werden. Aber Jesus antwortet:

> *»Die Zeit dafür hat allein Gott der Vater bestimmt. Euch steht es nicht zu, das zu wissen. Aber ihr werdet den Heiligen Geist empfangen und durch seine Kraft meine Zeugen sein in Jerusalem und Judäa, in Samarien und auf der ganzen Erde.«*
>
> Apostelgeschichte 1,7–8

Worauf der Autor der Apostelgeschichte fortfährt:

> *Nachdem er das gesagt hatte, nahm Gott ihn zu sich. Eine Wolke verhüllte ihn vor ihren Augen, und sie sahen ihn nicht mehr. Noch während sie überrascht nach oben blickten, standen auf einmal zwei weiß gekleidete Männer bei ihnen. »Ihr Galiläer«, sprachen sie die Jünger an, »was steht ihr hier und seht zum Himmel? Gott hat Jesus aus eurer Mitte zu sich in den Himmel genommen; aber eines Tages wird er genauso zurückkehren.«*
>
> Apostelgeschichte 1,9–11

In diesem letzten Versprechen verbirgt sich Trost: Einmal wird er auf die Erde zurückkehren. Aber wann?

Unabhängig davon ist es natürlich eine bewegende, melancholische literarische Szene: Elf verwaiste junge Männer, die den vagen Auftrag erhalten haben, die Botschaft ihres gen Himmel gefahrenen Meisters zu verkündigen – in Jerusalem, in ganz Judäa und Samaria, »bis an die äußersten Enden der Welt«; die – bestürzt? ängstlich? von der Rolle? – auf den Fleck starren, an dem er in eine Wolke aufgenommen worden ist.

Hatten die elf Vertrauten, die einfache, zum Teil wahrscheinlich ungebildete wenn nicht gar analphabetische junge Männer waren, irgendeine Vorstellung, was sie sich unter den äußersten Enden der Welt vorstellen sollten? Der See von Galiläa war ihnen immer als Anfang und Ende ihrer Welt erschienen.

Es würde etwas geschehen, aber was genau? Eine Mission musste erfüllt werden, aber wie sah die aus? Die weißen Männer hatten versichert, Jesus werde zurückkehren, aber in welchem Augenblick, zu welcher Zeit und mit welchem Plan für das wiederhergestellte Reich Israel?

Der Autor der Apostelgeschichte – mit an Sicherheit grenzender Wahrscheinlichkeit der Evangelist Lukas, weshalb man auch vom »Zweiten Buch Lukas« spricht – erörtert ihren Gemütszustand nicht weiter. Er lässt die elf vom Ölberg nach Jerusalem zurückkehren und notiert dann beinahe trocken:

*Sie kamen im oberen Stockwerk des Hauses zusammen, wo sie sich von nun an trafen. Es waren Petrus, Johannes, Jakobus, Andreas, Philippus, Thomas, Bartholomäus, Matthäus, Jakobus, der Sohn des Alphäus, Simon, der ehemalige Freiheitskämpfer, und Judas, der Sohn des Jakobus. Zu ihnen gehörten auch einige Frauen, unter anderem Maria, die Mutter Jesu, und außerdem seine Brüder. (...) An einem dieser Tage waren etwa hundertzwanzig Menschen dort zusammengekommen.*

Apostelgeschichte 1,13–15

Man bekommt den Eindruck eines Untergrundtreffens. Ein geheimer Raum unter dem Dach, elf namentlich genannte Männer, die den Kern einer Widerstandsgruppe zu bilden scheinen, ergänzt durch die engste Familie, Verwandte und anonyme Sympathisanten, die sich den Illegalen angeschlossen haben – als ob eine Versammlung in einem Geheimversteck im von römischen Soldaten besetzten Jerusalem angesetzt sei. Von den Römern hatten die frühen Christen jedoch, wie wir sehen werden, weniger zu befürchten als von ihren jüdischen Glaubensgenossen.

Die Apostelgeschichte lässt sich auf dreierlei Weise lesen. Als die Erfolgsgeschichte einer neuen religiösen Bewegung, die aus dem Herzen der jüdischen Orthodoxie heraus die Welt erobern wird. Oder als der Bericht über eine große geistliche Verwirrung und den Beginn eines religiösen Richtungsstreits. Oder eigentlich als die Geschichte eines einzigen Mannes: Saulus, der sich später Paulus nennen wird.

Was man in der Apostelgeschichte kaum lesen kann, ist das, was der Titel verspricht. Bis zu dem Augenblick, in dem Paulus die Bühne betritt, ist von einer Geschichte kaum die Rede und von Aposteln faktisch noch weniger. Von den elf, die zu Anfang als die Bewohner des Jerusalemer Dachzimmers genannt werden, verschwinden neun sogleich in der Versenkung. Nur Petrus und Johannes spielen noch eine relativ kleine, überwiegend passive Rolle. Haben sie – und die übrigen neun – noch aktiv missioniert? Wahrscheinlich schon. Aber wir hören nichts davon. Die Frage, ob und wie Petrus nach Rom gereist ist, um dort der erste Bischof – und nach katholischer Überlieferung der erste Papst – zu werden, wird in der Apostelgeschichte nicht beantwortet. Übrigens in der ganzen Bibel nicht.

Die Apostelgeschichte bringt uns einstweilen auf das richtige Gleis der gelungenen Kampagne. Kurz nachdem Petrus, als offizieller Führer der Gruppe, einen Nachfolger für den weggefallenen Jünger Judas hat wählen lassen (es wird ein gewisser Matthias, über den wir später auch nie wieder etwas hören werden; aber die »Elf« sind wieder »Zwölf« geworden), bricht für die hundertzwanzig Brüder und Schwestern der Pfingsttag an, das Fest, das als Wochenfest seit langem auch von den Juden gefeiert wird. Wir lesen in der Apostelgeschichte:

> *Plötzlich kam vom Himmel her ein Brausen wie von einem gewaltigen Sturm und erfüllte das ganze Haus, in dem sie sich versammelt hatten. Zugleich sahen sie etwas wie züngelndes Feuer, das sich auf jedem Einzelnen von ihnen niederließ. So wurden sie alle mit dem Heiligen Geist erfüllt und redeten in fremden Sprachen, jeder so, wie der Geist es ihm eingab.*
>
> Apostelgeschichte 2,2–4

Nachbarn, die aufgrund des Lärms herbeigelaufen kommen, hören die Galiläer in Mesopotamisch, Phrygisch, Ägyptisch, Griechisch und Arabisch durcheinanderrufen: Sprachen, die sie erkennen, denn in diesen Ländern sind sie geboren worden. *Nach Jerusalem,* so lesen wir zur Verdeutlichung, *waren zum Fest viele fromme Juden aus aller Welt gekommen.*

Ihr Erstaunen ist groß. Wo holen die Galiläer, die kaum mehr als Aramäisch können, auf einmal alle diese Fremdsprachen her? Sie werden wohl betrunken sein, vermutet die Nachbarschaft.

Aber Petrus erläutert den herbeigeströmten Jerusalemern, was vorgefallen ist. Er tut dies in einer Ansprache, die von Lukas »zitiert« wird, so wie klassische griechische Geschichtsschreiber, Thukydides vorweg, selbstgeschriebene Reden Königen, Staatsmännern und Feldherren in den Mund legten. Lukas war nicht umsonst der hellenistischste unter den Evangelisten.

Er lässt Petrus sagen:

*»Hört her, ihr Männer Israels! Wie ihr alle wisst, hat Jesus von Nazareth in Gottes Auftrag mitten unter euch mächtige Taten, Zeichen und Wunder gewirkt. Ja, Gott selbst hat durch ihn gehandelt und so seinen Auftrag bestätigt. Aber Jesus wurde durch Verrat an euch ausgeliefert, und ihr habt ihn mit Hilfe der heidnischen Römer ans Kreuz genagelt und umgebracht. Doch genau so war es von Gott gewollt und vorausbestimmt. Diesen Jesus hat Gott auferweckt und damit die Macht des Todes gebrochen. (…) Nun hat Gott ihn zum Herrscher eingesetzt und ihm den Ehrenplatz an seiner rechten Seite gegeben. Jesus empfing vom Vater den Heiligen Geist, wie es vorausgesagt war, und gab ihn uns. Ihr seht und hört jetzt selbst, dass es in Erfüllung gegangen ist. (…) Ganz Israel soll wissen: Gott hat Jesus, den ihr gekreuzigt habt, zum Herrn und Retter gemacht.«*

Apostelgeschichte 2,22–36

Bemerkenswert ist die propagandistische Raffinesse, mit der Petrus hier die Umstehenden bearbeitet. Alleine schon die wiederholte Berufung auf jüdische Schuldgefühle – es waren ja sie gewesen, die einen von Gott gesandten Messias von *Heiden* hatten kreuzigen lassen – muss Eindruck gemacht haben. Im weiteren Verlauf seiner Ansprache zeigte er auch noch listig Verständnis für allerlei Gefühle der Unzufriedenheit, die in jener Zeit in der jüdischen Gesellschaft sehr präsent waren: Missbehagen über ein verlorenes eigenes Königreich, über einen fremden Statthalter und über

Modernitäten, die eher in das heidnische Rom als in das fromme Jerusalem gehörten – alles Ungemach, aus dem, wie Petrus versichert, die Lehre Jesu *Rettung* versprach. Als Petrus zu Ende gesprochen hat und die Nachbarn fragen, was sie tun sollen, kann der Apostel sozusagen sogleich mit dem Klingelbeutel herumgehen. Er mahnt die Anwesenden, um Vergebung ihrer Sünden zu bitten, spornt sie an, sich taufen zu lassen, ruft: »*Lasst euch retten vor dem Gericht Gottes, das über diese gottlose Generation hereinbrechen wird!*« – und darf sich dreitausend neu Bekehrte gutschreiben.

Es sind alles »fromme Juden«, betont der Autor der Apostelgeschichte. Aber waren die dreitausend Bekehrten dies nach dem Ende der Festlichkeiten eigentlich immer noch? Oder hatte das Taufwasser ihren alten Glauben weggewaschen, und waren sie konfessionell nun etwas anderes geworden? Waren überdies die soeben mit Heiligem Geist erfüllten Jünger Petrus, Johannes, Jakobus, Andreas, Philippus, Thomas, Matthäus, Jakobus, der Sohn des Alphäus, Simon der Eiferer, Judas, der Sohn des Jakobus, und der gerade erst gewählte neue zwölfte Jünger Matthias im strengen Wortsinn denn selbst noch Juden?

Vielleicht ist das eine zu rationale und sicherlich eine untheologische, eigentlich auch unhistorische Frage: Für die Betroffenen war sie offenkundig nicht oder kaum von Bedeutung. Auch als frommer, gesetzestreuer Jude konnte man anfangs anscheinend ohne Gewissensskrupel zusätzlich die Heilsbotschaft des Juden Jesus übernehmen. Lukas stellt die Frage auch nicht. Man muss annehmen, dass die Neulinge ihren vertrauten jüdischen Sabbattag vorläufig weiterhin achteten. Dass sie ihre neugeborenen Kinder beschneiden ließen. Und dass sie der Versuchung durch unreines Schweinefleisch weiterhin widerstanden. Aber der

Apostelgeschichte zufolge haben sie im Brechen des Brotes, wie Jesus es ihnen beim letzten Abendmahl vorgemacht hatte, doch alle sofort auf eine elementare Weise die christliche Messe gefeiert, und vielleicht ähnelte ihr gemeinsames Gebet bereits ein wenig dem Vaterunser.

Dank eines untadeligen Lebenswandels erfüllten die Anführer des Dachzimmers – ob sie nun noch oder nicht mehr so ganz Juden waren – in diesen ersten Tagen, Wochen und Monaten nach Golgatha kaum weniger als eine Vorbildfunktion:

*Eine tiefe Ehrfurcht vor Gott erfüllte sie alle. Er wirkte durch die Apostel viele Zeichen und Wunder. Die Gläubigen lebten wie in einer großen Familie. Was sie besaßen, gehörte ihnen gemeinsam. Wer ein Grundstück oder anderen Besitz hatte, verkaufte ihn und half mit dem Geld denen, die in Not waren. Täglich kamen sie im Tempel zusammen und feierten in den Häusern das Abendmahl. In großer Freude und mit aufrichtigem Herzen trafen sie sich zu gemeinsamen Mahlzeiten. Sie lobten Gott und waren im ganzen Volk geachtet und anerkannt. Die Gemeinde wuchs mit jedem Tag, weil Gott viele Menschen rettete.*

Apostelgeschichte 2,43–47

Als Petrus und Johannes eines Tages am Tempeltor einen seit Jahren gelähmten Bettler um sein übliches Almosen betteln sehen und Petrus sagt: »*Geld habe ich nicht. Aber was ich habe, will ich dir geben. Im Namen Jesu Christi von Nazareth: Steh auf und geh!*«, vollzieht sich eines der Wunder, aus denen die frühen Christen in Jerusalem ihre Macht bezogen: Der Lahme geht aus eigener Kraft in den Tempel, läuft dort, Gott lobend, springend umher und zieht natürlich die Aufmerksamkeit einer völlig erstaunten Menge auf sich, die dort zum Mittagsgebet versammelt ist.

Ein zweites Mal beginnt Petrus eine Ansprache, ein Mittelding zwischen einer Bußpredigt – er bläut seinen Zuhörern erneut ihre Mitschuld am Kreuzestod ein – und einer Heilsbotschaft: Gott hat seinen Messias hierher gesandt, um jeden, der sich von seinen schlechten Taten abwendet, zu segnen und die Menschheit zu retten.

Nach der Ansprache ist die Zahl der Gläubigen auf »ungefähr fünftausend« angewachsen.

Die Aufregung rund um den Tempel kann natürlich nicht unbemerkt bleiben, ebenso wenig wie die aufsehenerregende Zunahme der Zahl der Jesusanhänger. Auf Befehl des Sanhedrins werden Petrus und Johannes wegen Störung der öffentlichen Ordnung verhaftet. Es scheint sich etwas abzuzeichnen, was uns bekannt vorkommt – schließlich ist Kaiphas immer noch Hohepriester.

Der Sanhedrin, der jüdische Rat, der wie eine Religionspolizei unter anderem über die Mosaischen Gesetze wacht, fürchtet jede Form des abweichenden religiösen Verhaltens, das ja immer auch die eigene Macht unterminieren kann. Auch jetzt hat der Rat – ebenso wie vor kurzem wegen des Rabbis aus Nazareth – offensichtlich in erster Linie Angst vor einer Volksbewegung. Dieser lahme Bettler *konnte* ja schließlich wieder laufen. Also überlegt man im Rat:

> *»Dass sie in Jerusalem ein Wunder gewirkt haben, können wir nicht bestreiten. Schließlich haben das viele mit eigenen Augen gesehen. Damit ihr Einfluss auf das Volk aber nicht noch größer wird, sollten wir ihnen streng verbieten, jemals wieder zu predigen und sich dabei auf diesen Jesus zu berufen.«*
>
> Apostelgeschichte 4,16–17

Vergeblich. Die Apostel bezeugen auch weiterhin die Auferstehung Jesu, ihre Anhängerschaft wächst, das Paradies auf Erden scheint vor allem auch in sozialer Hinsicht näher zu kommen. Und wenn das Gemeinschaftsgefühl nicht im Guten entstehen will, dann muss zur Not eben nachgeholfen werden.

Lukas erwähnt in der Apostelgeschichte einen gewissen Hananias, der Land verkauft, einen Teil des Ertrages jedoch unterschlagen hat. Auf den Vorwurf des Petrus, er habe nicht so sehr die Menschen als vielmehr Gott selbst betrogen, erschreckt sich Hananias buchstäblich zu Tode. Er ist noch nicht begraben, da kommt seine Frau herein, will leugnen, dass das Ehepaar Geld in die eigene Tasche gesteckt hat, hört, dass ihr Mann bereits aus diesem Grund tot umgefallen ist, und stirbt ebenfalls an Ort und Stelle zu Petri Füßen.

*Die ganze Gemeinde aber und alle, die davon hörten, erschraken zutiefst*, steht in der Apostelgeschichte. Bereits damals wurde Utopia am besten geschützt, indem man dem Dissidenten einen Schrecken einjagte.

Die Apostelgeschichte kann, wie gesagt, auch als Bericht einer großen religiösen Verwirrung und Uneinigkeit gelesen werden.

Lukas äußert sich als Autor eigentlich nie deutlich hierzu. Er erfreut sich an der raschen Zunahme der Zahl der Jesusanhänger, die sich Apostelgeschichte 11,26 zufolge übrigens erst einige Jahre später Christen nennen sollten.

Die Befürchtung der regierenden jüdischen Elite bewahrheitet sich schneller, als man sich hatte vorstellen können: Die verdächtige Sekte kann nicht mehr als ein Grüppchen von Sonderlingen ignoriert werden. Der Sanhedrin kommt zusammen und beschließt, alle zwölf Jünger – die vermeintlichen Anführer der Bewegung – einzusperren. Das stellt sich als unwirksames Mittel heraus. Noch in der gleichen Nacht steigt ein Engel des Herrn auf das Gefängnis herab, öffnet die Zellentüren und erteilt den Jüngern den Auftrag, bei Tagesanbruch zum Tempel zu gehen und zum Volk *die Botschaft vom neuen Leben durch Jesus* zu bringen.

Die Tempelwächter verhaften am frühen Morgen die entkommenen Gefangenen zum zweiten Mal: Dem vollzähligen Sanhedrin vorgeführt, entgegnet Petrus auf die wiederholte Warnung, nicht mehr über Jesus zu predigen:

> *Der Gott unserer Vorfahren hat Jesus, den ihr ans Kreuz geschlagen und getötet habt, von den Toten auferweckt. Gott hat ihn durch seine Macht zum Herrscher und Retter erhoben, damit das Volk Israel zu Gott umkehren kann und ihm seine Sünden vergeben werden.*
>
> Apostelgeschichte 5,30–31

Der Hinweis auf »den Gott unserer Vorväter« – vor allem er erklärt den Zorn, mit dem Kaiphas und die Seinen auf Petrus' Worte reagieren. Das Anrufen des Gottes Abrahams, Isaaks und Jakobs – als ob *der* einen beliebigen Wundertäter vom Tode hätte auferstehen lassen, um ihm einen Ehrenplatz zu seiner Rechten zu geben – war kaum weniger als blanke Blasphemie. Hatte Kaiphas sich nicht noch vor kurzem vor Empörung die Kleider vom Leib gerissen, als auch Jesus schon behauptet hatte, er sei Gottes Sohn, den man *»an der rechten Seite Gottes sitzen und auf den Wolken des Himmels kommen«* sehen wird?

In der Versammlung zeichnet sich eine Mehrheit für den Vorschlag ab, das Übel im Keim zu ersticken, das heißt: alle furchterregenden Jünger zum Tode zu verurteilen.

Aber dann steht ein Pharisäer mit Namen Gamaliel auf, ein Mann mit einer großen Reputation als Gesetzeslehrer. Er erteilt seinen Amtskollegen eine Lektion in pragmatischer Politik:

> *»Ihr Männer von Israel, seid vorsichtig und überlegt euch genau, was ihr gegen diese Leute unternehmt. Schon früher glaubten manche Männer, etwas Besonderes zu sein, wie Theudas zum Beispiel. Etwa vierhundert Männer konnte er als Anhänger gewinnen. Aber er wurde getötet, und von seinen Leuten ist keiner mehr zu finden. Niemand spricht mehr von ihnen. Zur Zeit der Volkszählung unternahm Judas aus Galiläa einen Aufstand. Viele Leute schlossen sich ihm an. Aber auch er kam um, und von seiner Bewegung spricht kein Mensch mehr. Deshalb rate ich euch: Lasst diese Männer in Ruhe! Wenn es ihre eigenen Ideen und Taten sind, für die sie sich einsetzen, werden sie scheitern. Steht aber Gott dahinter, könnt ihr ohnehin nichts dagegen unternehmen. Oder wollt ihr als Leute dastehen, die gegen Gott kämpfen?«*
>
> Apostelgeschichte 5,35–39

Man entscheidet sich bei näherer Betrachtung für den sicheren Weg – die Jünger werden zwar gegeißelt (noch einmal ermahnt, nicht mehr über Jesus zu sprechen), dann aber freigelassen.

Die ersten Zeichen der Verwirrung hinsichtlich des Monopols auf den Gott des Alten Bundes deuten sich an. Die Drohungen des Sanhedrin stählen den Geist der Bruderschaft und der Solidarität in der wachsenden Gruppe der Proselyten. Erst als diese untereinander in Streit geraten, kann der schlummernde Konflikt über die geforderte Treue gegenüber den alten *jüdischen* Gesetzen zu einem grundsätzlichen Bruch zwischen »alten« und »neuen« Juden eskalieren. So geschieht es im sechsten Kapitel der Apostelgeschichte:

> *In dieser Zeit wuchs die Gemeinde rasch. Dabei kam es zu Schwierigkeiten zwischen den Juden, die griechisch sprachen, und denen mit hebräischer Muttersprache. Die griechischen Juden beklagten sich darüber, dass ihre Witwen bei der täglichen Versorgung benachteiligt würden.*
>
> Apostelgeschichte 6,1

Es geht also eigentlich um nichts, aber es reicht für ernsthafte Zwietracht. Das ist die Kehrseite jedes überwältigenden Erfolges. Aus den einhundertzwanzig Anhängern aus dem Jerusalemer Dachzimmer sind inzwischen bereits Tausende aus Stadt und Land geworden. Lukas zählt sie nicht einmal mehr.

Aber die einfache Mitteilung über einen Streit zwischen Griechisch- und Aramäischsprachigen wegen der täglichen Lebensmittelzuteilung enthüllt eine alte Wahrheit über das Schicksal großer Bewegungen. Kann das Christentum jemals noch so einfach, so selbstverständlich und so eindeutig werden, wie es war, als sie noch zu dreizehnt waren? Zuwachs ist der Feind der Reinheit.

Die zwölf Apostel (diejenigen also, die in der Regel die zwölf Jünger genannt werden) gründen eine Kommission sieben weiser Männer, die unter der Führung des Stephanus stehen soll, *ein Mann mit festem Glauben und erfüllt mit dem Heiligen Geist*. Über den Essenskonflikt in der jungen Christengemeinschaft hören wir weiter nichts mehr. Umso mehr über den weisen Stephanus, der schon rasch zur Zielscheibe von allerlei übler Nachrede wird und, noch bevor er seine Vermittlungsarbeit vollenden kann, auf Befehl des Sanhedrin – der unvermindert argwöhnisch ist, wenn es um Mitglieder der »Jesus-Partei« geht – gefangengenommen und angeklagt wird.

Seine Verteidigung ist eine beeindruckende Zusammenfassung all dessen, was in den alten jüdischen Büchern bleibende Achtung verdient. Aber für die Legalisten unter den Zuhörern kommt das dicke Ende noch. Stephanus zitiert Jesaja, bei dem geschrieben steht, dass Gott – *»der Himmel ist mein Thron und die Erde mein Fußschemel«* – keinen Tempel braucht, und er wendet sich in drei entscheidenden Schlusssätzen geradewegs an seine Verdächtiger:

> *»Ihr seid wirklich unbelehrbar!«, fuhr Stephanus fort. »Ihr habt eure Ohren für Gottes Botschaft verschlossen, und auch euer Herz gehört ihm nicht. Wie eure Vorfahren widersetzt ihr euch ständig dem Heiligen Geist. Nennt mir einen einzigen Propheten, den eure Vorfahren nicht verfolgt haben. Sie haben alle umgebracht, die vom Kommen eures Retters sprachen. Ihr aber seid die Verräter und Mörder dieses Unschuldigen! Gott hat euch durch seine Engel das Gesetz gegeben, aber ihr habt euch nie danach gerichtet.«*
>
> Apostelgeschichte 7,51–53

Mit diesen Worten ist die Scheidung der Geister definitiv ausgesprochen worden. Stephanus spricht nicht mehr von »unseren« (gemeinsamen), sondern ausdrücklich von *euren* Ahnen: Es sind nicht mehr die Seinen, es ist ein anderer Menschenschlag, der sich schon immer gegen den Heiligen Geist gewandt hat und das Gesetz als eine Ansammlung toter Buchstaben ehrte.

Jesus versicherte in der Bergpredigt: *»Meint nur nicht, ich sei gekommen, das Gesetz und die Worte der Propheten aufzuheben. Ich werde vielmehr beides bekräftigen und erfüllen.«*

Stephanus meint das Gleiche, geht aber noch einen Schritt weiter: Er beschuldigt seine Beschuldiger, sie hätten sich nicht einmal an das *un*erfüllte Gesetz gehalten.

Die Reaktion ist ein Aufruhr: *Über diese Worte des Stephanus gerieten seine Zuhörer in maßlose Wut.* Anschließend wird Stephanus aus der Stadt getrieben und gesteinigt.

In der betreffenden Passage könnte man fast einen kurzen Satz überlesen, in dem ein gewisser Saulus seine Aufwartung macht: *Die Zeugen, die an der Steinigung beteiligt waren, legten ihre Obergewänder ab und gaben sie einem jungen Mann, der Saulus hieß.*

Saulus?

Und ein Stück weiter, als Stephanus zu Tode gemartert worden ist, ist er wieder da: *Saulus war mit der Steinigung des Stephanus einverstanden.* Und noch zwei Sätze weiter erscheint er in seiner wahren Gestalt:

> *Noch am selben Tag setzte eine schwere Verfolgung der Gemeinde in Jerusalem ein. Alle außer den Aposteln flohen in die Landbezirke Judäas und Samariens. Saulus aber setzte alles daran, die Gemeinde Jesu auszurotten. Er schleppte Männer und Frauen aus ihren Häusern und ließ sie ins Gefängnis werfen.*
>
> Apostelgeschichte 8,1–3

Nach Lukas erfand Saulus also eigentlich den Pogrom. Gegenüber einem fanatischen Gegner wie Saulus blieb den frühen Christen nichts anderes als die Flucht bzw. der Widerstand im Untergrund.

Das hat erst ein Ende, nachdem der jüdische Ketzerverfolger bei Damaskus das Licht gesehen hat. Von diesem Moment an wird aus der Apostelgeschichte die Geschichte nur noch eines – späten – Apostels: Paulus.

# Der Glaube, der Berge versetzte

## *Die Apostelgeschichte des Paulus*

Paulus«, schreibt der New Yorker Theologe Bruce Chilton in der Einleitung seiner Biografie, »wird die ganze Geschichte des Abendlandes hindurch beschimpft und angebetet. Er ist eine der frustrierendsten und herausforderndsten Figuren in unserer intellektuellen Tradition, weil er versuchte, jede Gemeinschaft, der er sich anschloss, und jede Idee, die er aufgriff, seinen Interessen anzupassen. Er entwickelte sich zum Erneuerer und radikalen Ideologen, indem er gängige philosophische Theorien der griechisch-römischen Welt mit seinem eigenen, leidenschaftlichen Judaismus zu einem neuen religiösen Bastard kreuzte.«

*Rabbi Paul* nannte Chilton sein Buch.

Seit dem Zweiten Weltkrieg sind nur wenige Bücher über Paulus erschienen, in denen die vielen Vorbehalte gegenüber dem Apostel nicht zumindest erwähnt würden – und sei es auch nur, um ihn anschließend von jeglichem Makel zu befreien. Paulus und die verzerrte Sexualmoral, Paulus und die Homosexualität, Paulus und der Antisemitismus, Paulus und die Rolle der Frau – alles Streitpunkte, von denen man nicht behaupten kann, sie hätten nach zwanzig Jahrhunderten ihre Aktualität verloren. Eher das Gegenteil ist der Fall. Diese Aktualität haben sie erst viel später *zusätzlich* bekommen. Vor zwanzig Jahrhunderten waren es ganz andere Kontroversen, die von Paulus notfalls fanatisch auf die Spitze getrieben wurden und ihm nacheinander bei Christen, gemäßigten und weniger gemäßigten Pharisäern, Heiden und schließlich auch im offiziellen Rom (dessen Staatsbürgerschaft er besaß) den Namen eines unausstehlichen und schlecht handhabbaren Querulanten und Streithansels verschafften.

Mit einer Mischung aus leichtem Unmut, Erstaunen und Respekt liest man im Zweiten Brief an die Korinther, wie er sich selbst in Abgrenzung zu den Mit-Aposteln charakterisiert, mit denen er wieder einmal Krach hat:

*»Sie sind Diener Christi? Was ich jetzt entgegne, kann wirklich nur noch ein Narr sagen: Ich habe Christus weit mehr gedient und viel mehr auf mich genommen als sie. Ich bin öfter im Gefängnis gewesen und häufiger ausgepeitscht worden. Unzählige Male hatte ich den Tod vor Augen. Fünfmal habe ich von den Juden die neununddreißig Schläge erhalten. Dreimal wurde ich von den Römern ausgepeitscht, und einmal hat man mich gesteinigt. Dreimal habe ich Schiffbruch erlitten; einmal trieb ich sogar einen Tag und eine ganze Nacht hilflos auf dem Meer. Auf meinen vielen Reisen bin ich immer wieder in Gefahr geraten durch reißende Flüsse und durch Räuber. Gefahr drohte mir von meinem eigenen Volk ebenso wie von den Nichtjuden. In den Städten wurde ich verfolgt, in der Wüste und auf dem Meer bangte ich um mein Leben. Und wie oft wollten mich falsche Brüder verraten! Mein Leben bestand aus Mühe und Plage, aus durchwachten Nächten, aus Hunger und Durst. Ich habe oft gefastet und war schutzlos der Kälte ausgesetzt. (...) Einmal, es war in Damaskus, ließ der Statthalter des Königs Aretas*

*die Stadttore bewachen, um mich festzunehmen. Dort hat man mich in einem Korb durch eine Luke in der Stadtmauer hinuntergelassen, und nur so konnte ich entkommen.*

2 Korinther 11,23–33

Hier sprach jemand, der mit sich selbst nicht unzufrieden war. Aber auch jemand, der – wie man ihm fast zum Vorwurf machen könnte – nicht weit von einer Identifikation mit Jesus entfernt war, oder jedenfalls mit dem, was er an Jesus am meisten bewunderte: seiner bewussten Entscheidung für das Leiden.

Paulus muss zur Zeit seiner Korrespondenz mit der Gemeinde von Korinth ein vitaler Fünfziger gewesen sein (er war ein Altersgenosse Jesu, dem er in Jerusalem übrigens nie lebend begegnet ist) und hatte zu diesem Zeitpunkt bereits so um die zwanzig Jahre Missionsreisen durch Kleinasien, Zypern, Mazedonien, Athen und den Peloponnes hinter sich. Wir befinden uns in der Mitte der 50er Jahre des ersten Jahrhunderts n. Chr.

War er ein Angeber, ein Phantast? Nein. Dass er diese Reisen unternommen hat, steht fest. Es gibt keinen einzigen Grund für die Annahme, dass er die dabei erlittenen Entbehrungen erfunden hat. In jener Zeit, in solchen oftmals abgelegenen Regionen, unter den damaligen primitiven Bedingungen, wäre es seltsam gewesen, wenn er auf seinen mindestens siebentausend Kilometern zu Fuß (!) *keine* Entbehrungen erlitten hätte.

War er ein weiser und taktvoller Mann? Gewiss auch nicht. Aber der Mangel an Weisheit wurde kompensiert durch eine außergewöhnliche Intelligenz, eine große geistige Beweglichkeit und einen Glauben, der wirklich Berge versetzt hat.

Was wir über Paulus wissen, haben wir aus biblischen Quellen: aus der Apostelgeschichte und den rund vierzehn Briefen des Paulus, die – obwohl hinsichtlich ihrer Authentizität nicht ganz unumstritten – in den Kanon des Neuen Testaments aufgenommen worden sind.

Dabei muss als Erstes bedacht werden, dass die Apostelgeschichte sehr wahrscheinlich in den 80er oder 90er Jahren des ersten Jahrhunderts unserer Zeitrechnung geschrieben worden ist. Das bedeutet zweierlei. Erstens, dass das Buch rund dreißig bis fünfzig Jahre *nach* den Briefen des Paulus entstanden ist; in der Chronologie sind die Briefe ja die ältesten überlieferten Schriften des Neuen Testaments. Und zweitens, dass Lukas seinen Apostelbericht *nach* dem misslungenen jüdischen Aufstand gegen die Römer schrieb, der im Jahr 67 begann und im Jahr 70 mit der Verwüstung Jerusalems und seines Zweiten Tempels endete.

Letzteres ist gewiss für die Geschichte des Judentums, aber auch für die schnelle Entwicklung der »Jesusbewegung« zu einer christlichen Weltreligion ausschlaggebend gewesen. Durch den Verlust ihres Tempels, Aufbewahrungsort des Allerheiligsten, wurden die Juden im übertragenen Sinne ein zweites Mal religiös heimatlos. Einmal abgesehen von den »physischen« Verbannungen, die der verlorene Krieg mit sich brachte, trat nach dem unheilvollen Jahr 70 auch eine metaphorische Diaspora ein. Der Tempel, das buchstäbliche und symbolische Zentrum der jüdischen Religion, war zu einer Ruine geworden. Zersplitterte Rabbinate mussten ersetzen, was als unvergängliches Monument immer greifbar und erreichbar hätte bleiben sollen – wie der schwarze Stein für die Muslime in Mekka. Die Babylonier hatten den ersten Tempel, den des Salomo, bereits einmal verwüstet. Aber unter Herodes war das Heiligtum in voller Herrlichkeit wiedererstanden. Bis die Römer zuschlugen. »Nächstes Jahr in Jerusalem«, beten die Juden seitdem. Aber auch nach zwanzig Jahrhunderten ist noch immer kein dritter Tempel auf dem Tempelberg gebaut worden.

Was Paulus in den vorangegangenen Jahren im jungen Christentum an Stürmen entfesselt hatte – darüber gleich mehr –, hatte den schlummernden Zwist zwischen alten Juden und neuen Christen schnell angefacht. Es lagen politische und religiöse Feindschaften in der Luft. Das Land der Israeliten, bereits von einem sektiererischen Erneuerungskurs nach dem anderen geschwächt, taumelte in diesem ersten Jahrhundert durch alle möglichen Formen der Krise, Verwirrung und Desorientierung.

Verlässliche weltliche Quellen hätten vielleicht Ordnung in dem verhältnismäßig chaotischen Bild schaffen können, das sich aus dem Palästina jener Tage vor uns erhebt. Aber der Mittlere Osten galt zu sehr als ein obskurer, entlegener Winkel, als dass ambitionierte antike Geschichtsschreiber sich davon herausfordern lassen wollten: Damit war kein Blumentopf zu gewinnen.

Selbst Flavius Josephus, der übrigens als Autor von *Jüdische Altertümer* kaum als weltlicher Historiker bezeichnet werden darf, lässt uns im Stich. Er war bekanntermaßen auf jüdischer Seite persönlich an der Rebellion gegen Rom beteiligt. Er muss da gewusst haben, dass sich die Christen anno 70 größtenteils jeglicher Solidarität mit ihren jüdischen Mitbürgern und Landsleuten entzogen hatten. Aber von Paulus, dessen Vorstellungen diesen Christenpazifismus beeinflusst haben können, scheint er nie gehört zu haben. In seinem Werk begegnen wir wohl Johannes dem Täufer (als »Feind« des Königs Herodes) und dem Bruder

Jesu, Jakobus, der auf Befehl des Sanhedrin, aber gegen den Willen der Römer, wegen »Gesetzesübertretung« gesteinigt wurde, und wir stoßen auf eine einzige kurze Passage über Jesus selbst, über deren Ursprünglichkeit im Übrigen vom zweiten Jahrhundert bis zum heutigen Tag immer gestritten worden ist. Das ist alles – von Paulus kein einziges Wort. Offensichtlich hat Josephus von Rom aus die wachsenden religiösen Gegensätze in seinem ehemaligen Vaterland nicht weiter verfolgt oder es nicht der Mühe wert befunden, sich darüber auszulassen.

Wir haben also zwei Quellen, um uns ein Bild von Paulus' Rolle im zunehmenden Unfrieden zwischen Juden und Christen zu machen. Keine von beiden ist in ihrer Verlässlichkeit über jeden Zweifel erhaben.

Die Apostelgeschichte scheint nach einigen »objektiven« Kapiteln zu stark als eine frühe Hagiographie des »Apostels der Heiden« konstruiert zu sein, neben dem die zwölf Urapostel – einschließlich des spät ernannten Nachfolgers des Judas – fast buchstäblich übertüncht worden sind. Und die Paulusbriefe selbst leiden natürlich zumindest recht stark unter seinem grenzenlosen Glaubenseifer und seiner begrenzten Selbstkritik.

Aus diesem Mangel heraus ist folglich viel spekuliert worden.

Paulus soll als gebildeter (vielleicht sogar höher ausgebildeter) Sohn einer verhältnismäßig wohlhabenden jüdischen Familie in Tarsus (immer noch an der türkischen Südostküste gelegen) im Alter von fünfzehn Jahren nach Jerusalem gekommen sein. Auf Hebräisch hieß er Saulus, aber in griechischer oder römischer Gesellschaft ließ er sich Paulus nennen. »*Als Schüler Gamaliels*« – nach eigener Aussage in Apostelgeschichte 22,3 – »*habe ich gelernt, streng nach dem Gesetz unserer Vorfahren zu leben«*, um so schnell wie möglich ein gesetzestreuer Pharisäer, vielleicht ja Priester und Mitglied des Sanhedrin zu werden.

Vom Lehrmeister, den wir noch mäßigend haben eingreifen sehen, als ein aufgebrachter jüdischer Rat Petrus und seine Glaubensgenossen ausschalten wollte, hat er offensichtlich nicht den Takt und die Geduld übernommen. Er war eher ein Anhänger des »Falken« Kaiphas.

Paulus setzte das Schicksal Israels und des Judentums mit dem absoluten Gehorsam gegenüber dem gleich, was zwischen Gott und dem jüdischen Volk an Regeln und Vereinbarungen getroffen worden war, ob es nun um den Tempeldienst ging, um die Ehrung des Sabbats, die Speisegesetze oder die bereits von Abraham gegenüber Gott versprochene Pflicht zu Beschneidung. Jeder, der etwas anderes predigte, war ein Feind Israels und sollte seiner Meinung nach sofort vom Erdboden verschwinden.

Darum hatte er kein Mitleid mit Stephanus, von dem übrigens bezeugt wird, dass die Mitglieder des Sanhedrin, die ihn vorgeladen hatten, sahen, *dass sein Gesicht aussah wie das eines Engels.* Aber Stephanus hatte nach Saulus' Urteil zu wenig Erfurcht vor dem Gesetz gezeigt, und darum war der junge Fanatiker von ganzem Herzen mit der Steinigung einverstanden. *Die Zeugen, die an der Steinigung beteiligt waren, legten ihre Obergewänder ab und gaben sie einem jungen Mann, der Saulus hieß,* lasen wir in der Apostelgeschichte. Der junge Paulus erfüllte bei dem vom Sanhedrin genau vorgeschriebenen Ritual gerne eine Regel: Man trug keinen Mantel, wenn man einen Verurteilten erschlagen musste.

War er damals Mitglied des Rates? Möglicherweise. In dieser Eigenschaft kann er kurz darauf – Golgatha liegt wahrscheinlich erst ein oder zwei Jahre hinter uns – als offizieller Vertreter nach Damaskus geschickt worden sein, um dort die jüdische Gemeinschaft vor den Schwärmern zu warnen, die verkündigten, der gekreuzigte Jesus von Nazareth sei vom Tode auferstanden.

Kurz bevor er, in Begleitung einiger anderer junger Pharisäer, seinen Zielort erreicht hatte, vollzog sich das Wunder.

In der Apostelgeschichte wird das wunderbare Ereignis bis zu dreimal erzählt. In seinen Briefen hat Paulus die Erinnerung an jene entscheidende Mittagstunde auch selbst wiederholt aufgefrischt, und er versäumte dabei nie, zu erzählen, dass er die Christen anfangs mitleidlos verfolgt habe. In der Apostelgeschichte 26,12–19 legt ihm Lukas die detaillierteste Version in den Mund.

Er durfte sich in Caesarea gegenüber dem römischen Statthalter Festus und im Beisein von Herodes Agrippa II. – dem allerletzten jüdischen König, der im Jahr 100 starb – gegen den soundsovielten Angriff orthodoxer Juden verteidigen, die ihn wegen Landesverrats zum Tode verurteilen lassen wollten. Das muss im Jahr 58 oder 59 gewesen sein. Und er sagte, nach der üblichen Einsicht, dass er die Christen in seinen jungen Jahren als Verräter des jüdischen Erbes betrachtet habe:

*»In meinem maßlosen Hass verfolgte ich sie schließlich sogar bis ins Ausland. Aus diesem Grund reiste ich im Auftrag der Hohepriester und mit ihrer Vollmacht versehen nach Damaskus. Plötzlich umstrahlte mich und meine Begleiter mitten am Tag, o König, ein Licht vom Himmel, das heller als die Sonne war. Wir stürzten zu Boden, und ich hörte eine Stimme in hebräischer Sprache: ›Saul, Saul, warum verfolgst du*

*mich? Dein Kampf gegen mich ist sinnlos.‹ Ich fragte: ›Herr, wer bist du?‹, worauf er antwortete: ›Ich bin Jesus, den du verfolgst! Aber steh jetzt auf; denn ich bin dir erschienen, damit du mir dienst. Du sollst bezeugen, was du heute erlebt hast und was ich dir in Zukunft zeigen werde. Ich will dich behüten vor deinem Volk und vor den Völkern, die nichts von mir wissen. Zu ihnen sende ich dich. Du sollst ihnen die Augen öffnen, damit sie sich von der Finsternis dem Licht zuwenden und aus der Herrschaft des Satans zu Gott kommen. Dann werde ich ihnen die Sünden vergeben, und weil sie an mich glauben, haben sie einen Platz unter denen, die zu mir gehören.‹«*

Apostelgeschichte 26,11–18

Die einzige Besonderheit, die in dieser Lesart fehlt, ist die Mitteilung, dass Paulus mit Hilfe seiner Freunde (die zwar auch das Licht erblickt hatten, aber offensichtlich nicht davon geblendet worden waren) die Stadt nur tastend hatte erreichen können, wo er noch drei Tage lang blind geblieben sein soll. Festus reagierte auf die Geschichte übrigens mit römischer Nüchternheit: »*Du bist wahnsinnig, Paulus!*«, soll er gesagt haben.

Aber der Eindruck, den die außerirdische Begegnung auf den noch jugendlichen Muster-Pharisäer gemacht hat, muss unbeschreiblich gewesen sein. Jahre später enthüllte er in seinem Brief an die Galater, dass er nach einigen Tagen von Damaskus »nach Arabien« gezogen sei – vermutlich nach Petra, südöstlich vom Toten Meer, in der arabischen, heute jordanischen Wüste –, um anschließend gleich noch drei Jahre als Exilierter in Damaskus zu bleiben.

In relativer Einsamkeit verlebte er dort seine Tage (sein Ruf als Christenverfolger machte ihn – trotz seiner spektakulären Bekehrung – für die ersten Christen in der Stadt nicht sofort salonfähig). Er erlernte das Handwerk des Zeltmachers, das ihm später auf seinen langen Evangelisierungsreisen noch gelegen kommen sollte und mit dem er, wenn es sein musste, teilweise seinen Lebensunterhalt verdienen konnte. Und er entwickelte dort als spätgeborener Christ die Radikalität, die ihn niemals mehr verlassen sollte.

In Damaskus gelangte er zu der Überzeugung, dass er – im Gegensatz zu den zwölf Jüngern, die mit Jesus durch Galiläa gezogen waren – regelrecht und geradezu persönlich von Gott berufen worden war, um die Botschaft vom Leben und Sterben Jesu in die Welt hinauszutragen. Diese Berufung kennzeichnete in seinem Erleben den Unterschied zwischen ihm und den elf oder zwölf, die sich in einem früheren Stadium bereits Apostel hatten nennen dürfen. Er war ein Apostel wie kein anderer. Er war anders. Daher durfte er sich auch über die anderen erhaben fühlen.

Zwei Elemente in seinem Glauben (und Verhalten) verschärften den Unterschied und den Abstand zu den Übrigen. Das erste war theologischer Natur. Für ihn war der sinnlose und für einen Messias vor allem auch erniedrigende Tod Jesu am Kreuz nur zu verstehen, wenn wir ihn als einen ganz bewusst *gewählten* Tod auffassen. In seinen späteren Briefen legte er immer wieder den Akzent darauf. *»Christus ist für unsere Sünden gestorben«*, schrieb er in seinem Ersten Brief an die Korinther. Und an die Thessalonicher schrieb er noch expliziter:

> *Denn Gott will uns nicht seinem Zorn und Gericht aussetzen; wir sollen vielmehr durch unseren Herrn Jesus Christus gerettet werden. Christus ist für uns gestorben, damit wir –*

*ganz gleich, ob wir nun leben oder schon gestorben sind – mit ihm ewig leben.*

1 Thessalonicher 5,9–10

Auf Golgatha hatte jemand ganz bewusst gelitten. Es war bewusst um der Menschheit willen ein Opfer gebracht worden, jemand hatte freiwillig in Tod und Auferstehung die Rolle des Erlösers auf sich genommen. Das war für Paulus die Essenz des Christentums, viel mehr als Bergpredigten, Wunderheilungen und die Frage, ob Jesus aus einem jungfräulichen Schoß hervorgegangen sein soll. Er hielt diese Überzeugung den Galatern, die Adressaten des Briefes, noch einmal explizit und in nahezu polemischen Worten vor:

*Zwar sind wir beide durch unsere Geburt Juden und stammen nicht aus einem anderen Volk, das Gott nicht kennt. Trotzdem wissen wir inzwischen sehr genau, dass wir nicht durch Taten, wie das Gesetz sie von uns fordert, vor Gott bestehen können, sondern allein durch den Glauben an Jesus Christus. Wir sind doch deshalb Christen geworden, weil wir davon überzeugt sind, dass wir allein durch den Glauben an Christus von unserer Schuld freigesprochen werden; nicht aber, weil wir die Forderungen des Gesetzes erfüllen. Denn wie die Heilige Schrift sagt, findet kein Mensch durch gute Werke Gottes Anerkennung. (…) So bin ich nun für das Gesetz tot, damit ich für Gott leben kann. Mein altes Leben ist mit Christus am Kreuz gestorben. Darum lebe nicht mehr ich, sondern Christus lebt in mir! Mein vergängliches Leben auf dieser Erde lebe ich im Glauben an Jesus Christus, den Sohn Gottes, der mich geliebt und sein Leben für mich gegeben hat.*

Galater 2,15–20

Mit Christus gekreuzigt worden zu sein: Das war sowohl Sehnsucht als auch Glauben. Und beinahe Hochmut.

Der Text zeigt, wie selbstverständlich seine theologische Präambel zum zweiten, dem »praktischen« Element in Paulus' Glauben führen konnte. Wenn Jesus der Messias war, dann hatte die (mosaische) Welt ausgedient, sie hatte sich, nach den eigenen Worten Jesu, »erfüllt«, das heißt, sie war als Prüfstein überflüssig geworden.

Viele Juden wollten die Lehre Jesu wohl als eine interessante Variante des Judaismus übernehmen, der schließlich auch seine eigenen messianischen Träume hatte und in der man ganz Jude bleiben konnte. Paulus aber weigerte sich, das hinzunehmen. Sie wollten das eine annehmen, ohne das andere zu verlieren. Er predigte die radikale Entscheidung für das eine oder das andere. Man konnte seinen Glauben an den neuen Gott Jesu Christi, der Liebe und Gnade war, schließlich nicht bekennen, ohne den Glauben an den alten aufzugeben, der bloßen Gehorsam forderte.

Der unmittelbare Konflikt zwischen ihm und dem christlichen »Establishment«, das sich allmählich in Jerusalem niedergelassen hatte und in dem Petrus, vor allem aber der Bruder Jesu, Jakobus, eine Führungsrolle spielte, dieser Konflikt spitzte sich auf die Frage zu, ob Heiden, die am christlichen Heil teilhaben wollten, nicht erst Juden werden mussten und sich also der Sabbatfeier, den Speisevorschriften und gewiss auch der Beschneidung unterziehen mussten. Selbstverständlich, sagte »Jerusalem«. Davon könne keine Rede sein, sollte Paulus sein Leben lang hartnäckig behaupten. Hatte er vor Damaskus nicht persönlich von Gott – durch Jesus – den Auftrag erhalten, gerade auch heidnische Augen zu öffnen, *damit sie sich von der Finsternis dem Licht zuwenden und aus der Herrschaft des Satans zu*

*Gott kommen?* Mit keinem Wort hatte die Stimme etwas von Essensvorschriften, Heiligung des Sabbats oder einer beschnittenen Vorhaut erwähnt.

Von Antiochien bis in die kleinsten anatolischen Dörfer und Städtchen, von Ephesus und dem alten Troja bis nach Philippi, Thessaloniki, Athen und Korinth und von Zypern bis nach Rom hat Paulus im Laufe von dreißig Missionarsjahren Tausende von Griechen, Römern, Baalsanbetern, heidnischen Phrygiern und Lydern, Sklaven und unwissenden armen Schluckern zum »wahren Glauben« gebracht, ohne seine Bekehrten jemals zunächst mit Bedingungen zu belästigen. Und an fast allen diesen Orten hat man ihm in den ganzen dreißig Jahren misstraut und sind ihm Steine in den Weg gelegt worden. Er wurde angeklagt und oft verurteilt von orthodoxen Juden, die ihn der Gotteslästerung beschuldigten und sich manchmal nicht scheuten, die römische Besatzungsmacht zu Hilfe zu rufen, um seine Bestrafung oder zumindest seine Verbannung zu bewirken.

Im wahrscheinlich letzten Brief, der von ihm erhalten ist, schrieb er an die jüdisch-christliche Gemeinde in Rom den berühmten Brief an die Römer. Darin lasen die römischen Christen unter anderem:

*Die jüdische Abstammung und die Beschneidung sind nur äußerlich und lassen noch niemanden wirklich zum Juden werden. Jude ist man im tiefsten Inneren, wenn die Beschneidung mehr bedeutet als die Erfüllung toter Buchstaben. Was wirklich zählt, ist die Beschneidung, die vom Heiligen Geist kommt und einen Menschen völlig verändert. In den Augen der Menschen mag das nicht viel bedeuten, wohl aber bei Gott.*

Römer 2,28–29

Das Thema sollte ihn, wie gesagt, nie verlassen. Nach üblicher Schätzung datiert der Brief aus dem Jahr 57. Er versprach darin, dass er bald kommen werde, und dieser Wunsch lag auf der Hand: Es musste von Jesus gezeugt werden *in Jerusalem und Judäa, in Samarien und auf der ganzen Erde.* Und wenn man damit in abgelegenen römischen Provinzen wie Kilikien und Achaja begonnen hatte, konnte man die Welthauptstadt nur schwerlich links liegen lassen.

Der Brief zeigt uns einen reifen, zur Ruhe gekommenen, nahezu priesterlichen Paulus. Er wird die Polemik immer noch nicht meiden und zur Schau stellen, dass er recht hat, aber er sucht hier nicht mehr die Auseinandersetzung. Die Rolle des Bußpredigers hat er eingetauscht gegen die des älteren Mahners. *Ihr wisst doch, dass es Zeit ist,* warnt er mit einem zeitlosen rhetorischen Kunstgriff, also:

> *Ihr wisst doch, dass es Zeit ist, aus aller Gleichgültigkeit aufzuwachen. Unserer endgültigen Erlösung sind wir jetzt näher als zu Beginn unseres Glaubens. Bald ist die Nacht vorüber, und der Tag bricht an. Deshalb wollen wir uns von den finsteren Taten der Nacht trennen und uns stattdessen mit den Waffen des Lichts rüsten. Lasst uns ein gutes Leben führen, so wie es zum hellen Tag passt, ohne Fressgelage und Saufereien, ohne sexuelle Zügellosigkeit und Ausschweifungen, ohne Streit und Eifersucht.*
>
> Römer 13,11–13

Immer noch ganz der pharisäische Moralist. Die bekehrten Heiden brauchten sich seiner Meinung nach zwar nicht an die Regeln des Moses zu halten, aber er gab ihnen dafür viele neue, eigene Vorschriften zurück. Als Christ war mit den Gesetzen des Paulus nicht zu spaßen.

Im Gegensatz zu den meisten anderen Briefen, in denen oft ganz pragmatisch Instruktionen für gerade gegründete Christengemeinden zur Sprache gebracht wurden, wies der Brief an die Römer mit seinen zahlreichen dialektischen Redewendungen (die Briefe waren zum Vorlesen geschrieben worden) einen hohen Abstraktionsgrad auf. Hier wurden Grundprinzipien einer neuen Religion zum ersten Mal berührt. Aber es ging Paulus, der eigentlich kein Weiser und gewiss kein philosophischer Mann war, auch in diesem Brief vor allem um praktische Dinge. Petrus war Jesus zufolge zwar der Fels (der *Petra*), auf dem die Kirche ruhen sollte, aber ohne den logistischen Verstand des Paulus hätte sich niemals eine weltweite Organisation namens Kirche entwickelt.

Es sollte unterdessen noch vier oder fünf Jahre und eine lebensgefährliche Seereise lang dauern, bevor Paulus Rom erreichte. Von dieser Reise hat der niederländische Historiker Fik Meijer eine Rekonstruktion angefertigt, die als sinnvolle Korrektur des Berichts gelesen werden kann, den uns Lukas in den Kapiteln 27 und 28 der Apostelgeschichte hinterlassen hat. Lukas wollte uns glauben machen, dass Paulus als eine Art Interims-Kapitän und mit Gottes Hilfe Schiff, Besatzung und Passagiere vor dem sicheren Untergang gerettet habe. Meijer macht es mit nautischer Präzision wahrscheinlich, dass Gott sei Dank auch noch erfahrene Seeleute an Bord gewesen waren.

Aufgrund ebendieser Apostelgeschichte müssen wir annehmen, dass Paulus nach seiner Ankunft in Rom eine Art Hausarrest auferlegt bekam, der mindestens zwei Jahre gedauert hat, ihm aber wohl die Möglichkeit bot, die übliche Evangelisierungstätigkeit zu entfalten. Sofort nach dieser Mitteilung verlöscht das Buch der Bibel ein wenig wie ein

Nachtlicht. Die letzten Worte lauten: *Niemand hinderte ihn daran, in aller Offenheit über Gottes neue Welt und über den Herrn Jesus Christus zu predigen und zu lehren.*

Aber danach?

Wenn wir die gebräuchlichste Zeitrechnung beibehalten, müsste nach den paar Jahren, in denen ihm eigentlich nichts in den Weg gelegt wurde, das Jahr 64 fast erreicht oder vielleicht sogar schon angebrochen sein. Und 64 war das Jahr des mysteriösen Brandes von Rom, der von Kaiser Nero (dem Brandstifter?) zum Anlass genommen werden sollte, um die erste große Christenverfolgung der Geschichte zu entfesseln. Der Historiker Tacitus hat bis in die grässlichsten Details darüber berichtet, einschließlich der psychologischen Beobachtung, das römische Volk habe aufgrund der Bestialität, mit der die Anhänger des »törichten Aberglaubens« vom Kaiser gemartert und ermordet wurden, schließlich Mitleid mit den christlichen Trotteln bekommen.

Ist auch Paulus in diesen Tagen gefoltert und ermordet worden, so wie Petrus damals kopfüber an das Kreuz genagelt worden sein soll?

Wir wissen es nicht. Weltgeschichte und Christentum haben sich in jenem Jahr jedenfalls gekreuzt. Oder vielleicht auch nur gestreift.

# Visionen auf Patmos

## *Der Schluss des Buches der Bücher*

Eine merkwürdige Ansammlung von Halluzinationen eines Drogensüchtigen«, so fasste George Bernard Shaw einmal den Inhalt der Offenbarung des Johannes zusammen. Wäre er noch ein paar Jahre älter geworden als ohnehin (er war 94, als er 1950 starb), und hätte er von LSD erfahren können, so hätte er zweifellos von einem Trip gesprochen.

Vielleicht nicht allzu ehrerbietig gegenüber einem Text, der zwanzig Jahrhunderte lang von Millionen von Gläubigen für heilig gehalten worden ist und der als Schlussteil des Neuen Testaments – also der ganzen »Bibliothek der Bücher«, wie die Schrift auch charakterisiert worden ist – noch immer Abertausende von Theologen, Literaturwissenschaftlern, Historikern und Zahlenfetischisten fasziniert.

Man kann aber auch sagen, Shaws Urteil sei eine Interpretation gewesen. Zwar die eines Agnostikers, aber die braucht an sich nicht weniger wert zu sein als die Exegese eines Theologen.

Als Interpret knüpfte Shaw um die Mitte des 20. Jahrhunderts an eine beeindruckende Reihe großer Geister an, die sich von dem Augenblick an, in dem die Visionen des Johannes von Patmos öffentlicher Besitz geworden waren, ihre Hirne zermartert hatten, um herauszufinden, was der Autor – der Wasserpfeifenraucher? Dichter? Künstler? Abgesandte Gottes? – gemeint haben könnte. Frühmittelalterliche Kirchenväter, Scholastiker, anonyme Mönche, Schüler von Klosterschulen und Skriptorien, Luther, englische Puritaner, gelehrte römische Ketzerjäger, ein Jurist wie der Holländer Hugo de Groot, der Romantiker Herder, orthodoxe, gemäßigte und freisinnige Prediger aus dem 19. Jahrhundert bis hin zum ungläubigen Shaw (ganz zu schweigen von einer Handvoll populärer Fernsehpfarrer) – sie alle haben darüber philosophiert und spekuliert, und alle haben sie versucht, die Worte und Sätze der düsteren Offenbarung in einfache Elemente zu zerlegen.

Vergeblich.

Das Buch ist unter dem Gewicht seiner Exegeten fast zusammengebrochen, aber seine tiefsten Geheimnisse hat es nie preisgegeben. Kann man sich noch Leser vorstellen, die es unbelastet aufschlagen und – ungehindert durch Fingerzeige aus zweitausend Jahren – einfach Poesie in Offenbarung 1,9–19 lesen?

*Ich wurde auf die Insel Patmos verbannt (...) Ich hörte hinter mir eine gewaltige Stimme, durchdringend wie eine Posaune: »Schreib alles auf, was du siehst, und sende das Buch an die sieben Gemeinden: nach Ephesus, Smyrna und Pergamon, nach Thyatira, Sardes, Philadelphia und Laodizea.« Ich drehte mich um, weil ich sehen wollte, wer zu mir sprach. Da sah ich sieben goldene Leuchter. Mitten zwischen ihnen stand einer, der wie ein Mensch aussah. Er hatte ein langes Gewand an, und um die Brust trug er einen goldenen Gürtel. Seine Haare waren so hell wie reine Wolle, ja leuchtend weiß wie Schnee. Seine Augen glühten wie die Flammen eines Feuers, die Füße glänzten wie flüssiges Gold im Schmelzofen, und seine Stimme dröhnte wie ein tosender Wasser-*

*fall. In seiner rechten Hand hielt er sieben Sterne, und aus seinem Mund kam ein scharfes, doppelschneidiges Schwert. Sein Gesicht leuchtete strahlend hell wie die Sonne. Als ich das sah, fiel ich wie tot vor seinen Füßen nieder. Aber er legte seine rechte Hand auf mich und sagte: »Fürchte dich nicht! Ich bin der Erste und der Letzte, und ich bin der Lebendige. Ich war tot, doch nun lebe ich für immer und ewig, und ich habe Macht über den Tod und das Totenreich. Schreib alles auf, was du gesehen hast, was jetzt geschieht und was in Zukunft geschehen wird.«*

Offenbarung 1,9–19

Nun geht es natürlich nicht an, zu glauben, die Offenbarung des Johannes sei vom Autor oder den ersten Lesern als ein Versuch in experimenteller Prosa oder *poésie pure* intendiert oder aufgefasst worden. Die Offenbarung war eine apokalyptische Schrift. Dieses religiös-literarische Genre entwickelte sich im Judaismus im zweiten Jahrhundert v. Chr. (dem Jahrhundert, in dem das alttestamentliche Buch Daniel geschrieben wurde, das selbst apokalyptische Merkmale aufweist) und ist bis in die frühe jüdisch-christliche Kultur geläufig geblieben. Es beschäftigte sich mit dem (lange erwarteten) »Ende aller Zeiten« und mit dem Finale zwischen Gott und Teufel, das dann ausgefochten werden sollte. Die apokalyptische Sprache war fast immer blumig, oft ekstatisch und nicht selten etwas obskur. Aber die Texte – auch die der Offenbarung – hatten zweifellos eine wohlüberlegte Bedeutung und dienten unverkennbar einem normativen Ziel: trösten und beunruhigen, versprechen und warnen, ermutigen und drohen, belohnen und bestrafen – und am liebsten alles gleichzeitig, in einem einzigen literarischen Atemzug.

Für diejenigen, die an einer Kultur teilhatten, in der apokalyptische Schriften zirkulierten und in der viele ihrer Bilder, Symbole, Allegorien und Metaphern sofort verstanden werden konnten, war die Offenbarung aus Patmos vielleicht zwar keine leichte Kost, aber sie gehörte in einen bekannten Kontext, den man miteinander teilte. Im Laufe der Jahrhunderte ist dieser Kontext langsam, aber sicher in Vergessenheit geraten, und die dazugehörigen Zeichen werden nicht mehr verstanden. Es verhält sich ein bisschen so wie mit den Emblemata aus dem 16. und 17. Jahrhundert, in denen versteckte Bedeutungen wie Spott, Satire, Rachsucht, Verliebtheit und irenisches Glück von zeitgenössischen Betrachtern mit einem einzigen Blick durchschaut wurden. Diesen Blick haben wir verloren.

Die Offenbarung des Johannes beginnt übrigens ziemlich einfach und zugänglich, man könnte fast sagen, konventionell. Als Leser wird man kaum vor unlösbare Rätsel gestellt:

> *In diesem Buch enthüllt Jesus Christus die Zukunft. Gott gab ihm den Auftrag, seinen Dienern zu zeigen, was schon bald geschehen wird. Christus schickte seinem Diener Johannes einen Engel, der ihm alles übermitteln sollte. Alles, was er gesehen und gehört hat, gibt Johannes hier weiter. Er bezeugt, was Gott gesagt und Jesus Christus ihm gezeigt und bestätigt hat. Glücklich ist, wer die prophetischen Worte dieses Buches liest, auf sie hört und danach handelt. Denn schon bald wird dies alles in Erfüllung gehen.*
>
> Offenbarung 1,1–3

Eine deutliche Sprache. Über mehrere Ecken (über Johannes, der von einem Engel gehört hat, was Jesus seinerseits von Gott vernommen hat) erhalten wir die Botschaft, dass offensichtlich etwas bevorsteht, auf das wir uns eingehend vorbereiten müssen, und dass wir uns dabei sogar einigermaßen beeilen müssen. *Denn schon bald wird dies alles in Erfüllung gehen.*

Apokalyptische Texte haben es immer ein bisschen eilig. Bevor man es sich versieht, kann ja der große Augenblick gekommen sein, in dem die Welt von allem Bösen gesäubert wird. Aber dann muss erst einmal moralisch klar Schiff gemacht und müssen alle überfälligen Instandhaltungsarbeiten auf dem Gebiet des wahren Glaubenslebens in Angriff genommen werden, denn in dem Titanenkampf, der dann zwischen Gott und dem Bösen entbrennen wird, darf Satan nicht mehr auf wankelmütige Brüder, geschweige denn Mitstreiter, zählen.

Deshalb die Briefe. Die mussten in sieben Städte Kleinasiens geschickt werden – sozusagen die Welt –, wo sie die Bewohner auf eine direkte, fast persönliche Art und Weise an ihre Schwächen erinnerten und sie ermahnten, ihr Verhalten zu bessern. Standardbriefe waren das sicherlich nicht. Für die Gemeinde in Ephesus, wo man nach dem Urteil Gottes und Jesu die Liebe zueinander ein wenig aus dem Blick verloren hatte, wurde Johannes beispielsweise diktiert: *»Kehre um und handle wieder so wie zu Beginn. Sonst werde ich kommen und deinen Leuchter von seinem Platz stoßen.«*

Da ist klar von einer relativ kleinen Unzulänglichkeit die Rede, auf die eine relativ kleine Sanktion steht. Gegenüber Pergamon jedoch, wo man sich anscheinend immer noch *von der Lehre des Bileam und der Nikolaïten* verführen ließ, von denen feststand, dass sie Ketzer waren, war der Ton schon ein Stück schärfer: *»Kehr zu mir um, sonst werde* *ich sehr schnell zu dir kommen und gegen diese Leute mit dem Schwert aus meinem Mund kämpfen.«*

Und die christliche Gemeinde von Tyatira musste enorm vorsichtig sein:

> *Du unternimmst nichts gegen Isebel, die sich als Prophetin ausgibt. Durch ihre Lehre verführt sie die Gläubigen zu sexueller Zügellosigkeit und ermuntert sie, ohne Bedenken das Fleisch der Götzenopfer zu essen. Diese Frau hat genug Zeit gehabt, ihr Leben zu ändern. Aber sie weigert sich, zu mir umzukehren. Darum werfe ich sie aufs Bett, zusammen mit all ihren Liebhabern. Dort werden sie leiden müssen, wenn sie nicht ihr böses Treiben beenden. Isebels Kinder werde ich dem Tod ausliefern. (…) Denn wer durchhält und den Sieg erringt, wer bis zuletzt nach meinem Willen lebt und handelt, dem werde ich Macht über die Völker der Erde geben. Mit eiserner Strenge wird er über sie herrschen und sie zerschlagen wie Tongefäße.*
>
> Offenbarung 2,20–27

Das Verfahren ist einfach und zweckmäßig. Die Adressaten stehen tatsächlich jeweils vor einer einfachen Wahl: Trost oder Unruhe, Versprechen oder Warnung, Ermutigung oder Drohung, Belohnung oder Strafe.

Wenn man in kriegerischen Begriffen denken möchte – und das obengenannte Zitat nimmt sozusagen schon die unvorstellbare Gewalt vorweg, die gleich im Krieg zwischen Licht und Finsternis ausbrechen wird –, dann könnte man sagen, dass Gott einen Mobilmachungsbefehl ausgegeben hat. Nun heißt es alles oder nichts, jeder wird einberufen. Die Welt geht unter, oder die Welt kann gerettet werden. Dazwischen gibt es nichts mehr.

Radikale Alternativen sind charakteristisch für die Apokalypse. Satan hat ein Heer von Hilfsteufeln, Drachen, Dämonen und verräterischen Engeln in den Kampf geworfen. Gott dagegen hat den Messias geschickt (der bei Johannes immer *aussieht wie ein Mensch*), dem die Führung der erlösenden Heerscharen anvertraut worden ist. Wenn aber die Welt – die sieben Städte von Ephesus bis Laodizea – tatenlos zusieht, dann sieht es schlecht für sie aus.

Das andere Charakteristikum der apokalyptischen Schrift ist die Art, in der der Autor gleichsam in drei Zeitdimensionen berichten kann: Er kennt die Vorgeschichte, berichtet über die Aktualität und weiß genau, wie alles ausgeht. Und er kann, wie der Historiker Donald Harman Akenson es ausdrückt, einstweilen auch die Geschichte der Zukunft schreiben. Er blickt ja auf sie zurück:

> *Danach sah ich einen Engel vom Himmel herabkommen. In seiner Hand hielt er den Schlüssel zum Abgrund und eine schwere Kette. Er ergriff den Drachen, die alte Schlange – sie ist nichts anderes als der Teufel oder Satan –, und legte ihn für tausend Jahre in Fesseln. Der Engel warf ihn in den Abgrund, verschloss den Eingang und versiegelte ihn. Nun konnte der Satan die Völker nicht mehr verführen, bis die tausend Jahre vorüber waren. Nach dieser Zeit muss er noch einmal für kurze Zeit freigelassen werden. Und ich sah mehrere Thronsessel. Auf ihnen nahmen alle Platz, die den Auftrag hatten, über andere Gericht zu halten. Ich sah die Seelen der Menschen, die man enthauptet hatte, weil sie sich treu zu Jesus und zu Gottes Botschaft bekannt hatten. Sie hatten das Tier und seine Statue nicht angebetet, hatten sein Zeichen nicht auf ihrer Stirn oder Hand getragen. Jetzt lebten sie mit Christus und herrschten mit ihm tausend Jahre lang. Dies*

*ist die erste Auferstehung. Die anderen Toten wurden erst wieder lebendig, nachdem die tausend Jahre vorüber waren.*

Offenbarung 20,1–5

Zu diesem Zeitpunkt – wir befinden uns im zwanzigsten der zweiundzwanzig recht kurzen Kapitel, die die Offenbarung umfasst – ist es mit der Einfachheit und Zugänglichkeit des Textes schon längst aus. Die sieben Briefe sind inzwischen zu sieben Buchrollen geworden, die mit sieben Siegeln verschlossen sind. Die ersten vier, die gebrochen werden, enthüllen nacheinander Reiter auf einem weißen, einem feuerroten, einem schwarzen und einem fahlgelben Pferd. Der zweite Reiter soll den Frieden aus der Welt vertreiben, *»erbarmungslos würden sich die Menschen gegenseitig umbringen«*, und der Reiter auf dem Falben heißt Tod und er hatte *Macht über ein Viertel der Erde, »um die Menschen durch Kriege, Hungersnöte, Seuchen und wilde Tiere dahinzuraffen«.*

Als das fünfte Siegel gebrochen worden ist, sieht Johannes *»Menschen, die man getötet hatte, weil sie sich treu an Gottes Wort gehalten und bis zuletzt ihren Glauben bekannt hatten«*, und beim sechsten Siegel ereignet sich eine schreckliche Naturkatastrophe:

*Die Sonne wurde schwarz wie ein Trauerkleid und der Mond rot wie Blut. Und die Sterne fielen vom Himmel auf die Erde, so wie der Feigenbaum seine reifen Früchte abwirft, wenn er vom Sturm geschüttelt wird. Der Himmel verschwand vor meinen Augen wie eine Buchrolle, die man zusammenrollt. Die Berge wankten und stürzten in sich zusammen, und die Inseln versanken.*

Offenbarung 6,12–14

Das ist erst der Beginn von immer stärker halluzinationsartigen Szenen. Als Johannes außer den einhundertvierundvierzigtausend Auserkorenen – zwölftausend aus jedem Stamm Israels – auch noch eine unzählbare Menge neuer Kandidaten für einen göttlichen Eichstempel gesehen hat, treten die sieben Posaunenengel mit abwechselnden Segnungen und Plagen an, es erscheinen die beiden Ungeheuer aus dem Meer und der Erde, und es werden die *sieben Schalen des Zornes Gottes* über die Erde ausgeleert, was unter anderem eine Geschwürplage zur Folge hat, Tod in allen Gewässern, eine Sonne, die mit ihren überhitzten Strahlen Menschen versengt, einen ausgetrockneten Euphrat und das schwerste Erdbeben seit Menschengedenken: *Die Städte der Welt sanken in Trümmer. Gott hatte Babylon und ihre Sünden nicht vergessen. Nun musste auch sie den Kelch, der mit Gottes Zorn gefüllt ist, bis zur bitteren Neige leeren.*

Zum Schluss scheint alles Bildsprache geworden zu sein – jedes Bild hat sich von seiner eigentlichen Bedeutung losgelöst und verbirgt sich gleichsam in anderen Bildern, denen wir in der Regel andere Konnotationen zusprechen. Manchmal hat man hier das Gefühl, dass Johannes sich schon beim Schreiben an seinen Traumgesichten ergötzte, dass die eine Vision die nächste hervorlockte, dass er nicht mehr aufhören konnte. Poesie, Grausamkeit und ein Überfluss an östlichen Symbolen wechseln sich ab mit unverkennbaren Zügen von Erotik wie in der Metapher des sündigen, verdorbenen Babylon:

*Nun kam einer von den sieben Engeln, die sieben Schalen erhalten hatten, zu mir und sagte: »Komm mit, ich will dir zeigen, wie Gott die große Hure straft, die an den vielen Wasserläufen so sicher thront. Die Mächtigen dieser Welt haben sich mit ihr eingelassen. Alle Menschen waren berauscht von dem Wein der Verführung, den sie ihnen eingoss.« Jetzt nahm mich der Engel und versetzte mich im Geist in die Wüste. Dort sah ich eine Frau auf einem grellroten Tier, das sieben Köpfe und zehn Hörner hatte. Es war überall beschrieben mit Beleidigungen Gottes. Die Frau trug purpur- und scharlachrote Kleider, dazu kostbaren, goldenen Schmuck mit wertvollen Edelsteinen und Perlen. In ihrer Hand hielt sie einen Becher aus Gold, der bis an den Rand gefüllt war mit ihrer Bosheit, ihrer Verführung und ihrem Götzendienst. Auf ihrer Stirn stand ein geheimnisvoller Name: »Die große Babylon, die Mutter aller Verführung und allen Götzendienstes auf der Erde!« Und ich sah, wie sie sich berauschte an dem Blut all der Menschen, die Gott gehörten und getötet wurden, weil sie Jesus die Treue hielten.*

Offenbarung 17,1–6

Das Gelage mit Wein als Allegorie auf den Blutrausch ist übrigens kurz zuvor noch viel direkter und konkreter zur Sprache gebracht worden, in der Parabel von den Engeln mit den scharfen Sicheln:

*Ein anderer Engel trat aus dem Tempel im Himmel. Auch er hatte eine scharfe Sichel. Dazu kam noch ein Engel vom Altar, der Gewalt über das Feuer hatte. Er rief dem Engel mit der Sichel zu: »Nimm deine scharfe Sichel und schneide die Trauben vom Weinstock der Erde; sie sind reif.« Da schleuderte der Engel seine Sichel auf die Erde und erntete die Trauben. Er warf sie in die große Weinpresse des Zornes Gottes. Draußen vor der Stadt wurde der Saft aus den Trauben gekeltert. Ein riesiger Blutstrom ergoss sich aus der*

*Weinpresse: dreihundert Kilometer weit und so hoch, dass er den Pferden bis an die Zügel reichte.*

Offenbarung 14,17–20

In diesem letzten Satz erinnert Johannes an Autoren, die sich in ihrer eigenen Phantasie verloren haben und versuchen, die Beziehung zur alltäglichen Realität wieder herzustellen, indem sie plötzlich versichern, ein Ereignis habe genau um halb vier Uhr nachmittags stattgefunden, als ob ihre Geschichte dadurch glaubwürdiger würde. So, wie es in einem Kinderlied heißt: »Morgens früh um sechs kommt die kleine Hex, morgens früh um sieben schabt sie gelbe Rüben …«

Wer war die Ich-Person aus der Offenbarung, von der wir annehmen dürfen, dass sie auch der Autor war?

In den ersten Jahrhunderten nach Christus ist man davon überzeugt gewesen, dass er mit dem Evangelisten Johannes identisch war, der als Jünger der Favorit Jesu war. Aber war es dann nicht merkwürdig, dass er wohl einige Male seinen eigenen Namen nannte (und sich damit vielleicht auch ein wenig mit der Tatsache großtat, dass er als Übermittler der wichtigen Botschaft auserwählt war), aber an keiner Stelle auf diese spezielle Beziehung zwischen ihm und dem Messias hinwies?

Philologen und Textanalytiker haben später übrigens festgestellt, dass das Griechisch des Mannes aus Patmos dem des Evangelisten nicht das Wasser reichen konnte und dass sein Text sich auch stilistisch sowie im Satzbau und in der Wortwahl wesentlich von dem seines Namensvetters unterschied.

Der Johannes aus der Offenbarung muss in seiner Umgebung als Prophet ein Mann von Autorität gewesen sein, sonst hätte man seine Visionen nicht sofort ernst genommen.

*»Ich bin Johannes, euer Bruder«*, schreibt er in seinem ersten Kapitel, *»und teile mit euch Bedrängnis und Verfolgung. Wie ihr warte auch ich geduldig und standhaft darauf, dass Jesus Christus kommt – weil ich Gottes Botschaft verkündet und Jesus öffentlich bezeugt habe, wurde ich auf die Insel Patmos verbannt.«* Bruder Johannes, so liest man daraus, war unter den frühen Christen in Kleinasien kein Unbekannter.

War er, wie ein späterer Paulus (es wird allgemein angenommen, dass seine Schrift erst am Ende des ersten Jahrhunderts geschrieben worden ist), zum Evangelisieren auf die Insel gekommen?

Oder müssen wir aus seiner eigenen Erklärung (dass er dort war, weil er über Gott gesprochen hatte) ableiten, dass die Römer ihn dorthin verbannt hatten? Über andere, ähnliche Missionsreisen wissen wir im Übrigen nichts, ebenso wenig wie über sein Alter, seine Herkunft, seinen gesellschaftlichen oder intellektuellen Status und sein Leben nach Patmos – gesetzt den Fall, dass er die Insel jemals wieder verlassen hat.

Auf die Frage, ob er »aktuelle« Fragen in seinen Visionen zuließ – ob er also zur Verschleierung beispielsweise Babylon schrieb, wenn er eigentlich Rom meinte – ist ebenso wenig eine Antwort möglich, weil wir ja nicht wissen, inwieweit er sich mit den (geo-)politischen Verhältnissen seiner Tage beschäftigte. Auch wenn der Stoßseufzer vielleicht einen Anhaltspunkt bietet, dass er im Elend lebte, *wie ihr*.

Aber die einzige Sicherheit ist Patmos – Patmos und die Halluzinationen.

Die ältesten Kirchenväter scheinen sich mit der Offenbarung nicht immer wohl gefühlt zu haben. Wahrscheinlich gerade wegen der eindringlichen Traumgesichte, die den Lesern – und gewiss frisch bekehrten Heiden – einen Floh ins Ohr setzen konnten. Das Christentum der ersten Jahrhunderte war, um mit Chaim Potok zu sprechen, »unordentlich und locker organisiert, und es schwirrte nur so von dogmatischen Auseinandersetzungen – eine Skala von Christentümern, von denen jedes auf einer anderen Interpretation der Ereignisse und Doktrinen beruhte, die der neuen Religion zugrunde lagen«.

Und trotz ihrer zwingenden theologischen Botschaft war die Offenbarung unter den fast dreißig Schriften, die schließlich als »das Neue Testament« kanonisiert werden sollten, ein in hohem Maße *un*orthodoxes Buch, das auf tausenderlei Art und Weise gelesen, also auch auf tausenderlei Art und Weise missverstanden werden konnte. Sollten die frühen Religionsgelehrten eine Vorahnung von den zahllosen Nostradamussen, Kabbalisten, Zahlenzauberern und Kaffeesatzguckern gehabt haben, die in den nachfolgenden Jahrhunderten die Erfahrungen des Johannes ausplündern sollten, um ihrer Wahrsagerei einen Anstrich unverfälschter Prophetie zu verleihen?

Bei allem Zögern über die heilsamen Effekte, die die Lektüre der Offenbarung erzielen konnte, war trotzdem kein Zweifel daran möglich, welchen Platz das Buch verdiente: Natürlich im Kanon und natürlich am Ende des Buches der Bücher. Das Schlussstück war bedrohlich, aber auch prachtvoll, furchterregend, gleichzeitig tröstend, einschüchternd, und am Ende auch erlösend. Und wenn im Jüngsten Gericht alle Toten nach ihren Taten gerichtet sind, entfaltet sich die letzte große Vision:

*Dann sah ich einen neuen Himmel und eine neue Erde. Denn der vorige Himmel und die vorige Erde waren vergangen, und auch das Meer war nicht mehr da. Ich sah, wie die Stadt Gottes, das neue Jerusalem, von Gott aus dem Himmel herabkam: festlich geschmückt wie eine Braut an ihrem Hochzeitstag. Eine gewaltige Stimme hörte ich vom Thron her rufen: »Hier wird Gott mitten unter den Menschen sein! Er wird bei ihnen wohnen, und sie werden sein Volk sein. Ja, von nun an wird Gott selbst in ihrer Mitte leben. Er wird alle ihre Tränen trocknen, und der Tod wird keine Macht mehr haben. Leid, Klage und Schmerzen wird es nie wieder geben; denn was einmal war, ist für immer vorbei.«*

Offenbarung 21,1–4

So war es verheißen. Die elf Jünger, die vierzig Tage nach Golgatha gesehen hatten, wie der auferstandene Jesus gen Himmel fuhr, hatten das Versprechen erhalten, dass er einmal zurückkehren werde. Schon da drängte sich ein märchenhafter Satz auf: Und wenn sie nicht gestorben sind, dann leben sie noch heute.

Aber bis wann?

# Chronologische Übersicht

Vor den meisten der nachstehend genannten Zahlen muss man sich ein »ungefähr« denken.

## Vor Christus

| | |
|---|---|
| | Schöpfung |
| | Sintflut |
| 1800 | Erzväter Abraham, Isaak und Jakob |
| 1700 | Josef |
| 1600 | Israeliten als Sklaven in Ägypten |
| 1300 | Moses wird von Gott gerufen, sein Volk aus dem Land des Pharaos zu führen; Exodus. |
| 1200 | Einzug in Kanaan |
| 1150–1030 | Zeit der Richter |
| 1031–1011 | König Saul |
| 1011–972 | König David |
| 972–932 | König Salomo; Bau des Tempels |
| 932–722 | zwei jüdische Königreiche: Juda und Israel |
| 722 | Israel wird von den Assyrern erobert. |
| 597–538 | Babylonisches Exil |
| 586 | Eroberung Jerusalems durch die Babylonier; Verwüstung des Tempels |
| nach 538 | Rückkehr nach Juda, Wiederaufbau des Tempels |
| 332 | Alexander der Große erobert Jerusalem. |
| 175–164 | Antiochus Epiphanes ist König von Syrien. |

| | |
|---|---|
| 166–142 | Die Makkabäer kämpfen erfolgreich für Judas Unabhängigkeit. |
| 142–37 | Dynastie der Hasmonäer |
| 63 | Pompeius erobert Juda, das unter römischer Befehlsgewalt Judäa heißen wird. |
| 37 | Herodes (»der Große«) wird von den Römern zum König Judäas ausgerufen; er stirbt im Jahr 4 v. Chr. |
| 3 | Geburt Jesu von Nazareth |

## Nach Christus

| | |
|---|---|
| 6 | Die Römer verleiben sich Judäa ein. Das Land wird fortan von Statthaltern (»Prokuratoren«) geführt. |
| 17–36 | Kaiphas ist jüdischer Hohepriester unter römischer Befehlsgewalt. |
| 25–36 | Pontius Pilatus ist Statthalter. |
| 30 | Jesus wird gekreuzigt. |
| 32 | Saulus, auf dem Wege nach Damaskus, um Christen zu verfolgen, wird unterwegs vom auferstandenen Christus berufen und lebt unter dem Namen Paulus als »Apostel der Heiden« weiter. |
| 42–52 | erste Missionsreisen des Paulus durch Kleinasien und Griechenland |
| 57 | Brief des Paulus an die Römer |
| 62 | Paulus unter (Haus-)Arrest in Rom |
| 64 | großer Brand von Rom; Paulus und Petrus (vermutlich) im Rom Kaiser Neros hingerichtet |

66 Beginn des jüdischen Aufstandes gegen die römischen Gewaltherrscher

70 Rom bestraft die jüdische Rebellion durch die Verwüstung des von König Herodes wiederaufgebauten und erweiterten Zweiten Tempels.

Quellen: Bruce Chilton, *Rabbi Paul;* Frits van der Meij, *De bijbel voor beginners;* E. P. Sanders, *The Historical Figure of Jesus*

# Die Bücher der Bibel

Da wir, wie bereits in der Einführung angekündigt, mit der Reihenfolge der biblischen Bücher frei umgegangen sind, folgt jetzt für diejenigen, die die Bibel zu Rate ziehen möchten, die Reihenfolge der biblischen Bücher nach dem römisch-katholischen Kanon. Lässt man die deuterokanonischen Bücher weg, erhält man den Kanon, wie er in den protestantischen Bibeln üblich ist.

## Das Alte Testament

***Die Geschichte Gottes mit seinem Volk***

Das erste Buch Mose (Genesis)
Das zweite Buch Mose (Exodus)
Das dritte Buch Mose (Levitikus)
Das vierte Buch Mose (Numeri)
Das fünfte Buch Mose (Deuteronomium)
Das Buch Josua
Das Buch über die Richter
Das Buch Ruth
Das erste Buch Samuel
Das zweite Buch Samuel
Das erste Buch über die Könige
Das zweite Buch über die Könige
Das erste Buch der Chronik
Das zweite Buch der Chronik
Das Buch Esra
Das Buch Nehemia
Das Buch Esther

### *Die Weisheitsbücher und die Psalmen*
Das Buch Hiob (Ijob)
Die Psalmen
Die Sammlung der Sprüche (Sprüche)
Der Prediger Salomo (Prediger)
Das Lied von der Liebe (Das Hohelied)

### *Die Bücher der Propheten*
Der Prophet Jesaja
Der Prophet Jeremia
Die Klagelieder des Jeremia
Der Prophet Hesekiel (Ezechiel)
Das Buch Daniel
Der Prophet Hosea
Der Prophet Joel
Der Prophet Amos
Der Prophet Obadja
Der Prophet Jona
Der Prophet Micha
Der Prophet Nahum
Der Prophet Habakuk
Der Prophet Zefanja
Der Prophet Haggai
Der Prophet Sacharja
Der Prophet Maleachi

### *Die deuterokanonischen Bücher*
Tobit
Judith
Zusätze zum Buch Esther (griechisch)
Erstes Buch der Makkabäer
Zweites Buch der Makkabäer
Buch der Weisheit
Jesus Sirach
Baruch
Brief des Jeremia
Zusätze zum Buch Daniel

## Das Neue Testament

***Die Berichte über Jesus***

Matthäus berichtet von Jesus (Evangelium nach Matthäus)
Markus berichtet von Jesus (Evangelium nach Markus)
Lukas berichtet von Jesus (Evangelium nach Lukas)
Johannes berichtet von Jesus (Evangelium nach Johannes)

***Die Taten der Apostel*** (Apostelgeschichte)

***Die Briefe des Apostels Paulus***

Der Brief des Paulus an die Christen in Rom
Der erste Brief des Paulus an die Christen in Korinth
Der zweite Brief des Paulus an die Christen in Korinth
Der Brief des Paulus an die Christen in Galatien
Der Brief des Paulus an die Christen in Ephesus
Der Brief des Paulus an die Christen in Philippe
Der Brief des Paulus an die Christen in Kolossä
Der erste Brief des Paulus an die Christen in Thessalonich
Der zweite Brief des Paulus an die Christen in Thessalonich
Der erste Brief des Paulus an Timotheus
Der zweite Brief des Paulus an Timotheus
Der Brief des Paulus an Titus
Der Brief des Paulus an Philemon

***Die übrigen Briefe***

Der Brief an die Hebräer
Der Brief an Jakobus
Der erste Brief des Petrus
Der zweite Brief des Petrus
Der erste Brief des Johannes
Der zweite Brief des Johannes
Der dritte Brief des Johannes
Der Brief des Judas

***Das prophetische Buch***

Die Offenbarung an Johannes